MOVIMENTOS SOCIAIS E POLÍTICAS PÚBLICAS

LUCIANA TATAGIBA
ANA CLAUDIA CHAVES TEIXEIRA
(Orgs.)

MOVIMENTOS SOCIAIS E POLÍTICAS PÚBLICAS

editora unesp

Direitos de publicação reservados à:
Fundação Editora da Unesp (FEU)
Praça da Sé, 108
01001-900 – São Paulo – SP
Tel.: (0xx11) 3242-7171
Fax: (0xx11) 3242-7172
www.editoraunesp.com.br
www.livrariaunesp.com.br
atendimento.editora@unesp.br

Dados Internacionais de Catalogação na Publicação (CIP) de acordo com ISBD
Elaborado por Odilio Hilario Moreira Junior – CRB-8/9949

M935

Movimentos sociais e políticas públicas / organizado por Luciana Tatagiba, Ana Claudia Chaves Teixeira. – São Paulo: Editora Unesp, 2021.

Inclui bibliografia.
ISBN: 978-85-393-0808-8

1. Ciências sociais. 2. Movimentos sociais. 3. Políticas públicas. I. Tatagiba, Luciana. II. Teixeira, Ana Claudia Chaves. III. Título.

2019-1474 CDD 300
CDU3

CNPq
Conselho Nacional de Desenvolvimento Científico e Tecnológico

Este livro foi apoiado com recursos do Processo CNPq 457145/2014-5 – Concessão de auxílio financeiro à pesquisa para a chamada MCTI/CNPQ/ Universal 14/2014 – Faixa C.

Editora afiliada:

Asociación de Editoriales Universitarias de América Latina y el Caribe

Associação Brasileira de Editoras Universitárias

Sumário

SEGUNDA PARTE: Movimentos sociais na interface com políticas públicas

Siglas e abreviaturas

ASA – Articulação do Semiárido Brasileiro
CDS – Compra com Doação Simultânea
Comsea – Conselho Municipal de Segurança Alimentar e Nutricional
Conab – Companhia Nacional de Abastecimento
Consea – Conselho Nacional de Segurança Alimentar e Nutricional
Contag – Confederação Nacional dos Trabalhadores na Agricultura
CUT – Central Única dos Trabalhadores
DAP – Declaração de Aptidão ao Pronaf
GGPAA – Grupo Gestor do PAA
Incra – Instituto de Colonização e Reforma Agrária
MCMV – Minha Casa Minha Vida
MCMV-E – Minha Casa Minha Vida – Entidades
MDA – Ministério do Desenvolvimento Agrário
MDS – Ministério do Desenvolvimento Social
MNCR – Movimento Nacional dos Catadores de Materiais Recicláveis
MST – Movimento dos Trabalhadores Rurais Sem Terra
Oscip – Organização da Sociedade Civil de Interesse Público
P1MC – Programa Um Milhão de Cisternas Rurais
PAA – Programa de Aquisição de Alimentos

PCS – Programa Crédito Solidário
Pnae – Programa Nacional de Alimentação Escolar
PNCV – Política Nacional Cultura Viva
Pronaf – Programa Nacional de Fortalecimento da Agricultura Familiar
PT – Partidos dos Trabalhadores

Introdução

Rebecca Abers, Maria do Carmo Albuquerque,
Euzeneia Carlos, Monika Dowbor, Wagner Romão,
Marcelo Kunrath Silva, Luciana Tatagiba,
Ana Claudia Teixeira

A ascensão do governo da extrema direita significou um ponto de inflexão na trajetória da democracia brasileira. Encerrou-se um ciclo de mudanças gradativas alicerçadas em diversas experiências de interação entre Estado e movimentos sociais, a partir das quais se ampliou o acesso dos grupos subalternos aos direitos de cidadania.

As forças políticas que hoje controlam o Estado operam em uma lógica de radicalização da polarização política que impede a participação social de grupos e indivíduos cujas práticas ou discursos possam ser associados ao campo progressista. As únicas vozes consideradas legítimas são aquelas diretamente associadas ao projeto de poder autoritário e conservador, que deliberadamente corrói a democracia como regime e como forma de vida.

Como sobejamente demonstrado pela literatura brasileira, a redemocratização do regime político brasileiro ampliou os pontos de acesso do campo democrático e popular ao Estado, com impactos positivos sobre os processos de produção e implementação das políticas públicas, principalmente a partir dos espaços institucionais de participação (Boaventura e Avrizter, 2002; Dagnino, 2002; Abers, Serafim e Tatagiba, 2014; Gurza Lavalle et al., 2019). Esse processo ocorreu concomitantemente a uma redução das desigualdades sociais e queda substancial da pobreza, intensificadas ao longo dos governos petistas (Arretche, Marques e Faria, 2019). Em chave inversa, a desdemocratização atualmente em curso, que permite a criminalização do dissenso e a perseguição de opositores, vem associada a uma rápida deterioração dos indicadores sociais, com o aumento acelerado da pobreza e da desigualdade, afetando de forma ampla as várias dimensões do bem-estar social e da estabilidade político-institucional, como tem sido fartamente demonstrado (Avritzer, Kerche e Marona, 2021). Essa situação é agravada pela negligência do governo federal na condução da crise sanitária (Galindo et al., 2021; Bahia et al., 2021; Asano et al., 2021).

Entretanto, a história segue e um novo ciclo de lutas em defesa da democracia e da justiça social já se avizinha não apenas no Brasil, mas em diversos outros países da América Latina. Em que pese à diversidade de agendas e atores que tomam parte dessas lutas, uma bandeira comum se destaca: a defesa da participação das pessoas nas decisões que afetam suas vidas. Nas ruas e nos parlamentos, ampliam-se as vozes que reivindicam o direito de decidir de que maneira os recursos públicos devem ser investidos e como as políticas públicas devem ser implementadas. Torna-se evidente que um novo projeto político democrático e popular só terá êxito na medida em que for capaz de avançar em propostas concretas para responder a esses anseios.

Certamente, esse não é um desafio fácil. No debate político, as relações entre movimentos sociais e Estado na produção das políticas públicas seguem sendo um tema altamente controverso, mesmo no interior da esquerda. Não é incomum a associação entre a participação na implementação das políticas com desresponsabilização neoliberal do Estado, cooptação dos movimentos pelos agentes públicos, dentre outros. Na opinião pública, por sua vez, a participação de militantes atuando "como se fossem o Estado", mediando o acesso de determinados grupos aos bens públicos, tende a ser interpretada como corrupção ou favorecimento, sobretudo quando essa participação ocorre em governos de esquerda, historicamente aliados dos movimentos.

Na academia, o tema historicamente recebeu pouca atenção diante da prevalência de uma visão dos movimentos como desafiadores políticos, que dá pouco espaço para a análise para as *interações* entre movimentos sociais e elites. A relação entre movimentos sociais e Estado não é um novo objeto de estudo. Contudo, as perspectivas teóricas hegemônicas no Brasil e, mais amplamente, na América Latina – a teoria marxista e a teoria dos novos movimentos sociais – tenderam a abordar os movimentos sociais como atores antissistêmicos que agiam essencialmente por meio da ação coletiva confrontacional, tendo no Estado um alvo ou adversário central. Em vista disso, desconsideraram as diversas formas por meio das quais os movimentos sociais buscavam promover e/ou defender suas causas, que envolviam não apenas a confrontação ao Estado, mas também a atuação em colaboração com esse, a partir das oportunidades institucionais existentes e/ou construídas com a participação dos próprios movimentos. Assim, muito embora a literatura internacional já dispusesse de ferramentas teóricas mais qualificadas à análise dos processos de institucionalização dos movimentos, a partir da atuação desses nas políticas públicas, a tradição latino-americana ou eclipsava esses processos ou os tratava predominantemente na chave da cooptação – ou, na sua contraface, na chave da autonomia (Hellman, 1992).

No caso brasileiro essa também foi a tendência predominante, embora já nos anos 1970 e 1980 estudos seminais tenham mostrado que os movimentos mesclavam estratégias conciliatórias e confrontacionais em suas lutas (Cardoso, 1983, 1987; Telles, 1987), questionando a tese de que os movimentos sempre atuavam de "costas para o Estado e o parlamento" (Doimo, 1995; Cardoso, 1983; Kowarick, 1980). Ao contrário, de acordo com esses estudos, desde o início da transição democrática muitos movimentos trabalharam junto às instituições políticas visando transformá-las.

Quando governos municipais de esquerda se multiplicaram nos anos 1990, proliferaram também as oportunidades para colaboração entre movimentos e governo na construção de novas instituições democráticas. Boa parte da literatura sobre instituições participativas as enxergou como arenas emancipatórias, de radicalização da democracia, mesmo tendo sido criadas por atores estatais (GECD, 1998; Santos e Avritzer, 2002; Dagnino, 2002; Avritzer e Navarro, 2003). A oposição entre Estado e sociedade parecia se desbotar cada vez mais.

Ainda assim, até os anos 2000, a maioria dos estudos sobre movimentos sociais (ou sociedade civil, o conceito mais mobilizado à época) e políticas públicas enxergavam dois campos organizacionalmente distintos, com uma divisão de tarefas bem definida. Movimentos sociais existiam principalmente para fazer reivindicações, enquanto o Estado era o principal responsável pela produção de políticas públicas. Nas instituições participativas (IPs), a sociedade civil contribuía com a formulação de propostas e os governos eram cobrados pela sua execução.

Após 2003, este imaginário se tornou cada vez mais difícil de sustentar. A "migração" ou o "trânsito" de atores de movimentos sociais para cargos governamentais era um fenômeno antigo em algumas áreas e era bastante comum nos governos municipais do PT nos 1990, embora pouco comentado pela literatura acadêmica. Com o governo Lula, no entanto, ativistas de diversos movimentos assumiram numerosos cargos governamentais, liderando a implementação de novas agendas de políticas públicas (Feltran, 2006; Dagnino, Olvera e Panfichi, 2006; Hochstetler e Keck, 2007; Dowbor, 2012). O maior conhecimento por parte de estudiosos que acompanhavam esses processos tornou visível tanto a crescente proximidade entre atores de movimentos e governamentais quanto a heterogeneidade do Estado (Dagnino, Olvera e Panfichi, 2006; Silva e Oliveira, 2011). Embora no governo petista se registrasse um aumento do número de conselhos e conferências (Teixeira, Souza e Lima, 2012; Romão, 2015), começou-se a observar que as relações entre movimentos e atores governamentais não se reduziam a estes espaços (Abers, Serafim e Tatagiba, 2014).

O livro que o leitor tem em mãos é parte desse processo de amadurecimento do tema na academia brasileira e pretende contribuir para fazer avançar ainda mais esse campo de investigação. Os autores reunidos nesta coletânea, líderes ou participantes de alguns dos principais grupos de pesquisa dedicados ao tema no Brasil, têm se dedicado à análise da mútua constituição entre movimentos sociais e políticas públicas (Dowbor, Carlos e Albuquerque, 2018; Gutierres, 2019; Rios, 2019). Ou seja, têm buscado compreender, de um lado, os impactos dos movimentos sociais na construção de políticas públicas; e, de outro, a forma como a configuração institucional das políticas, assim como o esforço de impactar seus resultados, afetam os repertórios e agendas dos movimentos sociais. Como será demonstrado ao longo do livro, essa é uma agenda teórica e empírica vigorosa, que guarda importantes implicações para o futuro da democracia.

Os capítulos deste livro apresentam uma diversidade de enfoques teóricos e objetos empíricos no esforço de explorar as formas concretas pelas quais movimentos sociais e agentes públicos interagem na produção de políticas públicas, assim como os resultados de tais processos. Alguns artigos tratam da influência de movimentos sobre políticas, e outros sobre o efeito das políticas sobre os movimentos. A partir de diferentes perspectivas e trazendo um intenso diálogo entre teoria e empiria, os capítulos abordam essa realidade complexa em que movimentos sociais operam no interior do Estado visando promover políticas públicas, tanto na fase de elaboração quanto de implementação; políticas públicas que transformam a configuração dos movimentos e seus repertórios; ou ainda, atores operando no interior de instituições que empregam simultaneamente diferentes estratégias para provocar ou impedir mudanças.

Sob essa diversidade de temas e enfoques repousam perspectivas comuns de análise, que justificam o empreendimento coletivo e respondem pela potência da análise que oferecem.

A primeira perspectiva comum que conecta as diferentes abordagens presentes neste livro é uma concepção relacional tanto dos movimentos quanto do Estado (Silva, 2006). Movimentos sociais são tratados como redes de atores com determinadas características, tais como uma identidade coletiva e a orientação para um conflito (Diani, 1992). Essa perspectiva relacional tem profundas consequências para a análise de como os movimentos atuam, principalmente ao recusar predeterminar em que tipo de organização operam e que tipos de práticas empregam. Ao mesmo tempo, uma concepção relacional do Estado implica entendê-lo como também permeado por redes sociais. As organizações estatais não são mais vistas como atores unitários, mas como espaços institucionais que podem ser ocupados por uma diversidade de atores. A luta dos movimentos sociais que buscam influenciar as políticas públicas se torna mais concreta, ocorrendo em um terreno institucional complexo, diversificado e parcialmente permeável aos atores sociais.

Associada à perspectiva relacional entre movimentos e Estado, a segunda perspectiva comum que orienta o conjunto das análises é uma maneira específica de compreender a relação entre atores e instituições. Compartilhamos uma rejeição da antinomia entre estrutura e agência. Atores não podem ser compreendidos como "soltos" das instituições: suas crenças, identidades e recursos materiais são constituídos pelo contexto institucional em que se inserem (Gurza Lavalle et al., 2019). No entanto, tais crenças, identidades e recursos só podem ser compreendidos como constituídos por atores, já que são produtos das relações sociais (Abers, Silva e Tatagiba, 2018). Como já apontado por Abers e Keck (2013), "variáveis" contextuais como capacidade estatal ou capital social não explicam o processo de construção de novas instituições com autoridade decisória. Instituições ganham forma e autoridade apenas quando atores mobilizam e transformam as ideias, recursos e relacionamentos existentes. Os autores entendem que a criação de novos modelos de política pública ocorre através de longos processos multiníveis (local, estadual, nacional, ou em outras territorialidades, como bacias hidrográficas) nos quais atores situados em diferentes lugares implementam e disseminam experimentos ao mesmo tempo que mobilizam redes de apoio (Tatagiba, Abers e Silva, 2018). São esses processos de formulação e implementação de políticas públicas que analisamos aqui neste livro.

A terceira perspectiva comum que garante organicidade ao livro diz respeito à intenção política que o guia: fazer um balanço das potencialidades e limites da participação nos governos petistas, no plano federal (2003-2016). Entendemos que esse contexto, marcado pela maior permeabilidade do Estado à sociedade organizada (Abers, Serafim e Tatagiba, 2014), resultou em uma intensificação da participação dos movimentos sociais na produção das políticas públicas, seja a partir de espaços institucionais de participação já consolidados nas décadas anteriores – como conselhos e conferências – seja na ocupação de cargos no governo – o ativismo institucional – seja ainda na gestão de programas governamentais. O debate teórico da mútua constituição entre movimentos sociais e Estado, nesse contexto, é realizado tendo como referente empírico um tipo específico de política pública criada pelos governos do PT, que tinha como o objetivo fortalecer organizações de movimentos sociais a partir da sua atuação na implementação das políticas – os chamados "programas associativos" –, como apresentado por Tatagiba e Teixeira neste volume. Os programas associativos estudados nos capítulos do livro são o Programa Minha Casa, Minha Vida – Entidades, o Programa de Aquisição de Alimentos e o Programa Cataforte. Nesses programas, os movimentos sociais participaram não apenas na formulação, mas também na implementação da política pública, agindo "como se fossem o Estado" sem sê-lo, em brechas conquistadas arduamente ao longo do processo de redemocratização. Com o golpe parlamentar de 2016, que impôs à sociedade brasileira inúmeros retrocessos, várias dessas experiências foram descontinuadas ou tiveram seu orçamento fortemente reduzido, o que na prática inviabilizou sua continuidade. Esperamos que, ao registrar essas experiências, o livro contribua para acumular conhecimento sobre as interações – frutíferas, mas com enormes desafios – entre movimentos sociais e Estado na produção de políticas públicas, auxiliando os embates vindouros nesse árduo processo de construção da democracia brasileira.

O livro é composto por 11 capítulos, para além desta introdução. Os capítulos estão organizados em duas partes: "Percursos analíticos" e "Movimentos sociais na interface com políticas públicas".

A primeira parte traz os aportes teóricos mobilizados para a análise da mútua constituição entre movimentos sociais e políticas públicas. No primeiro capítulo, Luciana Tatagiba e Ana Claudia Teixeira apresentam o conceito de "programa associativo". Os programas associativos são definidos pelas autoras como programas de políticas públicas que combinam três caraterísticas: ênfase na participação nos territórios, buscando criar comunidades engajadas; o papel exercido pelos movimentos sociais como mediadores do acesso às políticas governamentais; e, sua característica mais controversa, o repasse direto de recursos públicos para movimentos sociais atuarem na execução das políticas públicas, com vistas a fortalecer ou gerar redes movimentalistas.

O capítulo de Rebecca Abers, inspirado pela abordagem pragmatista, mostra como a relação entre movimentos sociais e políticas públicas pode ser compreendida como um processo de construção de "autoridade prática" (Abers e Keck, 2017). Nesse sentido, os programas associativos são analisados como exemplos de um tipo particular de reorganização dos processos decisórios que empodera os próprios movimentos. Utilizando como exemplo três programas associativos trabalhados em outros capítulos do livro, Abers mostra como o contexto oferece ao ator os recursos e quadros interpretativos que ele pode mobilizar na ação criativa.

No terceiro capítulo, Marcelo Kunrath Silva busca contribuir para a construção de referenciais teóricos que instrumentalizem pesquisas empíricas sobre as relações entre movimentos sociais e políticas públicas. De um lado, argumenta que a Teoria dos Campos de Neil Fligstein e Doug McAdam (2011) oferece uma perspectiva teórica abrangente que possibilita uma qualificação da análise das relações entre movimentos sociais e políticas públicas. De outro lado, argumenta que o diálogo com as literaturas de movimentos sociais e de políticas públicas oferece elementos teórico-metodológicos que qualificam a Teoria dos Campos para a pesquisa empírica daquelas relações.

O capítulo de Euzeneia Carlos, Monika Dowbor e Maria do Carmo Albuquerque mapeia e discute criticamente os modelos analíticos que se propõem a explicar os efeitos políticos de movimentos sociais, com base na literatura voltada para esse ator coletivo. Diante desses desafios, o texto apresenta proposições acerca da complementaridade entre o modelo de mediação política e a abordagem de *polis*. O capítulo defende que esta última oferece categorias mais robustas para analisar as dimensões do Estado e os processos de mútua constituição entre atores societários e instituições políticas, através do conceito de encaixe institucional.

No capítulo que encerra a primeira parte, Wagner Romão traz o debate sobre o conceito de lulismo (Singer, 2012, 2018), refletindo sobre o surgimento desse fenômeno e sua possível aplicação no estudo das relações entre movimentos e o Estado no Brasil recente. O autor reflete, ainda, a respeito de como a crise do lulismo afetou os próprios movimentos sociais.

Abrindo a segunda parte e aprofundando o debate sobre os programas associativos, o capítulo de Karin Blikstad busca responder a duas perguntas: o que um movimento de pessoas pobres faz quando atua na implementação de um programa associativo como o Minha Casa, Minha Vida – Entidades? Como essa atuação pode ser inscrita no amplo campo de lutas em que esse movimento se reconhece e é reconhecido? A partir de um estudo de caso de implementação do Programa Minha Casa Minha Vida – Entidades, a autora mostra que o movimento assume um papel de mediador entre o Estado e pessoas pobres que buscam atendimento público. Tomando a perspectiva construtivista da representação de Saward (2006) como inspiração, o capítulo sugere que os organizadores do movimento se esforçam para produzir uma forma fluida de representação em um processo dinâmico criativo. Dentro desse processo, os organizadores do movimento buscam construir o público a ser representado, mas também o próprio sujeito da representação, identificado no campo como "o movimento".

O capítulo de Amanda Hornhardt discute como o movimento social se relaciona com a política pública, quais aprendizados ele acumula a partir dessa relação e de que maneira esses aprendizados reconfiguram o seu "jeito de ser movimento". Esse trabalho explora uma dimensão pouco abordada pela literatura, que diz respeito aos impactos dos programas associativos sobre os movimentos.

A partir das análises de Diani e Bison (2010), a autora explicita a tensão entre a dinâmica organizacional e movimentalista na trajetória do movimento e conclui que, no caso em análise, a atuação na execução da política resultou na sobrevalorização da primeira em detrimento da segunda.

O capítulo de Adriana Pismel parte da discussão teórica sobre os campos multiorganizacionais (tema aprofundado no capítulo 11) e repertórios de interação (Abers, Serafim e Tatagiba, 2014) para apresentar a experiência vivida por uma cooperativa de assentados na execução da modalidade *compra com doação simultânea* do Programa de Aquisição de Alimentos. O capítulo mostra que a forma como uma organização se relaciona dentro do campo multiorganizacional de implementação do PAA importa para a forma como ela opera o programa associativo e pauta os resultados que alcança.

Os capítulos 9, de Igor Brandão e Rafael Viana, e 10, de Lucas Alves Amaral, respectivamente, examinam mais a fundo a interação entre atores burocráticos e movimentos sociais na criação destas políticas. Brandão e Viana discutem teoricamente a questão da mudança institucional, tomando por base os trabalhos de Abers e Keck (2013) e Berk, Galvan e Hattam (2013), e enfatizam a agência dos indivíduos em ação coletiva como motor criativo do processo de construção institucional. Com base nessa teorização, analisam a construção institucional dos programas Cataforte e Minha Casa Minha Vida – Entidades. Apontam também como a interação entre burocratas em espaços de negociação – formais e informais – possibilitou a reconfiguração criativa dos programas, a partir da experimentação com a resolução de problemas emergentes da implementação. Além disso, destacam a ação de burocratas ativistas compromissados com causas contenciosas, tais como a inclusão de catadores em sistemas municipais de gestão de resíduos e a produção de moradia popular.

Amaral, por sua vez, analisa a criação do Programa de Aquisição de Alimentos (PAA), dialogando tanto com a literatura pragmática sobre agência quanto com a de movimentos sociais sobre enquadramento interpretativo. A ideia de "enquadramentos" de

Surel (2000) contribui para que o autor discuta como as práticas ativistas podem vir a se tornar referenciais de políticas públicas. Seu argumento é que o PAA é fruto do acoplamento de dois enquadramentos, os quais denomina "fortalecimento da agricultura familiar" (FAF) e "fortalecimento da segurança alimentar e nutricional" (FSAN). Esses dois enquadramentos, oriundos de interações ligadas a movimentos sociais, ideias acadêmicas e experiências de outras políticas públicas implementadas em nível local no passado, orientaram a ação dos burocratas envolvidos na criação do PAA constituindo, inclusive, o referencial cognitivo da política. Dessa forma, este caso contribui para refletir tanto sobre a fluidez das fronteiras entre Estado e sociedade quanto sobre a relação entre agência e estrutura.

Por fim, o capítulo de Irio Conti e Marcelo Kunrath Silva tem por objetivo identificar e analisar as mudanças ocorridas nas organizações de movimentos sociais em virtude de sua participação na formulação e implantação de políticas públicas. Para isso, os autores analisam a atuação da Fetraf na formulação e/ou implementação das políticas de crédito e de habitação rural e, assim como Amanda Hornhardt, refletem a respeito dos impactos dos programas sobre os movimentos. Eles argumentam que a participação da Fetraf em processos de formulação e implantação de políticas tendeu a demandar ou produzir mudanças mais ou menos significativas em termos de estrutura organizativa, repertórios de ação e a agenda política (objetivos e estratégias).

***

Este livro expressa a colaboração, estabelecida ao longo de duas décadas, entre colegas que se reuniam regularmente nos encontros acadêmicos da Associação Nacional de Pós-Graduação e Pesquisa em Ciências Sociais (Anpocs), Associação Brasileira de Ciência Política (ABCP), Sociedade Brasileira de Sociologia e no Encontro Internacional Participação, Democracia e Políticas Públicas. Ao longo do tempo, esses colegas se tornaram líderes de grupos de pesquisa que estão hoje entre as principais referências nacionais no campo de estudos da participação e dos movimentos sociais: GPACE – Grupo de Pesquisa Associativismo, Contestação e Engajamento, da Universidade Federal do Rio Grande do Sul (UFRGS), NDAC – Núcleo de Pesquisa Democracia e Ação Coletiva, do Centro Brasileiro de Análise e Planejamento (Cebrap), Nepac – Núcleo de Pesquisa em Participação, Movimentos Sociais e Ação Coletiva, da Universidade Estadual de Campinas (Unicamp) e Resocie – Grupo de Pesquisa Repensando as Relações entre Sociedade e Estado, da Universidade de Brasília (UnB).

Em 2017, percebemos que nós e nossos alunos estávamos com agendas muito próximas de pesquisa e resolvemos compartilhar recursos para colocar de pé uma série de encontros voltada a explorar as convergências entre os diferentes grupos e também compreender melhor nossas contribuições específicas à temática da mútua constituição entre movimentos sociais e Estado. Realizamos quatro encontros presenciais entre 2017 e 2018 para estruturar o projeto do livro e, depois, discutirmos as primeiras versões dos capítulos. Esses encontros e a produção do livro só foram possíveis graças ao apoio das agências de fomento, às quais agradecemos. Foram aportados recursos financeiros e intelectuais do projeto "Movimentos sociais e a implementação de políticas públicas, em perspectiva comparada", coordenado por Luciana Tatagiba (Unicamp) com o auxílio do Conselho Nacional de Desenvolvimento Científico e Tecnológico (CNPq); do projeto "Ativismo Institucional: A Ação do Burocrata na Construção e Transformação das Políticas Públicas Brasileiras", coordenado por Rebecca Abers (UnB), com o auxílio do CNPq; e do projeto "Efetividade dos Movimentos Sociais nas Políticas Públicas em Perspectiva Comparada", coordenado por Euzeneia Carlos (Ufes), que contou com o financiamento do CNPq e da Fundação de Amparo à Pesquisa e Inovação do Espírito Santo (FAPES). O projeto do livro coletivo contou, ainda, com o suporte de Bolsas de Produtividade em Pesquisa (PQ), e bolsas de pós-graduação.

PRIMEIRA PARTE

PERCURSOS ANALÍTICOS

1
Movimentos sociais e políticas públicas no ciclo dos governos petistas: a controversa novidade dos programas associativos

Luciana Tatagiba

Ana Claudia Chaves Teixeira

Em julho de 2003, no primeiro ano do governo de Luiz Inácio Lula da Silva, foi criado o Programa de Aquisição de Alimentos (PAA), que compra alimentos dos pequenos produtores organizados e os repassa para entidades socioassistenciais. A iniciativa incentiva a organização coletiva dos agricultores ao investir recursos em cooperativas e movimentos sociais para produzirem e venderem no seu município, interferindo nas redes locais de distribuição dos alimentos.

No mesmo mês, o governo federal firmou o primeiro convênio com a Articulação do Semiárido Brasileiro (ASA)[1] para a construção de cisternas[2] por meio do Programa de Formação e Mobilização Social para a convivência com o Semiárido: Um Milhão de Cisternas Rurais – P1MC, voltado a estimular ações de convivência com o Semiárido. Criado e executado pela ASA, o programa mobiliza organizações da sociedade civil e moradores na construção das cisternas, com o objetivo de descentralizar e democratizar o acesso à água.

1 A ASA envolve e articula 2 mil organizações da sociedade civil do norte de Minas Gerais e Nordeste.

2 Cisternas são reservatórios com capacidade de captar e armazenar água da chuva.

Em abril de 2004, surgiu o Programa Crédito Solidário (PCS), um programa habitacional criado exclusivamente para movimentos e organizações da sociedade civil atuarem na produção da moradia social, por meio do repasse de recursos públicos, a partir da valorização do modelo autogestionário, em contraposição à forma dominante de produção pelo mercado. Pela iniciativa, os movimentos assumem a responsabilidade pela construção dos empreendimentos habitacionais, da compra do terreno à seleção dos moradores.

Dois meses depois, em junho de 2004, foi criada a Política Nacional Cultura Viva (PNCV) com o objetivo de ampliar o acesso à cultura através da criação de Pontos e Pontões de Cultura, que seriam responsáveis por produzir, acompanhar e difundir iniciativas culturais, em direção às periferias urbanas, às áreas rurais e aos grupos identitários, na esmagadora maioria não integrados às políticas nacionais de cultura. Por meio da resposta a editais, as organizações e associações culturais recebem recursos públicos para produzir suas atividades culturais e se articularem entre si, sob o pressuposto do desenvolvimento em rede, com protagonismo e empoderamento das comunidades.

Nossas pesquisas[3] mostraram que, apesar de surgirem nos dois primeiros anos do governo Lula, esses programas não resultaram

---

3 Desde 2008, estudamos o papel do movimento de moradia na construção da política pública para população de baixa renda. A partir de 2011, começamos a análise da atuação do movimento no programa MCMV-E, a partir de um estudo de nove empreendimentos habitacionais no estado de São Paulo. Ao longo desse texto, mencionaremos várias publicações resultantes dessa pesquisa. Quando finalizamos o estudo, começamos – junto às coautoras, Adriana Pismel e Karin Blikstad – a perceber que as características que identificávamos no caso do MCMV-E pareciam também estar presentes em outros programas. Iniciamos então um processo de leitura e discussão da literatura secundária sobre os três outros programas apresentados aqui. No caso do PAA, contamos também com pesquisa de campo original, realizada por Adriana Pismel para sua dissertação de mestrado. Essa permitiu confirmar a hipótese de que estávamos diante de um fenômeno comum, para o qual forjamos o conceito de programa associativo, tendo como inspiração o trabalho de qualificação de doutorado realizado por Karin Blikstad, que cria e usa o termo pela primeira vez. Dedicamos-nos então a construir teoricamente o

de ações coordenadas, seja como expressão de projetos do governo federal ou de projetos articulados desde a sociedade. Não obstante, possuíam fortes características comuns. Suas origens vinculam-se a processos concretos de solução de problemas em contextos locais, envolvendo redes de movimentos sociais, e ganham em escala na primeira gestão Lula. Todos os quatro programas combinavam a expectativa de democratização do acesso ao bem público (cultura, moradia, água e alimentação) e a defesa de um *modelo alternativo de produzir e acessar os bens públicos*: alteração nos circuitos de distribuição de alimentos, aproximando produtores e consumidores, como forma de enfraquecer as redes clientelistas locais e fortalecer os laços entre pequenos agricultores e a cidade; construção de capacidades sociais para o manejo das condições de vida no Semiárido contra as práticas clientelistas da indústria da seca e dos seus caminhões-pipa; a valorização da diversidade cultural brasileira contra uma política de incentivos fiscais que favorecem os grandes produtores culturais; a valorização da autogestão feita por movimentos populares de habitação contra um modelo orientado para atender os interesses da indústria da construção civil.

Se, de um lado, são programas que operam com a lógica de cooperação entre Estado e sociedade para a execução de políticas públicas, lógica que tem estado presente em várias programas e políticas públicas no período de redemocratização; por outro lado, e é este elemento que queremos destacar aqui, são programas que, apesar de localizados em diferentes subsistemas, voltavam-se igualmente a fortalecer não quaisquer sujeitos, mas sim atores coletivos com

---

conceito. Os resultados preliminares desse esforço foram apresentados no 40º Encontro Anual da Anpocs, realizado em 2016, no ST Controle, participação e efetividade democrática, sendo assinado pelas coautoras, Adriana Pismel e Karin Blikstad. Agradecemos imensamente a Débora Rezende e Adrian Gurza Lavalle pela generosidade com que receberam o nosso trabalho no ST e a ajuda que nos deram para desenvolvermos vários argumentos que estavam lá ainda em estágio preliminar. Um verdadeiro presente podermos contar com essa amizade intelectual. Agradecemos também as contribuições dos colegas deste livro, especialmente Rebecca Abers e Marcelo K. Silva.

histórico de mobilização direta em prol da afirmação de direitos. Mesmo que nas normativas dos quatro programas eles possam ser operados por um conjunto amplo de organizações da sociedade civil, eles surgem como uma resposta de diferentes setores do governo às demandas históricas dos movimentos sociais e são voltados prioritariamente para que organizações vinculadas a eles os acessem e os implementem.

Embora pareçam casos isolados, o contexto político no qual surgem e o papel que desempenham nesse contexto permitem uma análise mais abrangente que ultrapassa o caso a caso. Para destacar a natureza política desse fenômeno e suas conexões com o regime político dos governos petistas,[4] oferecemos o conceito de programa associativo. O conceito busca destacar uma forma particular de execução das políticas públicas, em curso no Brasil, na qual organizações da sociedade civil de caráter popular assumem uma função de mediação entre a população e o acesso a determinados direitos de cidadania, ou seja, atuam como mediadoras entre os cidadãos e o Estado na implementação de políticas (Blikstad, 2015).[5]

Denominamos esses programas de "programas associativos" porque estimulam a organização coletiva do público-alvo das políticas, sob o argumento de que essa participação garantirá mais qualidade e sustentabilidade aos projetos executados, promovendo a cidadania e o empoderamento do público-alvo. A concepção de que a organização coletiva pode favorecer a cidadania não é nova; está presente na literatura e na prática política desde os anos 1990, por exemplo em autores como Abramovay (2000), ao defender que, para realizar o desenvolvimento rural, seria preciso fortalecer o capital social dos territórios. A novidade reside em outro ponto, em

4 Em Tatagiba, Abers e Silva (2018), bem como em Abers, Silva e Tatagiba (no prelo) discute-se os conceitos de regimes políticos e subsistemas e sua importância para a compreensão das relações entre movimentos sociais e políticas públicas.

5 Para o debate sobre a atuação dos movimentos sociais como mediadores, ver o capítulo 6 de Blikstad, neste volume.

se apropriar, de forma criativa (como aponta Abers, cap.2 deste volume), deste ideário do empoderamento dos beneficiários das políticas para fortalecer os próprios movimentos. Como detalharemos no item a seguir, o programa associativo possui três características principais: a ênfase na participação nos territórios, que legitima formas de fazer/pensar alternativas; o papel das organizações da sociedade civil como mediadores do acesso às políticas públicas;[6] e o repasse de recursos públicos para fortalecer a organização da sociedade, ao longo do processo de produção do bem público.

Dessas três características, a que tem gerado maior controvérsia, nos campos progressista e conservador, é o fato de os programas associativos fazerem chegar dinheiro público na ponta, para ser administrado por movimentos sociais com histórico de práticas disruptivas ou "ilegais", com o objetivo de fortalecer os próprios movimentos. Ou seja, são programas que se configuraram na prática como uma *política ativa de financiamento de movimentos sociais*.

Esse é um aspecto desses programas pouco destacado pela literatura especializada e que nos parece determinante no sentido de compreender o papel que as políticas públicas desempenharam no regime político dos governos petistas, não apenas na relação entre os setores desorganizados e o Estado – como expresso na tese do lulismo (Singer, 2012) – mas também na relação entre o Estado e os setores organizados, do que poderíamos chamar de campo democrático-popular. Os programas associativos materializaram as contradições dos governos petistas, do ponto de vista das relações entre movimentos sociais, Estado e políticas públicas. Por um lado, são o ponto de chegada de uma aposta na luta por políticas públicas como arena para construção dos direitos e cidadania e do papel protagônico da sociedade civil nesse processo. Uma luta que é parte central da narrativa sobre a construção da democracia brasileira. Por outro lado, o lugar residual que lhes foi destinado e suas mudanças ao

---

6 Tema do artigo de Karin Blikstad, cap.6 deste volume.

longo do tempo expressam os limites dessa aposta em um governo orientado pelo pacto conservador.

Na perspectiva dos movimentos sociais, os programas associativos tiveram implicações igualmente contraditórias e, é bom que se reconheça, ainda não plenamente evidentes. Por um lado, o afluxo regular de recursos parece ter permitido aos movimentos avançar na sua estrutura organizacional, ampliar o contato e aprendizados na relação com a burocracia pública e avançar de forma inédita na conquista dos seus objetivos materiais. Por outro lado, os movimentos sociais tiveram que pagar um alto preço. Parte do dilema consiste em lidar com o limbo jurídico em que as organizações da sociedade civil se deparam ao acessar recursos públicos para atuar na execução das políticas. Somada a um crescimento da contrarreação conservadora, essa insegurança jurídica resultou na prática em uma tendência à "criminalização burocrática"[7] dos movimentos, evidentes na CPI das ONGs (2007-2010) e na operação "Agro-Fantasma", da Polícia Federal, em 2013.

Esses são os argumentos que buscaremos explorar nesse texto. Iniciamos com a discussão do conceito de programa associativo, destacando as três características que os definem. Na sequência, iremos explorar a relação destes com o regime político dos governos petistas, reconhecendo as diferenças internas ao regime e a forma como impactaram a trajetória desses programas. Na terceira parte, discutimos os desafios que os movimentos sociais enfrentam na implementação dessas iniciativas, em um ambiente de insegurança jurídica quanto às regras que regulam o repasse de recursos públicos para organizações da sociedade, combinada com a crescente criminalização dos movimentos sociais.

---

7 Não é possível saber ao certo quem cunhou o termo "criminalização burocrática". Segundo as pessoas com quem temos conversado para essa e outras pesquisas, essa era a expressão que pessoas do governo e da sociedade usavam para se referir ao dilema das organizações na implementação. De qualquer forma, a expressão aparece nesse livro editado pela Secretaria-Geral da Presidência da República, em 2014, por ocasião do lançamento do MRSC (SGP, 2014, p.12). Vamos aqui adotar esse termo nativo.

Os programas associativos: definição e características

Definimos programas associativos como um tipo particular de política pública, voltada à população de baixa renda, que reconhece formalmente organizações da sociedade como atores da implementação nos territórios, conferindo-lhe o direito de constituir e selecionar os beneficiários e mediar sua relação com o Estado no acesso aos bens públicos. Nesse desenho, o Estado repassa dinheiro público para organizações da sociedade civil *atuarem como Estado*, nos territórios, produzindo o bem público e produzindo também a coletividade organizada que irá usufruir desse bem (Blikstad, 2015; Teixeira et al., 2015; Teixeira et al., 2016). O programa associativo se distingue por três características principais.

A primeira é a ênfase na participação nos territórios buscando criar comunidades engajadas, a partir do reconhecimento de formas de fazer/pensar alternativos e a legitimação dessas formas coletivas de produção dos bens públicos como programas governamentais. Os quatro programas associativos que estudamos têm trajetórias similares, com origens na sociedade civil ou nas prefeituras ligadas a setores populares, com uma história de experimentação que remonta às décadas de 1980 e 1990.

Nas origens do Programa de Formação e Mobilização Social para a convivência com o Semiárido: Um Milhão de Cisternas Rurais (P1MC), destaca-se o protagonismo das associações locais do sertão nordestino e de instituições de pesquisa, como a Embrapa, no seu esforço de construir uma nova filosofia e encontrar soluções práticas que permitissem substituir a política tradicional do "combate à seca" por ações de convivência com o Semiárido. A cisterna é uma construção de baixo custo, feita de placas de cimento pré-moldadas, construída ao lado das casas por pessoas da própria comunidade, capta a água da chuva aproveitando o telhado da casa. Segundo Malvezzi (2007), a experiência de construção em maior escala de cisternas de placa se iniciou no norte da Bahia, no início da década de 1990, mas ganhou escala nacional em 2001, através de um termo de parceria entre a Associação do Semiárido (ASA) e o Ministério do Meio Ambiente, que definiu um projeto piloto para a construção de 500 cisternas. Em 2003, a experiência ganhou em escala com o P1MC, através de um termo de parceria entre uma Oscip, criada pela ASA, e o MDS (Assis, 2009). O Programa de Aquisição de Alimentos, criado em 2003 como parte das ações do Programa Fome Zero,[8] também é voltado ao meio rural e articula ações de desenvolvimento, com apoio à agricultura familiar e combate à insegurança alimentar. O objetivo é promover a agricultura familiar por meio da distribuição de produtos agropecuários para pessoas em situação de insegurança alimentar. Basicamente, o programa compra alimentos dos pequenos produtores da região e os repassa para entidades socioassistenciais. A aposta é abrir as portas do mercado institucional aos pequenos produtores e criar redes locais de comercialização, colocando o pequeno produtor como seu protagonista. A experiência tem origem em gestões petistas no Rio Grande do Sul (Müller, 2007).

O Programa Nacional Cultura Viva partiu de agentes de dentro do Estado, que buscavam articulação com organizações da sociedade civil. O relato de Turino (2010, p.66), idealizador dos Pontos de Cultura, remonta a experiência da prefeitura de Campinas (SP), quando ele foi secretário de Cultura e implementou as Casas de Cultura entre os anos 1990-1992. Turino conta que, quando Lula assumiu a Presidência, vários militantes da área da cultura foram para o ministério, então dirigido por Gilberto Gil. Neste contexto, ele apresenta a proposta dos Pontos de Cultura. Para Medeiros (2013), o programa não cria outro modo de fazer arte, ele foi pensado para ser um incentivador das ações culturais já existentes nas comunidades. A iniciativa pode ser entendida como uma política pública de mobilização social, pois faz emergir a noção de prota-

8 O PAA foi instituído pelo artigo 19 da Lei n.10.696, de 2 de julho de 2003, regulamentado pelo Decreto n.4.772, de 2 de julho de 2003, que apresenta o Programa e define suas funções. A atuação dos movimentos no PAA é tema do artigo de Pismel, cap.8 deste volume.

gonismo dos grupos envolvidos; ela os transforma em sujeitos da ação cultural e possibilita que seus beneficiários se mantenham "no mercado", o que não conseguiriam sem apoio estatal. Ainda de acordo com Turino, o programa traz fortemente a ideia de gestão compartilhada – aumentando a autonomia na fase de implementação –, uma vez que são os pontos de cultura que decidem o que fazer e como gerir o recurso. Ao se organizar em rede, sua meta é favorecer o empoderamento das organizações culturais, pois torna os processos e decisões menos verticais (Medeiros, 2013). O PNCV se coloca contra o padrão de reprodução de desigualdade ao dar um lugar às organizações culturais até então excluídas da "lógica do mercado cultural", o que se expressa na definição de seu público-alvo (populações de baixa renda, comunidades indígenas, rurais e quilombolas, militantes sociais que desenvolvem ações de combate à exclusão social etc.) e na valorização das redes culturais já existentes.

Já o Programa Minha Casa Minha Vida – Entidades surgiu como pressão dos movimentos de moradia e teve como inspiração as experiências na habitação popular, realizadas no governo municipal de Luiza Erundina (1989-1992), em São Paulo, por meio do Funaps Comunitário. Este foi criado para possibilitar a movimentos/associações populares construírem empreendimentos habitacionais através do que se chamou "mutirão com autogestão" ou "mutirão autogestionário", com financiamento público. Com a chegada de Lula ao governo federal, a proposta autogestionária se conformou como uma política nacional, já nos preparativos da campanha presidencial de 2002, com o Projeto Moradia, formulado no âmbito do Instituto Lula e que contou com a participação de vários integrantes da rede do movimento de moradia e da reforma urbana. No ano seguinte, a Primeira Conferência Nacional das Cidades definia a autogestão como modelo para a produção da moradia social. Em 2004 a proposta autogestionária ganhou forma nacional com o Programa Crédito Solidário, após pressão dos movimentos; em 2008, o governo lançou o Programa Produção Social da Moradia, que avançava na proposta da autogestão (Tatagiba;

Teixeira, 2016; Serafim, 2013, Blisktad, 2012), e em 2009, o Programa Minha Casa Minha Vida – Entidades, uma modalidade do Programa Minha Casa Minha Vida, destinada a atender a demanda dos movimentos por participação no programa.

Nessas narrativas de origem há desde o caso das cisternas, em que a experimentação prévia partiu da sociedade civil, sem ter havido uma iniciativa estatal, até o caso dos Pontos de Cultura, no qual o impulso ao programa associativo veio de agentes de dentro do Estado. Há ainda os casos da habitação e da agricultura familiar, em que as experiências prévias de programas associativos envolveram mais nitidamente iniciativas socioestatais. Em todos os casos, a ideia foi transformar uma experiência desenvolvida em um território em um programa nacional, válido para todo o país. Nos relatos sobre as origens dos programas associativos, vemos como um *modo de fazer alternativo*, a partir da atuação de agentes públicos comprometidos, assessorias técnicas, universidade, órgãos de pesquisa etc. deu origem a novas ideias que passaram a disputar espaço nos circuitos de elaboração das políticas (Tatagiba; Teixeira, 2016), numa correlação de forças bastante desfavorável. Sendo assim, ao ganhar a escala nacional, esses programas sequer arranham o cerne da produção habitacional, ou do agronegócio, ou da política cultural, ou das grandes obras de infraestrutura para gerar água e energia. São programas que convivem com um contexto bastante adverso dada a supremacia dos interesses do mercado no campo e na cidade. São programas que se localizam num lugar da produção de políticas públicas bastante "alternativo", "experimental" ou "residual". A segunda característica dos programas associativos é o papel exercido pelos movimentos sociais como mediadores do acesso às políticas governamentais, a partir de um tipo particular de relação do movimento com suas bases e o Estado (ver Blikstad, cap.6 deste volume). Os movimentos não apenas produzem o bem público a partir do acesso aos recursos estatais, mas também têm a prerrogativa de definir aqueles que terão acesso a esse bem, organizando-os como uma "coletividade". A relação não se dá, portanto, entre o Estado e o cidadão, como em outros programas, mas entre o Estado e a organização do movimento que faz a mediação com o público-alvo da política, que o próprio movimento constitui. Gerar a coletividade – ou o público associado ou potencialmente associado em organizações coletivas – é uma das principais funções que os movimentos devem exercer no programa, claramente definido em suas normativas.

Nesse sentido é importante notar que a função da mediação não envolve apenas a entrega de serviços e produtos, como, por exemplo, o caso do programa Viva Leite no Estado de São Paulo, em que as organizações conveniadas distribuem leite a partir de uma lista de beneficiários enviada pelo poder público (ou seja, nesse caso o indivíduo já passou pelas agências e protocolos estatais e foi, então, reconhecido como beneficiário). No caso dos programas associativos a lógica é oposta: espera-se que a organização possa favorecer um processo de "construção" do beneficiário, e então o apresente ao Estado. Mais do que ter um papel de intermediador de recursos que vão do Estado aos cidadãos, o programa dá o poder para as organizações de escolher quem serão os beneficiários (seguindo critérios iniciais definidos pelo Estado, por exemplo, a presença no CadÚnico) e em geral prevê um processo de formação de cidadãos e de redes/coletividades articuladas, em que valores como autonomia, protagonismo e solidariedade são destacados nas suas normativas. Apesar das potencialidades que apresentam, ao enfatizar a mobilização cidadã como um dos principais objetivos a ser alcançado, os programas associativos operam numa direção oposta à ideia de universalização dos direitos, costurando uma associação compulsória – e por isso problemática, pois não opera na lógica da oferta de um direito universal igualmente acessível para todos, mas sim na oferta a alguns sujeitos coletivos que estão engajados na luta por direitos – entre formas de participação e o acesso dos pobres aos direitos de cidadania.[9]

9 Essa contradição é desenvolvida por Blikstad (2017) em sua tese de doutoramento.

A terceira, e mais controversa característica dos programas associativos, como já dissemos, é o repasse direto de recursos públicos para movimentos sociais atuarem na execução das políticas públicas, com vistas a fortalecer ou gerar redes movimentalistas.

Historicamente, organizações da sociedade civil atuaram na execução das políticas públicas, sobretudo nas áreas de saúde, educação e assistência social, relacionando-se de modo direto com o público-alvo na oferta de serviços e bens, a partir de diversas formas de convênios firmados com os órgãos governamentais responsáveis pelas políticas.[10] Desde a reforma de Estado de Bresser-Pereira, e a criação das Oscips em 1999, o Brasil tem experimentado de forma mais acentuada o disciplinamento das parcerias entre organizações e o Estado. De certa forma, os programas associativos podem ser localizados no interior dessa história mais geral na qual o Estado repassa dinheiro para organizações da sociedade realizar o atendimento na ponta. A diferença, como estamos argumentando, está relacionada aos objetivos explícitos dos programas: repassar dinheiro para movimentos sociais, com histórico de práticas disruptivas, organizarem pessoas pobres e fortalecerem suas bases, por meio da execução de políticas públicas orientadas por modelos alternativos de produzir e acessar o bem público.

Medeiros, Alves e Farah (2015) chamam atenção exatamente para essa dimensão dos programas associativos, quando afirmam que o Programa Cultura Viva, embora não tenha afetado o "modelo do mecenato", produziu mudanças simbólicas importantes no subsistema de políticas públicas ao incluir "organizações culturais com valores, histórico e tradições diferentes". São exatamente essas organizações que não compõem historicamente as redes da política pública que fazem que o programa acione conflitos no interior do subsistema da cultura. Para além das tradicionais parcerias governo-

10 Pesquisa realizada pelo Ipea aponta que, entre 2003 a 2011, foram repassados R$ 29 bilhões do governo federal a entidades sem fins lucrativos, num universo de 10 mil organizações que firmaram convênios pelo menos uma vez neste período (Lopez; Barone, 2013).

-sociedade voltadas à oferta de bens públicos, houve também ao longo das últimas décadas a realização de projetos-piloto em escala subnacional, que também envolviam repasse de recursos para movimentos sociais realizarem propostas alternativas de políticas públicas, com importante envolvimento das comunidades. Aliás, muitas dessas experiências serviram de inspiração para a modelagem dos programas associativos no ciclo petista, como argumentamos. A diferença está na menor escala e na sazonalidade dos recursos, no geral obtidos após muita pressão. Os recursos destinados aos programas associativos são, diferentes das experiências locais piloto, parte de uma política pública nacional. O que aprendemos em nossa pesquisa sobre a moradia, por exemplo, é que a presença da política pública, ao garantir previsibilidade de acesso ao recurso, impactou diretamente as estratégias de ação dos movimentos na sua relação com o Estado e com os demais movimentos. Como sintetizou uma entrevistada: "a presença da política pública muda tudo".

O montante de recursos previstos e alocados é irrisório e residual quando comparado com o que é destinado aos setores e modelos dominantes nos subsistemas. Em 2003, foi a primeira vez que a agricultura familiar foi incluída no Plano Safra com recursos na ordem de 17,5% do total de investimentos do setor, sendo que desses 4% foram para o PAA. Segundo o MST, o programa atinge apenas 4% dos agricultores familiares do país. Já o MCMV-E representa apenas 2% do total investido no MCMV. Em termos comparativos, no caso das cisternas, foram investidos pelo BNDES e Fundação Banco do Brasil R$ 340 milhões até 2017, e de outro lado, a construção da transposição do Rio São Francisco já custou mais de R$ 10 bilhões. No caso do Programa Cultura Viva, Medeiros, Alves e Farah (2015) mostram que não houve disputa de recursos com o modelo do mecenato, que continuou crescendo vigorosamente ao longo do período, permitindo ao governo manter uma lógica de operação da política pública que "acomodou distintas posições e não afetou [na perspectiva dos recursos] as dinâmicas internas" ao campo organizacional da cultura (Medeiros; Alves; Farah, 2015, p.1226).

Mas, apesar da natureza residual dos recursos investidos, que permitiu aos programas associativos conviverem sem desafiar financeiramente os modelos hegemônicos, eles suscitaram polêmicas relacionadas tanto ao papel do Estado no financiamento da organização da sociedade civil, quanto ao papel dos movimentos sociais, em particular o movimento popular, na execução das políticas públicas.

O regime político dos governos petistas e a trajetória dos programas associativos

Conforme a análise de Singer, as gestões petistas podem ser caracterizadas pela combinação de "orientações antitéticas", que permitiu acomodar o receituário neoliberal com o seu contrário, políticas de enfrentamento da pobreza e distribuição de renda, a partir de um papel ativo do Estado, sem confronto com o capital. Embora o peso relativo desses fatores – ordem e mudança – tenha se alterado ao longo dos anos, a fórmula se manteve e, combinada ao deslocamento eleitoral produzido a partir de 2006, deu origem ao lulismo (Singer, 2012). Na perspectiva da relação entre o Estado e os setores desorganizados, o lulismo representou um reformismo desmobilizador, que apostava e promovia a desradicalização política de suas bases. Na perspectiva da relação do Estado com os setores organizados, o quadro era mais complexo.[11]

Grosso modo, é possível identificar três momentos na trajetória das relações entre movimentos sociais, Estado e políticas públicas nos 13 anos que o PT esteve à frente do governo federal, as quais correspondem às gestões Lula 1, Lula 2 e Dilma Rousseff 1. Esses diferentes momentos impactaram a trajetória dos programas associativos.

11 Esse tema é aprofundado por Tatagiba (2018) e por Romão, cap.5 deste volume.

A primeira fase coincide com primeiro mandato de Lula, 2003-2006, e pode ser caracterizado como um período de expansão das oportunidades participativas. No interior do Estado, a criação de novos ministérios e secretarias abrigaram ativistas institucionais comprometidos com as causas dos movimentos, favorecendo uma intensa articulação entre movimentos sociais e burocracia pública (Abers; Serafim; Tatagiba, 2015). Da mesma forma, novos conselhos, conferências, audiências públicas e mesas de diálogo criaram nichos dentro do Estado que permitiram abrigar novos temas, atores e conflitos, ao mesmo tempo que serviram para adensar redes no âmbito da própria sociedade civil. Nas ruas, esse período foi marcado também por uma intensa mobilização social, registrando a maior concentração de eventos de protestos, ao longo de todo o ciclo petista (Galvão; Tatagiba, 2018). Ou seja, embora não houvesse uma ação coordenada, esse encontro entre um governo de esquerda e movimentos sociais com capacidade de pressão institucional e extrainstitucional favoreceu a experimentação e inovação nas políticas públicas, em diferentes setores, no início do regime petista. Os programas associativos surgem nesse contexto.

Interessante perceber na literatura como o surgimento dos programas se relacionou com o conjunto das outras inovações em curso. Nos quatro casos, a literatura demonstra como os espaços institucionais de participação, em particular as conferências e os conselhos, foram acionados para legitimação dos modos de fazer/pensar alternativos incorporados nos programas associativos. Por exemplo, no caso da Cultura, os estudos apontam que o Programa Cultura Viva fortaleceu o próprio ministério nas disputas internas ao governo:

> O programa Cultura Viva ganhou imensa visibilidade nacional e internacional, com seus pontos, pontões e pontinhos de cultura. Ocupando um lugar de destaque, ele alargou a base social do ministério, incorporando comunidades até então desassistidas e sem nenhuma relação cultural com o Estado nacional brasileiro [...]. Institucionalidade e organização cultural se desenvolveram de modo acelerado. (Rubim, 2015, p.13)

Célio Turino, um dos idealizadores do Programa Cultura Viva, ao fazer um balanço desse momento inaugural e das possibilidades em termos de inovação, afirma que, com o governo Lula, surgiu uma janela para a mudança, uma "fresta":

> Na primeira fase do governo Lula [...] havia algum espaço para experimentações de políticas públicas inovadoras, principalmente pela carga simbólica representada por um deslocamento de classes no exercício de governo. Foi nesta brecha que o Cultura Viva surgiu, como se tivesse entrado por uma pequena fresta de porta que logo mais se fecharia. (Turino, 2015)[12]

A crise aberta pelo mensalão em 2005 e seus desdobramentos políticos e econômicos, principalmente a partir de 2007, imprimiu novos contornos à relação entre Estado e setores organizados, restringindo um pouco mais a "fresta" para influência dos movimentos sociais na política pública. Esse momento é o que caracteriza a segunda fase.

Embora o ingresso de Guido Mantega no Ministério da Fazenda, em 2006, tenha favorecido a opção "menos neoliberalismo e mais desenvolvimentismo" na fórmula lulista (Singer, 2012, p.146), o que em tese favorece a luta por direitos e democracia, a concepção estadocêntrica que esteve regendo esse arranjo (Dagnino, 2017) e o lugar que os setores do grande capital passaram a desempenhar, principalmente a partir do lançamento do Programa de Aceleração do Crescimento (PAC) em janeiro de 2007, restringiu o espaço de manobra dos movimentos, empurrando-os ainda mais para a periferia dos subsistemas. Em entrevista que nos concedeu em 2017, uma importante liderança nacional do MST explicitou a complexidade da conjuntura. No governo Lula, apesar das conquistas, teria havido maior dificuldade para fazer a luta política,

12 Cf. <http://www.revistaforum.com.br/brasilvivo/2013/07/07/o-desmonte-do-programa-cultura-viva-e-dos-pontos-de-cultura-sob-o-governo-dilma/>.

porque o modelo neodesenvolvimentista isolou o MST e inviabilizou uma luta mais combativa nas ruas:[13]

> Ao se aliar ao agronegócio, o Lula isolou o MST [...] inflou o outro lado e ele cresceu na sociedade [...] aí ficou todo mundo pró-agronegócio [...] Quem era doido de bater nos produtores de álcool? [...] A depender da forma como você faz a luta, você se isola muito mais [...]. O campo hegemônico na sociedade era quem estava dentro da frente [frente neodesenvolvimentista]. [...] Nós fomos engolidos todo o tempo. [...] E não é o Lula, é a ideia, é a hegemonia do projeto. [...] A gente até brinca: o Lula é nosso amigo, mas é mais amigo do nosso inimigo. (Entrevista com liderança nacional do MST, em 2017[14])

Na terceira fase, o governo Dilma Rousseff, com estilo menos conciliador, avançou no "ensaio desenvolvimentista" (Singer, 2016), abrindo frentes importantes de embate contra poderosas frações de classe, sobretudo com o setor financeiro (Singer, 2016, p.33). No que se refere à relação com os setores sociais organizados à esquerda, o modelo de desenvolvimento abriu flancos importantes de conflito com os movimentos sociais do campo e da cidade, articulados contra projetos como a transposição do Rio São Francisco, a construção das hidrelétricas e a realização dos megaeventos.

No que nos importa destacar aqui, essa mudança no ambiente político impactou negativamente a trajetória dos programas associativos. No caso da habitação, as condições nunca foram favoráveis. O Programa MCMV-E sempre foi uma pequena fatia do MCMV majoritariamente voltado às empresas da construção civil.

13 Essa avaliação é confirmada por Galvão e Tatagiba (2017), que mostram queda significativa da presença do MST convocando protestos a partir de 2006, uma tendência de queda que se manteve ao longo do governo Dilma Rousseff.

14 Essa entrevista foi realizada no âmbito do Projeto de Pesquisa, ainda em curso, "O fim do giro à esquerda na América Latina em debate", realizado entre University of Bath, Unicamp e Universidade de Buenos Aires.

Todos os esforços anteriores que visavam à conformação de uma política habitacional autogestionária e ao sistema nacional de habitação, e suas institucionalidades participativas foram interrompidas com o lançamento do MCMV em 2009.

No caso do Programa de Aquisição de Alimentos a principal mudança veio com a lei n.12.512, de outubro de 2011, conhecida como responsável pela "prefeiturização do PAA", que reduziu o controle e autonomia das organizações da sociedade civil sobre o programa, em prol do aumento do papel regulador dos estados e prefeituras (Porto, 2014; Pismel, 2018, e Pismel, cap.8 deste volume). Essa direção foi reforçada com a resolução n.62, de 24 de outubro de 2013, que definia novas regras para a escolha das entidades recebedoras, exigindo que pertencessem à rede socioassistencial dos municípios. Se antes as organizações de agricultores podiam selecionar quais entidades receberiam suas doações, agora essa decisão caberia às prefeituras e aos estados.

Dois meses depois da mudança na legislação do PAA, em 20 de dezembro de 2011, 15 mil pessoas no sertão nordestino, convocadas pela ASA, protestavam contra as mudanças na política de construção de cisternas anunciadas em Brasília. A decisão do Ministério do Desenvolvimento Social (MDS) seria priorizar as parcerias com estados e municípios, interrompendo o convênio com a ASA. A justificativa era que, ao firmar convênio só com órgãos públicos, o governo diminuía o risco de corrupção na execução do programa. Outra mudança proposta era abandonar a construção de cisternas de placas de cimento, a tecnologia social desenvolvida pelas comunidades do Semiárido, por cisternas de plástico, produzidas em centros industriais de outras regiões do país.

Por fim, na área da Cultura, a principal mudança foi o fortalecimento da economia criativa e a pouco importância dada ao Programa Cultura Viva.

> A intenção de associar a cultura ao desenvolvimento, por meio da ideia da economia criativa, já estava presente no primeiro mandato do presidente Lula, e ganhou reforço adicional no segundo

mandato com o lançamento do PAC. Mas é no governo Dilma Rousseff que a proposta ganha direção mais central, com a atuação das ministras Ana de Hollanda, que em 2012 criou a Secretaria de Economia Criativa, e Marta Suplicy. (Lopes, 2015, p.183)

Em síntese, a emergência e desenvolvimento dos programas associativos são indissociáveis do seu contexto. A economia política dos governos petistas e sua valorização do papel do Estado no combate à pobreza e à desigualdade permitiram aos movimentos sociais fazerem a disputa pelos recursos do Estado, embora nos limites colocados por um governo de conciliação de classes. A complexidade da conjuntura se mostrou nos inesperados efeitos do neodesenvolvimentismo, que na prática acabou por limitar, ao invés de expandir como seria esperado, o espaço para a ação do movimento nas políticas públicas. Esse é um traço que ficou mais presente ao longo das gestões de Dilma Rousseff. O retorno ao "Estado forte" bloqueou o espaço para a experimentação democrática, um aspecto para o qual Dagnino tem chamado a atenção:

> *I have argued that the dilemmatic paradox of new developmentalism implemented by leftist governments lies in its very conception of the state: while its new protagonist role could have represented new paths towards a more equal and sustainable development, it has implied the 'downgrading' of participatory democracy and the confining of participation to representative democracy. By relying on 'old' ways of doing politics, reviving the traditional state monopoly of decision-making and emphasising the role of a deteriorated mode of social representation, new developmentalism has failed to fully incorporate what represented a crucial innovative change in patterns of Latin American democracy*. (Dagnino, 2017, p.165-6)[15]

15 Trad. livre: "Eu tenho argumentado que o dilema do paradoxo do novo desenvolvimentismo implementado pelos governos de esquerda reside em sua concepção do Estado: enquanto seu novo papel protagônico pode representar novos caminhos rumo a um desenvolvimento mais igualitário e sustentável,

Outra dimensão do contexto que configurou uma estrutura de ameaças políticas à ação dos movimentos, com importantes implicações na trajetória dos programas associativos, foram as ações de combate à corrupção. O tema que dominou o noticiário no primeiro ano do governo Dilma foi a "faxina ministerial", que implicou a troca de sete ministros acusados de irregularidades. Nas ruas, o *slogan* do governo "País rico é País sem pobreza" já era disputado por seus opositores tendo como principal mote "País rico é País sem corrupção" (*Folha de S.Paulo*, 13 out. 2011, A1). No que se refere aos movimentos sociais, a cruzada anticorrupção significou na prática um processo de crescente "criminalização burocrática", que acabou elevando os já altos custos da participação na execução das políticas públicas.

Pagando um alto preço

Apesar do curto espaço de tempo desde a criação desses programas, analistas têm apontado que há alguns efeitos positivos dos programas associativos para os movimentos sociais. Evidentemente, não é possível fazer avaliações definitivas em termos de efeitos de médio e longo, porque estes ainda podem estar em curso, mas os estudos já têm apontado alguns ganhos relacionados principalmente ao fortalecimento das organizações, maior visibilidade no território, fortalecimento de redes e criação de novos vínculos associativos.

Contudo, o que mais se destaca na literatura nas nossas pesquisas é a dificuldade que os movimentos sociais encontram para se adequarem às regras para o acesso aos recursos públicos. Há grande

---

tem acarretado um rebaixamento da democracia participativa e o confinamento da participação à democracia representativa. Por confiar nos velhos modos de fazer política, revivendo o tradicional monopólio estatal da tomada de decisão e reforçando o papel de uma modalidade deteriorada de representação social, o novo desenvolvimentismo falhou em incorporar aquilo que representou uma mudança inovadora crucial nos padrões da democracia latino-americana". (N. E.)

controvérsia em torno do financiamento das organizações da sociedade civil no Brasil. Apesar de uma parte significativa das políticas públicas ser executada por entidades, o marco jurídico brasileiro sempre foi bastante frágil em reconhecer o lugar e as regras adequadas para o acesso dessas organizações ao financiamento público, tratando entidades como se fossem prefeituras, criando regras de repasse com exigências descabidas a entidades de pequeno porte, muitas vezes sem registro formal e com poucos recursos humanos e materiais. A maioria dos atores da sociedade civil envolvidos com a implementação dos programas associativos não está familiarizada com os trâmites de funcionamento da máquina estatal para a execução de políticas públicas, e tampouco os agentes estatais e as normas públicas que orientam a operacionalização das políticas estavam preparados para lidar com a realidade de movimentos sociais. Mesmo que os programas associativos trouxessem consigo propostas alternativas em relação às formas já consolidadas de se resolver os problemas sociais, eles operavam dentro de um arcabouço institucional que não dialogava com seu caráter alternativo. Como aponta de forma precisa Bonat,

> Embora haja a intenção de aprender com a sociedade civil, os instrumentos consagrados pela gestão pública brasileira ainda se baseiam na desconfiança e no excesso de controle dessas organizações. Mesmo quando há tentativas de se aumentar o espaço de discricionariedade das organizações, as punições podem ser desproporcionais à capacidade gerencial dessas organizações. Nesse sentido, parece que o uso de instrumentos não acompanhou as mudanças trazidas pelas diferentes formas de governança ou pela maior democratização da política. (Bonat, 2016, p.140)

Nessa mesma direção, segue a análise do Ipea destacando a visão dos agentes do Programa Cultura Viva sobre os desafios da implementação. Segundo os entrevistados, os principais problemas giram em torno do descompasso entra a lógica do Estado e a lógica do programa:

> Os trâmites administrativos e os aspectos jurídicos criam, na visão dos gestores, uma linearidade de procedimentos que nega a diversidade das realidades, as capacidades criadoras, a autonomia da sociedade civil e o princípio do pluralismo institucional que deve ser a marca do programa. Há aqui a afirmação de uma inadequação entre os princípios institucionais e jurídicos da administração pública e a forma de agir das comunidades, tomadas como modelos positivos e criativos. (Barbosa e Calebre, 2011, p.72)

Um dos principais problemas é a dificuldade de aprovar a prestação de contas. Já em 2013, estudo de Medeiros indicava a realização de mutirões para solucionar o "gargalo das prestações de contas pendentes" (Medeiros, 2013, p.95), no Programa Cultura Viva, um problema que pelo visto não foi resolvido: reportagem da *Folha de S.Paulo* aponta que quase 90% dos Pontos de Cultura em andamento estão em situação irregular (*Folha de S.Paulo*, 15 mar. 2017, Ilustrada).

No caso das cisternas, os analistas alertam que a necessidade de entregar as cisternas dentro dos prazos e o volume de trabalho exigido das organizações locais fizeram com que os processos de formação e mobilização fossem atropelados pela prestação de contas. Da mesma forma, avalia-se que parte da morosidade na entrega dos produtos estava associada às excessivas exigências burocráticas, o que conduziu, em 2013 (com a lei n.12.873/2013 e pelo decreto n.8.038/2013), a uma mudança na legislação para facilitar e acelerar a contratação das entidades, dispensando de licitação as entidades já cadastradas e facilitando o processo de prestação de contas (Santana e Arsky, 2016).

De uma forma geral, o desencontro entre a lógica do movimento e a lógica de operação do Estado evidencia como as fronteiras entre Estado e movimento de fato existem e importam, como já alertava Doimo (1995). Em segundo lugar, a inadequação dos instrumentos jurídicos que regulam as relações entre Estado e movimentos resultou em um contexto de insegurança jurídica que foi potencializado por um contexto político marcado por crescente polarização, no qual as esquerdas de uma forma geral passam a ser acusadas de se apropriar dos recursos públicos de forma não republicana. A combinação entre esses dois elementos criou um clima perfeito para a criminalização burocrática dos movimentos sociais, seja na opinião pública com ataques frequentes da mídia,[16] seja por parte do sistema de justiça.

Já no final do primeiro ano do governo Lula, em dezembro de 2003, foi instalada a CPMI da Terra, que se transformou em verdadeira arena de embates entre ruralistas e movimentos sociais do campo, tendo como principal alvo o MST e seu legado. Criada com o objetivo de realizar "amplo diagnóstico sobre a estrutura fundiária brasileira, os processos de reforma agrária e urbana, os movimentos sociais de trabalhadores, assim como os movimentos de proprietários de terras", o relatório resultante do voto em separado apresentado pelo deputado Abelardo Lupion (DEM-PR) concluiu que o problema estava no repasse de recursos públicos para entidades ligadas à luta pela terra. O relatório aprovado recomendou o indiciamento da Associação Nacional de Cooperação Agrícola (Anca) e a Confederação Nacional das Cooperativas de Reforma Agrária do Brasil (Concrab), entidades ligadas ao MST.

Outro marco importante foi a instalação da CPI das ONGs, que funcionou de 2006 a 2010 e terminou sem apresentar culpados tampouco aprovar o relatório, após fortes embates entre governo e oposição. A intenção dos oposicionistas era concentrar esforços nas entidades que haviam recebido recursos da Petrobrás. Na mira estavam principalmente entidades ligadas à questão agrária e à saúde indígena.[17]

---

16 Em 2013, reportagem do Estadão acusava as organizações do MCMV-E de "petistas" e de usarem o programa para realizar clientelismo eleitoral (Cf. <http://www.estadao.com.br/noticias/cidades,militancia-vira-criterio-para-receber-moradia-do-minha-casa-minha-vida,1079892,0.htm>). A reportagem gerou reações dos movimentos de moradia que vieram a público no dia seguinte denunciar o que consideravam ser sinais da "criminalização dos movimentos sociais" (Nepac, 2013).

17 Cf. <http://congressoemfoco.uol.com.br/noticias/cpi-do-senado-esconde-investigacao-contra-19-ongs/>.

Em setembro de 2013, a Polícia Federal deflagrou a operação Agro-Fantasma, no Paraná, com "o objetivo de combater um grande esquema de desvio de recursos públicos, oriundos do PAA".[18] Com a publicação desta operação, houve a desestruturação do programa, ocorrendo diminuição significativa de recursos investidos pelo governo federal na Conab do Paraná, e os requisitos para acessar o programa se tornaram mais inflexíveis. Entretanto, segundo o Consea, o maior impacto da Operação Agro-Fantasma se deu sobre a vida de cada um dos agricultores familiares acusados. Vários processos judiciais foram abertos e resultaram na prisão preventiva de mais de 40 agricultores de todo o estado. As prisões foram decretadas pelo juiz federal Sérgio Moro, em Curitiba. Os agricultores familiares que operavam o programa ficaram, repentinamente, sem ter como vender sua produção. Com isso, muitos se viram obrigados a retornar para a produção da cultura do fumo, "desconvertendo-se" novamente para agricultura convencional, enquanto outros abandonaram suas propriedades.[19] O assessor jurídico da ONG Terra de Direitos destaca os impactos nefastos da ação na luta em defesa da agricultura familiar:

> Leva tempo e dá muito trabalho para os movimentos sociais desfazerem os danos que uma ação de criminalização como essa causa na luta política, no direito de quem planta e colhe o que a cidade janta [...]. Criminalizar é a tentativa de fazer quem luta contra injustiças ser visto como criminoso, e que suas pautas políticas, como a luta por um modelo agroecológico de agricultura, sejam vistas como luta de bandidos.[20]

---

18 Cf. <http://www.pf.gov.br/agencia/noticias/2013/09/operacao-agro-fantasma-combate-desvios-de-recursos-do-programa-fome-zero>.

19 Cf. <http://www.consea.pr.gov.br/modules/noticias/article.php?storyid=252&tit=Nota-Publica>.

20 Cf. <http://terradedireitos.org.br/noticias/agenda/agricultores-sao-inocentados-de-acusacao-de-desvios-no-programa-de-aquisicao-de-alimentos/22636>.

No início de 2017, todos os agricultores foram inocentados por falta de provas. Estas práticas mostram como a chave de combate à corrupção não foi utilizada somente para criminalizar o PT, mas sim todos os movimentos sociais e a sociedade civil. Nesse sentido, o discurso de legitimação da implementação de políticas públicas pela sociedade civil foi confrontado, e não sabemos todas as consequências desta guinada que, talvez, reforce apenas o mercado como aquele que, além do Estado, pode implementar políticas públicas.

Reflexões finais

Como vimos, os programas associativos são *novidades controversas*, quando avaliados desde a perspectiva de relações entre movimentos sociais e Estado. São mais uma das evidências da tentativa limitada de ampliação da democracia nos governos petistas; em outras palavras, são uma síntese contraditória de movimentos sociais indo para dentro do Estado no contexto de um pacto conservador. Por outro lado, resultam daquilo que atores situados, aqui e agora, foram capazes de construir dados esses limites, tendo em vista a solução de problemas práticos no âmbito dos territórios. Expressam a ampliação do horizonte de suas práticas a partir de uma combinação entre modos de fazer e modos de pensar em configurações contextuais e institucionais específicas, e certamente adversas. Num Estado heterogêneo, mas com feições predominantemente neoliberais, o espaço de atuação de movimentos contestatórios tem sido sempre restrito, e os programas associativos trazem também essa marca. Por fim, os programas associativos trazem ao primeiro plano o debate sobre o modelo de financiamento da sociedade civil no Brasil, *vis-à-vis* sua atuação nas políticas públicas, um tema que tem ficado relativamente ausente das nossas agendas de pesquisa.

2
Ação criativa em ecologias complexas: a construção da autoridade prática de políticas associativas

Rebecca Neaera Abers

Muitos movimentos sociais defendem modelos alternativos de política pública (Tatagiba; Teixeira, 2016; Abers; Silva; Tatagiba, 2018) que, se implementados, resultariam na distribuição de autoridade para atores marginalizados no modelo vigente. Mas a criação de leis e procedimentos formais não é suficiente para que atores ganhem autoridade. Os que devem "obedecer" às novas regras precisam reconhecer a autoridade dos que devem "mandar" no novo arranjo, o que pode depender do desenvolvimento de novas capacidades que tornam viáveis novas maneiras de agir. Essa combinação de capacidade e reconhecimento é o que Abers e Keck (2017[2013]) chamam de autoridade prática; a autoridade que se sustenta não apenas nas regras formais que atribuem poder de mando a determinado ator. Nos programas associativos (Tatagiba e Teixeira, cap.1 deste volume), a reorganização de autoridade é especialmente radical, pois se propõe que organizações populares assumam a responsabilidade para a implementação destas políticas.

Neste capítulo apresento uma discussão conceitual sobre a construção de autoridade prática, aplicada a rearranjos que buscam fortalecer a autoridade de organizações populares no processo decisório. Seguindo minha obra com Keck, argumento que este processo depende de ação criativa, entendida como ação que é ao mesmo tempo situada em contextos e arranjos pré-existentes e transformadora daqueles mesmos contextos e arranjos. Compreender como a ação criativa afeta a construção de novos modelos de política pública (entendidos como novos arranjos de autoridade) requer estudar três dimensões da ação criativa: os atores, o terreno da ação e a ação criativa em si. Em relação aos atores, argumento que é preciso visibilizar atores não "heroicos", mostrando o papel de contribuições incrementais e coletivas. Em relação ao terreno de ação, proponho que atores são simultaneamente situados em redes e organizações que, por sua vez, são inseridas em ecologias complexas. Essa complexidade cria recursos e oportunidades para a ação criativa, a qual ocorre ao longo do tempo através de processos de experimentação e articulação em que atores interagem com os contextos em que situam, acumulando e transformando ideias, recursos e relacionamentos. Essa concepção de ação, inspirada na filosofia pragmatista, entende que a criatividade não somente envolve testar ideias, mas transformar o próprio terreno de ação, modificando as condições em que a ação ocorre.

Com esse marco conceitual em mãos, o capítulo explora três casos em que o processo de construção de política pública envolve a reorganização de autoridade em favor de organizações populares: o Programa Minha Casa Minha Vida – Entidades; o Programa Cataforte; e o Programa de Aquisição de Alimentos. A partir de estudos realizados por outros autores deste volume, examinaremos como atores ligados a movimentos sociais conseguiram implementar políticas que empoderaram organizações de populações pobres. Focar em atores menos "heroicos" possibilita visibilizar o processo paulatino de construção de redes localizadas em múltiplas organizações e níveis territoriais que mobilizaram apoio para os novos modelos. Essas redes se construíram através de processos experimentais com origens muito anteriores à criação formal das políticas. Essas ações não somente disseminaram ideias, mas transformaram o terreno de ação em que aconteciam.

Quem são os atores?

Atores aparecem de diversas maneiras na ciência política. Para a linha da escolha racional, são seres racionais que agem a partir de cálculos de custo e benefício (North, 1990; Tsebelis, 1990). Esses atores normalmente são abstratos, vagamente capazes de agir em coletivo quando seus interesses coincidem.[1] Na tradição do institucionalismo histórico, mudanças ocorrem ora por meio de processos paulatinos de evolução por trajetórias dependentes, ora em "conjunturas críticas". As obras tendem a falar sobre atores como grupos organizados que decidem agir de determinada maneira em momentos-chave. Na obra de Collier e Collier (1991), por exemplo, os atores centrais são o movimento sindical, os partidos, atores de Estado etc. Em parte da literatura de políticas públicas e da ciência política de maneira mais clara, indivíduos aparecem como "empreendedores": atores especiais cuja característica chave é a capacidade de ler contextos e identificar oportunidades (Kingdon, 1995) ou liderar redes de atores na defesa de políticas novas (Mingtrom; Norman, 2009). Alguns autores focam em empreendedores extremamente poderosos, como presidentes de países (Geddes, 1994; Sheingate, 2003), enquanto outros focam em especialistas com profundo conhecimento técnico do problema e do subsistema de políticas (Kingdon, 1995).

Porém, para examinar processos, muitas vezes longos, de construção de políticas públicas, é preciso não somente examinar o papel de grandes grupos organizados e de líderes centrais. A criação de uma política não ocorre no momento da assinatura de um decreto ou de uma negociação que leva a uma "tomada de decisão". Políticas novas em nível federal tipicamente se tornam realidade após longos e complexos processos de agendamento (ibid.), em que

1 Ver a discussão de Tsebelis (1990, cap.4) sobre mudança institucional como um processo de decisão coletiva.

uma diversidade de atores tem a chance de influenciar a conformação do modelo emergente.

Nem todos esses atores são dotados de recursos extraordinários. Novas ideias podem nascer em entidades sociais. Atores locais podem contribuir ao realizar testes em pequena escala. Informações sobre tais testes podem ser disseminados por acadêmicos ou membros de redes profissionais. Depois de formalmente "decretado", o desenho de uma política continua a evoluir, influenciado por atores quase sempre invisíveis. Burocratas de médio escalão definem procedimentos e os ajustam ao longo do tempo. Funcionários em agências parceiras, servidores na ponta, atores da sociedade civil organizada e de empresas privadas podem participar em diferentes momentos da implementação.

Chamar a atenção para tais atores implica dois avanços em relação à concepção clássica de empreendedor de política pública. Primeiro, evitamos uma concepção "heroica" do agente (Clegg, 2010; Lawrence; Suddaby; Leca, 2010). Ou seja, não devemos pressupor que o ator importante é apenas aquele que tem recursos ou habilidades extraordinárias. É preciso examinar as pequenas ações de atores mais fracos. Segundo, para compreender processos incrementais e cotidianos de evolução de políticas, é preciso enxergar todos os agentes como imersos em relacionamentos com outros agentes. Nenhum ator realmente relevante age sozinho. Atores são situados em redes e organizações. Também são conectados por identidades (Melucci, 1996), compromissos (Sawicki; Simeant, 2011) e enquadramentos compartilhados (Benford; Snow, 2000). Essas subjetividades compartilhadas sustentam a ação coletiva, pois não apenas fazem cada ator se enxergar como parte de um projeto coletivo, mas influenciam como cada ator individual define o que deve fazer e como deve fazê-lo. Assim, enquanto a linguagem de "empreendedor" sugere um ator especial que se livra das amarras sociais para conseguir agir criativamente, nossa concepção entende que a criatividade nasce de condições de inserção social e de uma subjetividade enraizada. O ator criativo é situado.

O terreno de ação

Além de situados em "uma teia ampla de crenças" (Bevir; Rhodes, 2010, p.74), atores são localizados em redes e organizações, que influenciam identidades, crenças e acesso a recursos. Redes podem tomar diversos formatos e já foram concebidas por diferentes maneiras. Haas (1992) fala em comunidades epistêmicas formadas por profissionais de um determinado subsistema de política que compartilha práticas e concepções específicas. Sabatier (1988) escreveu sobre coalizões de advocacia que reúnem atores de diferentes tipos de organizações na defesa de diferentes políticas. Movimentos sociais, por sua vez, podem ser concebidos como redes de indivíduos e organizações que compartilham uma crítica a um problema social e/ou uma proposta de transformação e um senso de identidade coletiva (Diani, 1992). Entendidos como redes, movimentos podem atravessar a fronteira do Estado, incluindo pessoas que trabalham em organizações governamentais (Abers; Von Bülow, 2011). Ao mesmo tempo, as pessoas são conectadas em redes interpessoais não intencionais, que podem influenciar o processo de construção de políticas de maneiras inesperadas (Marques, 2006).

A localização do ator em redes interage de maneira importante com seu posicionamento em organizações, pois atores em redes podem acessar nas organizações das quais participam recursos específicos e de tipos variados: capacidades, tipos de legitimidade, dinheiro, poder. Também podem sofrer diferentes tipos de constrangimentos, como um vínculo empregatício que limita o que o ator pode fazer.

É útil descrever esse terreno de ação como uma ecologia de organizações com diferentes poderes, capacidades e orientações normativas, que se inter-relacionam – tanto por relações organizacionais, quanto por redes interpessoais que as atravessam. O termo ecologia (Ansell, 2013) capta a ideia de um contexto ultracomplexo de ação que afeta os atores e as instituições não apenas ao longo do tempo, mas sincronicamente. Ou seja, em qualquer momento, a distribuição espacial de poder entre organizações importa para a análise. Ecologias são lugares em que muita coisa acontece ao mesmo tempo; nem tudo que ocorre está relacionado ao objeto de análise em tela. Atores sofrem pressões de múltiplas organizações e instituições. O termo ecologia também evoca os múltiplos níveis (organizacionais, locais, regionais, nacionais etc.) da ação e que acontecimentos em um nível podem gerar efeitos em outros.

Em ecologias, adaptações e mudanças são constantes (Ansell, 2013). Não são arenas desprovidas de poder ou relações de dominação: seria possível encontrar no interior de ecologias, campos organizacionais com centralidade e forças isomórficas, como descritos nas obras de Bourdieu (2011) ou DiMaggio e Powell (1983). No entanto, a sobreposição destes campos complica as relações de poder porque cria oportunidades para problematização e contestação. Os atores que se localizam em mais de uma organização, em mais de uma rede, em organizações afetadas por mais de uma instituição ou que pertencem a mais de um campo são, para Ansell (2013), especialmente bem posicionados para a ação criativa: eles podem ou precisam combinar recursos de maneiras novas.

Em vez de entender o Estado como um altermundo que impõe sua vontade sobre a ecologia organizacional, convém entender as organizações que pertencem ao Estado como apenas organizações com atribuições, funções e poderes especiais. Organizações estatais têm, por exemplo, o poder de mando que advém do monopólio do uso legítimo da violência. No entanto, nem tudo que um ator estatal faz pode ser entendido em termos do uso deste monopólio: na construção de políticas públicas, atores estatais não somente emitem e cumprem regras, mas também mobilizam recursos, negociam, deliberam com outros atores. Organizações estatais são muitas vezes controladas por *governos*, que prestam contas a sistemas de coalização partidária. No entanto, nem tudo que um servidor público faz pode ser atribuído a um processo de negociação política no terreno partidário. Há espaço de ação no Estado que não é atingido, pelo menos não no cotidiano, pelo "jogo político". Assim, embora as organizações estatais sejam orientadas por forças distintas das que afetam outras organizações, nem tudo que acontece nelas é tão diferente do em outras organizações. Em resumo, proponho uma concepção do terreno de ação como uma ecologia de organizações, estatais e não estatais atravessadas por redes. A localização de cada ator em múltiplas redes e organizações complexas – o que Abers e Keck (2017) chamam de "entrelaçamento" – certamente cria amarras diversas na capacidade de ação, mas também cria recursos que podem ser recombinados criativamente. É importante salientar que este contexto não deve ser entendido como uma estrutura inerte e externa aos movimentos: os recursos e as limitações mencionados são produzidos pela agência de atores com os quais os movimentos podem interagir. Esse aspecto "agêntico" do contexto é desenvolvido em outro trabalho (Abers, Silva e Tatagiba, 2018).

Como é a ação dos atores?

Grande parte da sociologia contemporânea entende agentes como participantes na construção de estruturas (Giddens, 1979; Bourdieu, 1977; Sewell, 1992). No entanto, essas abordagens enfatizam mais a reprodução de estruturas do que sua contestação e transformação. O resgate do pensamento pragmático por autores como Ansell (2011, 2013), Berk e Galvan (2009, 2013) e Abers e Keck (2017) centraliza o potencial sempre existente de mudança. Sem negar a tendência do ser humano de reproduzir suas práticas e atitudes – o que Dewey (1933) chama de *habito* –, os pragmatistas propõem que a ação criativa é constante, pois a vida nos apresenta o tempo todo com *problemas*. Em situações problemáticas, não existem saídas automáticas, obrigando o ator a experimentar.

No livro *Autoridade prática*, eu e Margaret Keck (2017 [2013]) propomos conceber a construção de instituições de política pública como resultado de dois grandes agrupamentos de práticas. Primeiro, atores buscam avançar mudanças através da experimentação:

encontram maneiras, muitas vezes pequenas, de testar ideias e colocar propostas em prática. Ao fazer isso, podem gerar novas capacidades e novos relacionamentos que mudam as condições em que a própria experimentação ocorre. Ou seja, a experimentação é importante não somente para testar ideias, mas para criar novas condições sociais (capacidades, relacionamentos etc.) em que certas ideias podem se tornar mais pensáveis e factíveis. Segundo, ao enfrentar problemas, atores buscam recursos nos relacionamentos existentes e às vezes procuram criar novas redes, o que chamamos de articulação. A própria experimentação pode criar redes, ao realizar uma atividade que envolve atores que antes não colaboravam.

Ao analisar como atores influenciam a construção de políticas públicas, propomos traçar processos, muitas vezes pequenos e incipientes, em que atores se articulam e testam ideias. Quando os resultados desta ação são novas capacidades e o reconhecimento de novos atores, há maiores possibilidades de que tais atores conseguirão influenciar a construção de políticas públicas. É assim que se pode produzir o que chamamos de autoridade prática.

É importante salientar que capacidades e reconhecimentos não são os únicos resultados possíveis: experimentos e articulações podem resultar em fracassos, discórdia, desconfiança e o fortalecimento das posições dos adversários. O fortalecimento de redes pode isolar alguns grupos, diminuir o fluxo de informação, direcionar atores para buscar outros fins ou mesmo interesses privados. Ao dizer que devemos identificar como atores experimentam e se relacionam nos processos de construção de políticas, estamos propondo mais uma gramática de análise do que uma hipótese causal. Quando se trata de atores criativos em ecologias complexas, a imprevisibilidade é enorme, não tanto por causa da complexidade, mas pela natureza criativa da ação humana (Bevir, 2006). A criatividade não é monopólio dos atores que escolhemos analisar, mas também caracteriza a ação dos seus interlocutores e competidores.[2]

2 Ver Abers e Keck (2017, capítulo 5) para uma discussão maior desta abordagem metodológica não causal.

Construindo autoridade prática em políticas associativas

Como podemos melhor estudar a ação criativa na construção de autoridade prática se a criatividade só pode ser compreendida de maneira situada? Encontro a resposta no estudo de caso. Essa opção metodológica, conforme classicamente definida por Yin (1984), envolve a compreensão de um fenômeno em toda sua complexidade, inserido em um contexto. O estudo de caso possibilita avaliar em que medida foram inventadas soluções criativas. Visto de maneira descontextualizada, um avanço extremamente difícil de realizar pode ser descartado por ser aparentemente pequeno. A dimensão da criatividade é relativa ao contexto no qual se situa. Somente ao compreender este contexto pode o pesquisador entender como o ator agiu.

Para demonstrar o uso desta abordagem em estudos de caso, o restante deste capítulo explora três programas associativos implementados nos governos Lula/Dilma e pesquisados por autores de outros capítulos deste volume: o Programa de Aquisição de Alimentos (PAA), criado em 2003; o Programa Cataforte de 2007, no segundo governo Lula, e o Programa Minha Casa Minha Vida – Entidades (MCMV-E), de 2009. O programa Cataforte buscou contemplar organizações de catadores nas políticas municipais de coleta e tratamento de resíduos sólidos. O Programa MCMV-E envolveu organizações populares do movimento de moradia na construção de conjuntos habitacionais e na escolha de beneficiários. O PAA, por sua vez, abarcou associações e cooperativas de agricultores familiares na implementação da política de repasse de alimentos a entidades socioassistenciais relacionadas no combate à fome.

A criação dessas políticas somente pode ser compreendida como resultado de longas lutas em que se criaram redes complexas de atores situados em diferentes organizações e lugares. Esses atores construíram modelos alternativos através de processos experimentais que testaram ideias, construíram relacionamentos e produziram as capacidades e os reconhecimentos que eventualmente sustentaram a política em nível nacional. Começaremos descrevendo o processo de experimentação e articulação que criou as condições para lançar os programas. Em seguida, analisaremos o terreno de ação em que essas experimentações ocorreram, demonstrando como a complexidade de cada ecologia de política pública criou oportunidades para que uma diversidade de atores empregasse estratégias incrementais que construíram capacidades e reconhecimentos para o modelo alternativo. Finalmente, mostramos como, após o início de cada programa, a experimentação continuou a acontecer, transformando o próprio terreno de ação em que os atores agiam, nem sempre de maneira positiva para o fortalecimento do modelo alternativo proposto.

Experimentação e articulação no período anterior da criação da política

Nas três áreas em tela, associações e movimentos sociais começaram a construir propostas alternativas nos anos 1980. Os governos de esquerda dos anos 1990 foram importantes incubadores destas propostas. No caso da habitação, o governo Luiza Erundina de São Paulo (1989-1992) foi um momento importante de experimentação. Na época, a União Nacional por Moradia Popular (UNMP) defendia políticas em que futuros moradores participavam com sua mão de obra na construção de conjuntos habitacionais. Os técnicos do governo propuseram aprofundar a autogestão, com a participação de entidades populares na gestão da construção e a assessoria técnica de ONGs. A partir desta experiência, consolidou-se a proposta autogestionária, que se tornaria a principal bandeira de parte do movimento de moradia (Tatagiba e Teixeira, 2016).

Brandão (2018) mostra que as primeiras associações de catadores foram criadas com o apoio de organizações ligadas à Igreja Católica nos anos 1980. A partir da década seguinte, prefeituras petistas experimentaram de diferentes maneiras a incorporação desses atores na gestão dos resíduos. Em Porto Alegre, catadores foram envolvidos na triagem de resíduos coletados pelo órgão municipal de limpeza urbana. Em Belo Horizonte e São Paulo, a inclusão ocorreu não somente na triagem, mas na própria coleta (Brandão, 2018, cap. 2).

Para Amaral (cap.10 deste volume), o PAA dependeu da união, durante os anos 1990, de dois modelos alternativos paulatinamente construídos. Primeiro, o conceito de agricultura familiar surge relacionado à "sociologia do novo rural", liderado pelo professor da Unicamp, José Graziano da Silva, para mostrar que a terra é ao mesmo tempo fonte de renda e de moradia para esta população. Enquanto políticas nacionais ainda tratavam os agricultores familiares como agentes de mercado (por exemplo, através de políticas de crédito), as prefeituras petistas de Santos, Porto Alegre e Belo Horizonte experimentaram a ideia de "compra pública". Em vez de promover a competição, reconhecia-se a necessidade de proteger a atividade com garantia de mercado. Além disso, as cidades de Santos e Belo Horizonte também experimentaram novas políticas de segurança alimentar, reformulando o tradicional modelo de distribuição de alimentos e cestas básicas. Criaram parcerias com produtores de alimentos, em que buscavam dar apoio técnico e oferecer espaços para venda (como Feiras Modelo) em troca de controle de preços e de qualidade. Assim, já começavam a existir experiências práticas de encontro entre as duas propostas.

Assim, em cada área, surgiram redes nacionais de defesa do modelo alternativo. No caso da agricultura familiar e de segurança alimentar, a articulação entre acadêmicos e movimentos do campo em defesa do conceito de agricultura familiar ocorre ao longo dos anos 1990, a partir de parcerias mais antigas em torno da reforma agrária. Redes envolvidas na agenda de combate à fome se mobilizam, especialmente a partir do "governo paralelo" do Partido dos Trabalhadores, que entre 1990-1992 desenha a Política Nacional de Segurança Alimentar e propõe a criação de um conselho nacional para o tema. A partir de 1992, o projeto ganha corpo no contexto da Campanha de Ação da Cidadania Contra a Fome liderada por Herbert de Souza, o Betinho, da ONG Ibase. Em 1998, o Fórum Brasileiro de Segurança Alimentar e Nacional foi criado em parte por atores ligados àquela campanha. Para Amaral (cap.10 deste volume), campanhas sucessivas do PT à Presidência contribuíram para criar um terreno de debate em torno da ideia de que o combate à fome e a agricultura familiar eram agendas irmãs. Atores das duas redes se encontram no início da década 2000 no Instituto Cidadania, ONG criada para apoiar o PT, em que Graziano da Silva liderava um grupo responsável por desenhar o Programa Fome Zero. Escolhido como tema prioritário para o primeiro ano do governo, não é de surpreender que o PAA foi o primeiro das três políticas examinadas aqui a ser implementada.

As outras duas políticas foram criadas apenas no segundo governo Lula. Assim, os processos de articulação e experimentação precursores da criação do programa continuaram depois de 2003, com o próprio governo federal se tornando importante arena de ação. No caso de resíduos sólidos, fator chave para promover uma articulação de atores em nível nacional antes de 2003 foi a contratação pela Unicef, no final dos anos 1990, de vários atores que haviam participado nos governos municipais petistas para organizar a campanha Criança no Lixo Nunca Mais. No contexto desta campanha, criaram-se Fóruns Lixo e Cidadania, em que pessoas ligadas aos experimentos locais se encontraram com técnicos do governo federal para discutir a criação de uma política nacional (Brandão, 2018). O Movimento Nacional dos Catadores de Materiais Recicláveis (MNCR) foi criado entre 1999 e 2001 com o apoio destes atores (Ibid.). Essa rede de atores se concentrou na formação de parcerias com empresas privadas para viabilizar a organização de cooperativas, com a forte atuação da Cempre (Coalizão Empresarial pela Reciclagem) (Brandão, 2018). Brandão (2018) denomina este processo, em que atores com experiências em diferentes lugares e momentos históricos aos poucos construíram uma rede nacional de apoio ao modelo alternativo, como o "efeito ping-pong".

Com o advento do governo Lula, alguns dos atores ligados ao Fórum Lixo e Cidadania ocuparam postos governamentais, embora essa absorção tenha ocorrido de maneira mais fragmentada do que aconteceu com os movimentos urbanos e rurais. Um desses atores articulou o decreto que criou o Comitê Interministerial para a Inclusão Social de Catadores (CIISC), que reuniu funcionários de vários órgãos federais. Outra iniciativa, o decreto n.5940/2006, obrigou os órgãos federais a repassar o lixo reciclável a cooperativas, o que suscitou as primeiras experiências pilotos no governo federal. Segundo Brandão (Ibid.), o CIISC se torna um espaço de contato entre técnicos ligados a diferentes subsistemas de política pública, tendo o efeito de ampliar a rede de apoio à proposta no interior do governo federal. É neste momento que atores da área de Economia Solidária e da área de agricultura familiar se aproximaram do tema. A Secretaria Nacional de Economia Solidária (Senaes) do Ministério do Trabalho acaba lançando a primeira versão do programa Cataforte.

No caso da habitação, articulações nacionais construídas desde os anos 1980 reuniram o movimento nacional de moradia – incluindo os movimentos populares – e o Movimento Nacional de Reforma Urbana – que agrupava atores mais profissionalizados. Marcos legais que representavam vitórias destas lutas incluem os artigos 182 e 183 da Constituição Federal de 1988, que garantia a função social da propriedade urbana e o planejamento participativo e o Estatuto da Cidade 2001. A criação do Ministério das Cidades pelo primeiro governo Lula era vista como mais uma vitória que fortaleceria o projeto alternativo da habitação. De fato, tratava-se de nova arena de experimentação e articulação. Diversos atores de movimentos sociais assumiram postos no ministério, que criou novos espaços de debate, como o Conselho e as Conferências das Cidades, em que os movimentos participavam ativamente (Serafim, 2013). No segundo governo Lula, o ministério foi entregue a um político de partido conservador e muitos desses atores saíram dos quadros burocráticos, mas o Conselho das Cidades continuou ativo como arena de articulação de ideias sobre políticas habitacionais (Ibid.).

A experimentação prosseguiu através dos primeiros programas nacionais baseados nos princípios de autogestão, como o Programa de Crédito Solidário (PCS), de 2004, e o Sistema Nacional Habitação de Interesse Social (SNHIS), de 2005. Viana (2017) mostra como os participantes do Conselho das Cidades e do Conselho de Gestão do Fundo Nacional Habitação de Interesse Social buscaram soluções para operacionalizar o sistema. Impedimentos formais ao acesso dos movimentos aos recursos do fundo foram superados com uma medida provisória em 2008. Um programa novo corrigiria outros problemas detectados na implementação do PCS e possibilitaria o uso do Fundo Nacional Habitação de Interesse Social por entidades (Viana, 2017, p.60-62).

O processo de experimentação e articulação em torno do modelo autogestionário de habitação foi, assim, criando as capacidades e o reconhecimento político que sustentaram a criação do MCMV-E. A oportunidade apareceu no contexto de uma irônica frustração: o primeiro programa de habitação de grande porte em décadas, Minha Casa Minha Vida, foi gestado completamente fora do subsistema de política urbana, sendo decisão do Ministério de Planejamento em associação com a agenda de infraestrutura (Tatagiba e Teixeira, 2016; Viana, 2017). No entanto, a existência de um modelo parcialmente testado facilitou as negociações que se seguiram, das quais a modalidade "Entidades" foi criada (Viana, 2017, p.75).

Atores situados em ecologias complexas

Os processos de experimentação e articulação produziram as capacidades e o reconhecimento necessários para garantir que redes de atores que defendiam novos modelos fossem preparadas para aproveitar as oportunidades políticas. Essas ações foram realizadas por uma diversidade de atores, localizados em órgãos estatais, movimentos sociais, entidades de assessoria, bem como por atores que migraram entre diferentes tipos de organizações ao longo do tempo.

Em cada política sob estudo, os movimentos populares atuavam ao lado de movimentos de profissionais, como os arquitetos, advogados e planejadores do Movimento Nacional de Reforma Urbana (MNRU), os acadêmicos da Sociologia do Novo Rural, os técnicos em órgãos de abastecimento municipal e os engenheiros sanitários dos Fóruns Lixo e Cidadania. Uma característica deste segundo tipo de rede de atores é que muitos membros trabalhavam em governos ao mesmo tempo que participavam do movimento. Assim, o alto escalão do Ministério Especial de Segurança Alimentar, chefiado pelo sociólogo Graziano da Silva, incluiu várias pessoas com experiência em administração estadual e municipal (Amaral, cap.10 deste volume). A nomeação de ex-prefeitos como ministros no governo Lula no Ministério das Cidades em 2003 e no Ministério de Desenvolvimento Social em 2004 foi um fator importante para viabilizar a migração para o governo federal de atores que haviam participado dos experimentos locais (Serafim, 2013; Brandão, 2018).

Enquanto alguns atores assim migram de diferentes tipos de organizações para outras, outros passam por transformações no interior das instituições em que já trabalhavam. Após apenas dois anos liderado por Olívio Dutra, a restruturação da coalizão de governo levou um político conservador para o cargo de Ministro de Cidades, induzindo à saída de muitos dos militantes do MNRU que haviam entrado em 2003 (Serafim, 2013). No entanto, Viana (2017) sugere que este período inicial do ministério foi suficiente para semear uma cultura organizacional. Ele mostra que muitos burocratas sem trajetórias anteriores de participação em movimentos aderiram às ideias do Movimento Nacional de Reforma Urbana e à agenda autogestionária. Por exemplo, um dos principais problemas enfrentado no programa MCMV-E foi a dificuldade de as entidades comprarem terras para construção em tempo hábil. Uma das soluções foi convencer a Secretaria de Patrimônio da União (SPU) a destinar terras públicas para habitação popular. Viana (ibid.) mostra que a medida foi bem-sucedida em parte pela atuação de burocratas da SPU, que enfrentavam a cultura política dominante daquela instituição, que priorizava destinação arrecadatória. Eles criaram cursos de capacitação de funcionários públicos para disseminar a ideia de que critérios sociais deveriam orientar a destinação de terras da União.

Assim, defensores dos projetos alternativos podem surgir em lugares aparentemente fora do subsistema de política em que a luta historicamente se deu. Isso aconteceu de maneira diferente no caso dos resíduos sólidos. Os atores ligados aos Fóruns Lixo e Cidadania e às experiências dos governos locais dos anos 1990 acabaram não participando diretamente na criação do Programa Cataforte. A iniciativa veio de atores da Secretaria Nacional de Economia Solidária, que tinham experiência com cooperativas de trabalhadores de outras áreas, mas começaram a se aproximar de catadores apenas a partir de 2003. Brandão (2018) argumenta que esses atores acabaram defendendo uma proposta razoavelmente fiel às ideias gerais de gestão cooperativa e inclusiva por duas razões: porque as experiências pilotos em nível federal, com o decreto n.5940/2006, criaram uma demanda para cooperativas de catadores; e porque o CIISC servira como arena de encontro e disseminação de ideias. Ou seja, o processo de experimentação – programas locais e programas pilotos nacionais – disseminou ideias, criou capacidades e deu reconhecimento ao modelo alternativo, mas isso não significou que apenas os atores diretamente envolvidos naquelas experiências fossem habilitados para liderar o avanço da agenda. A construção de redes de atores compromissados com um modelo alternativo pode ser um processo complexo e não linear.

Sobreposições como oportunidades e obstáculos

O terreno complexo em que atores migram e se conectam entre organizações da sociedade e do Estado, entre governo local e federal, e entre organizações de diferentes subsistemas de política pública, cria oportunidades para a construção de novas ideias, recursos e relacionamentos. É o que Lane e Maxfield (1996) chamaram de "relações fecundas": em condições de complexidade, os encontros entre atores com interesses e visões de mundo diferentes podem gerar novas ideias e tornarem possíveis novos tipos de ação. Ao longo das histórias aqui contadas, encontros entre atores diferentes possibilitaram avanços na construção da agenda.

Das três políticas discutidas aqui, o PAA é mais claramente fruto da sobreposição e encontro entre atores de diferentes subsistemas. Duas redes – a de defesa da agricultura familiar e a de segurança alimentar – se encontraram em diversos momentos ao longo do período analisado. Mas o envolvimento na construção do Programa Fome Zero tornou mais explícita a aliança entre grupos que antes se encontravam apenas esporadicamente. A força política de um ator articulador – Graziano da Silva – fortaleceu uma ideia inovadora existente, mas ainda incipiente, de que as compras públicas inicialmente pensadas como maneira de proteger a agricultura familiar poderiam também ser um mecanismo para criar estoques de alimentos para o combate à fome. A importância de Graziano nos lembra que, embora seja fundamental visibilizar a contribuição de atores menos poderosos, o papel de lideranças fortes não deve ser descartado da análise.

Outros tipos de encontros parecem ser fundamentais na construção dos modelos alternativos. Em dois casos, encontros entre técnicos brasileiros e de outros países afetaram a construção original dos modelos alternativos. No caso da moradia, arquitetos e urbanistas trouxeram do Uruguai experiências que propuseram a participação das entidades populares não somente no mutirão, mas também na própria gestão de obras (Tatagiba e Teixeira, 2016). De maneira similar, Brandão (2018) mostra que uma das primeiras experiências de gestão inclusiva de resíduos sólidos – a de Porto Alegre – foi influenciada por uma visita de técnicos colombianos que apresentaram experiências daquele país.

Mudanças fora de um subsistema de política podem também ser importantes para criar oportunidades para o avanço de uma agenda. Não é possível entender a criação do MCMV-E apenas como consequência natural da experimentação e articulação que ocorria no interior do subsistema da política urbana e no Ministério das Cidades. A agenda de infraestrutura liderada pelo Ministério de Planejamento e que começou através do Programa de Aceleração do Crescimento (PAC) lançado em 2007 foi o fator impulsionador do programa Minha Casa Minha Vida, gestado totalmente por fora do subsistema de política urbana. Apesar de frustrante, a priorização da habitação social que a política representava possibilitou a criação de um subcomponente que fez avançar a agenda autogestionária. De maneira semelhante, a proposta de inclusão de catadores ganhou apoio desde o primeiro ano do governo Lula, quando o presidente passou a comemorar o Natal com representantes do Movimento Nacional dos Catadores e Catadoras de Materiais Recicláveis (MNCR). Mesmo com este apoio presidencial, os naturais aliados do MNCR – os técnicos ligados aos Fóruns Lixo e Cidadania – não foram capazes de emplacar uma grande política pública de gestão inclusiva de resíduos. Foram os atores do subsistema de Economia Solidária que, através de uma certa bricolagem, juntando atores e propostas dos dois campos, conseguiram criar o programa Cataforte.

Mudanças externas à política específica podem também ter efeitos negativos, algo que se torna claro após 2016, quando todas as três políticas sofrem retrocessos ou interrupções. Mas a oposição aos modelos alternativos existiu até mesmo durante a era petista. Por exemplo, Amaral (2018) mostra que a crescente combatividade das agências de controle no Brasil gradualmente minou os componentes autogestionários da política, como será discutido a seguir.

Experimentação e transformação do terreno de ação

Se políticas são criadas nos ombros de longos processos anteriores de experimentação e articulação, essa dinâmica não termina com o lançamento de um programa. Nos casos em tela, a implementação inicial revelou novos desafios e criou novas demandas. Viana (2017) mostra como os atores envolvidos na MCMV-E enfrentavam problemas ainda não resolvidos, resultando em ajustes e mudanças no desenho da política. Por exemplo, as entidades organizadoras responsáveis pela implementação de MCMV-E tinham dificuldade de concorrer pela aquisição de terrenos com os empreiteiros do programa MCMV realizado por construtoras, pois não tinham capital de giro para realizar compras no tempo que o mercado exigia (Ibid.; Hornhardt, cap.7 deste volume). Com muita negociação, atores dos movimentos e do governo costuraram duas alternativas: a viabilização de destinação de terras da União pela Secretaria de Patrimônio da União do Ministério do Planejamento mencionada na seção anterior e a liberação pela Caixa Econômica Federal de recursos para compra antecipada. Blikstad (cap.6 deste volume) mostra que esse processo não somente envolveu os atores burocráticos citados por Viana (2017), mas também lideranças de entidades em São Paulo que não conseguiam avançar sem esta alternativa. Implementar as novas propostas exigiu articulações entre atores em Brasília e na ponta. Viana (2017) descreve um intenso trabalho no interior de órgãos, como as superintendências regionais da Secretaria do Patrimônio da União que teriam de levantar dados sobre terrenos aptos para habitação social. O processo foi mais bem-sucedido em regiões onde o movimento de moradia estava bem organizado.

Nem sempre o processo de experimentação implica o avanço do modelo em questão: a experiência pode também causar retrocessos. Esse parece ser o caso do PAA. Amaral (2018) mostra que a dinâmica associativa do programa foi alvo de críticas cada vez maiores, entrando em crescente embate com duas forças: os defensores do controle burocrático e os defensores de maior controle dos recursos por estados e municípios. Mudanças nas regras do programa em resposta à pressão dos órgãos de controle são interpretadas por alguns como aprimoramento e por outros como burocratização. Junto com a criação de uma política mais rígida e regrada, ocorreu a "prefeiturização" do programa, processo pelo qual as cooperativas e associações perderam seu papel como agente da gestão da implementação do programa (Tatagiba e Teixeira, cap.1, e Pismel, cap.8, ambos neste volume). Neste caso, podemos dizer que o aprendizado com a "experiência" de implementar a política associativa não foi suficiente para garantir a sua eficácia em um contexto político de fortalecimento do controle.

Mudanças no desenho de um programa ao longo do tempo podem resultar não somente em um processo de aprendizado e adaptação, mas também de mudanças no terreno de ação causadas pela própria política. A primeira etapa do Programa Cataforte envolveu o financiamento de entidades que promoveriam o fortalecimento de cooperativas de catadores. A implementação do programa, no entanto, transformou o ambiente em que elas mesmas operavam, reorganizando interesses e fazendo surgir pressões para novas iniciativas. As cooperativas cada vez mais organizadas começaram a reclamar que a política privilegiava demais as entidades executoras contratadas para os capacitar em detrimento delas próprias. Agora demandavam apoio mais direto e estrutural para fortalecer a criação de redes capazes de atuar em maior escala. O Cataforte 2 respondeu a esta demanda, ao lançar editais para redes de cooperativas comprarem caminhões e para projetos de apoio técnico a redes, abandonando o foco anterior na capacitação e na contratação de intermediários. O edital do Cataforte 3 já busca atender outra demanda das cooperativas, de terem apoio no planejamento negocial (Brandão; Viana, cap.9 deste volume; Brandão, 2018).

Conclusões

Neste capítulo, buscamos mostrar como a análise da relação entre movimentos sociais e política pública pode ser compreendida como um processo de construção de autoridade prática. Movimentos sociais apresentam modelos alternativos de política, que não somente interpretam os problemas e soluções de maneira diferente, mas com frequência propõem a reorganização do processo decisório, de modo que os próprios movimentos sejam empoderados. Os programas associativos que devolvem responsabilidade para a implementação de políticas a organizações populares são exemplos disso. Argumentamos neste artigo que não é possível entender a reorganização da autoridade prática apenas como resultado de mudanças contextuais ou estruturais ou como reações a oportunidades políticas como um governo federal de esquerda. A autoridade prática surge das lutas de atores que buscam criar as capacidades e reconhecimento, produzindo não apenas legitimidade política, mas também eficácia (ou que pode aumentar sua legitimidade política ainda mais).

Para compreender como opera a ação, propomos uma linguagem conceitual que situa a ação criativa em ecologias organizacionais complexas. Essa abordagem é importante por duas razões. Primeiro, precisamos desenvolver instrumentos conceituais para *situar* a ação criativa (Bevir e Rhodes, 2010). Trabalhar a partir de uma perspectiva que simultaneamente compreende a situação e a ação é difícil. Por um lado, há sempre uma tendência de dar atenção explicativa central a "estruturas": muitos trabalhos que atribuem mudança ao papel de atores a explicam sobretudo como um resultado automático de estruturas frágeis, ambíguas ou em crise. Na literatura de instituições, por exemplo, a ideia de que a mudança é realizada por atores em momentos de conjuntura crítica (*e.g.* Collier e Collier, 2002) parece presumir que, quando as estruturas estão em crise, atores e ações automaticamente surgirão para encontrar uma saída. Falta desenvolver uma teoria sobre como eles se mobilizam e depois agem. Outra maneira comum de externalizar a causa da mudança é atribuí-la a oportunidades políticas – conceito usado tanto pela literatura de movimentos sociais (Tarrow, 1995) e de políticas públicas (Kingdon, 1995). Por outro lado, como bem argumenta Ansell (2013) na sua crítica do antiestruturalismo radical de Berk e Galvan (2009), dizer que a nossa atenção precisa focar na ação em si corre o perigo de não entender que a criatividade não pode ser abstraída do contexto. Pelo contrário, a ação criativa pode ser apenas compreendida no contexto dos problemas em torno dos quais os atores agem. Problemas são construídos em contextos.[3]

Segundo, mesmo quando discutimos a maneira que atores interagem com os problemas produzidos por estruturas ambíguas e sobrepostas, há uma tendência de enxergar o ator como um indivíduo solitário. Situar o indivíduo não somente é importante para entender sua ação em contexto, mas também para compreender a ação como sempre relacional e coletiva. A ação criativa raramente vai longe se for realizada apenas por uma pessoa. É fundamental

3 Uma apresentação magistral do conceito de ação criativa que a compreende como profundamente situada é a obra de Joas (1996).

verificar como atores – mesmo os dotados de poder – conseguem mobilizar redes e agir coletivamente. Entender a ação criativa como ação coletiva significa, no entanto, que normalmente a ação não ocorre com uma voz consensual e uniforme. Muito do trabalho de desenvolver respostas criativas a problemas envolve lidar com conflitos em torno de como definir os problemas e as respostas. Ou seja, quando múltiplos atores lidam juntos com problemas, diferentes concepções de problemas e soluções entrarão em embate. Relações de poder afetarão, mas não determinarão qual abordagem vencerá (ou se haverá um vencedor).

Uma ideia-chave apresentada por este capítulo é que a complexidade cria a matéria-prima que atores podem usar criativamente, recombinando ideias, juntando redes e canalizando recursos de uma maneira que seria impossível se cada campo de ação fosse isolado dos outros. No entanto, seria um erro pressupor que as sobreposições *explicam* a ação criativa: elas frequentemente existem sem acontecer avanços ou mudanças. Estas dependem da capacidade de atores enxergarem e aproveitarem as oportunidades criadas, algo que fazem quando novas articulações de pessoas geram ideias para novos experimentos. Também criam oportunidades ao articular os atores de maneira nova. A ação criativa representada pelas práticas de experimentação e articulação descritas neste capítulo não acontece automaticamente, mas, simultaneamente, não pode ser compreendida como dissociada do contexto. O contexto supre o ator de recursos e quadros interpretativos que poderão ser usados na ação criativa, constrangendo e possibilitando a ação ao mesmo tempo, mas nunca a determinando.

3
Contribuições da teoria dos campos ao estudo das relações entre movimentos sociais e políticas públicas

Marcelo Kunrath Silva

As relações entre sociedade civil e Estado no Brasil, particularmente no que se refere às relações entre movimentos sociais e políticas públicas, passaram por profundas reconfigurações nas últimas três décadas a partir de, pelo menos, dois processos marcantes: a difusão das chamadas instituições participativas (conselhos de políticas, conferências, orçamentos participativos, comitês gestores etc.) em todos os níveis de governo e praticamente todos os subsistemas de políticas públicas; a incorporação de organizações da sociedade civil na formulação, implementação e/ou controle das políticas públicas.[1] Tais processos, objetos de intensa investigação por parte de cientistas sociais brasileiros e estrangeiros, desafiaram modelos analíticos estabelecidos e demandaram novos referenciais

---

1 Em 2016, com o *impeachment* da presidenta Dilma Rousseff e a profunda alteração da agenda política promovida pela coalizão que assumiu o governo federal, observam-se mudanças importantes nas relações dos movimentos sociais com as instituições políticas, conformando uma efetiva mudança de regime (Tilly, 2006) que aponta para um processo de desdemocratização (Tilly, 2007). Tais mudanças já produziram impactos significativos nas relações dos movimentos sociais com as políticas públicas que, no entanto, não serão abordadas neste capítulo.

teóricos para abordar a crescente inserção e atuação institucional de ativistas e organizações de movimentos sociais.

Um dos desafios centrais colocado por esses processos ao campo de estudo de movimentos sociais é como conceituar e analisar as implicações desta institucionalização[2] que, de um lado, proporcionou às organizações e aos ativistas a participação (maior ou menor) em espaços estatais na condição de membros (mais ou menos) reconhecidos das redes de políticas públicas;[3] mas, de outro lado, demandou de tais agentes a adequação às condições, relações, normas e instrumentos que conformam aqueles espaços e redes.

Para responder a esse desafio, a análise da configuração específica de relações entre movimentos sociais e políticas públicas que emergiram a partir dos processos de institucionalização da participação social demanda a ruptura com dois elementos que tradicionalmente orientaram parte importante da literatura nacional sobre tais relações e que tendem a operar como obstáculos epistemológicos ao estudo destas. Em primeiro lugar, é necessário romper com perspectivas que abordam as relações entre os agentes da sociedade civil e do Estado *exclusivamente* a partir dos pressupostos do confronto e/ou da externalidade. Argumentos centrais na conformação das interpretações sobre movimentos sociais no Brasil (mas também presentes na literatura sobre sociedade civil), tais pressupostos limitaram a capacidade de identificação e análise de relações que se afastavam do "tipo ideal/idealizado" da pressão externa a partir da atuação confrontacional de ativistas e organizações

---

2 O conceito de "institucionalização" apresenta vários significados, e essa polissemia tende a ser fonte de incompreensões. Neste sentido, define-se que o conceito é utilizado no âmbito deste artigo de forma bastante delimitada: para nomear o processo de crescente participação de organizações e ativistas da sociedade civil em espaços e processos estatais relacionados à formulação, implementação e/ou controle social das políticas públicas.

3 Esta inclusão não significa protagonismo e elevada capacidade de incidência. Em muitos casos, ao contrário, observa-se que os agentes dos movimentos sociais ocuparam/ocupam posições bastante periféricas e subalternizadas nas redes de políticas.

de movimentos sociais diante de um Estado identificado como alvo ou inimigo.

Em segundo lugar, é necessário romper com uma visão substancialista dos movimentos sociais, que os apreende como atores unitários e os analisa centralmente a partir de suas estruturas e dinâmicas internas. Ao contrário, é preciso assumir as implicações do conceito de movimentos sociais como redes heterogêneas e mutáveis (Diani, 1992; Melucci, 2001), inseridas em campos multiorganizacionais (Klandermans, 1992) ou relacionais (Goldstone, 2004), e que se (re)constroem a partir das relações de cooperação e/ou conflito que estabelecem com os agentes que conformam tais campos.

O objetivo deste capítulo é contribuir no esforço de ruptura com os obstáculos epistemológicos identificados acima e, especialmente, no desafio de construir referenciais teóricos que instrumentalizem pesquisas empíricas sobre as relações entre movimentos sociais e políticas públicas. Para este objetivo, considera-se que a Teoria dos Campos, de Neil Fligstein e Doug McAdam (2011; 2012), oferece recursos teóricos úteis e férteis para a análise daquelas relações, ao mesmo tempo que demanda qualificações para adequar-se às especificidades destas. Ou seja, de um lado, argumenta-se que a "teoria dos campos" oferece uma perspectiva teórica abrangente que possibilita uma qualificação da análise das relações entre movimentos sociais e políticas públicas. De outro lado, argumenta-se que o diálogo com as literaturas de movimentos sociais e de políticas públicas oferece elementos teórico-metodológicos que qualificam a teoria dos campos para a pesquisa empírica das relações entre movimentos sociais e políticas públicas.

Tendo presentes os objetivos esboçados acima, a argumentação deste capítulo se estrutura da seguinte forma: na próxima seção, serão apresentados os principais argumentos que conformam a teoria dos campos; na seção seguinte, serão propostas algumas qualificações à teoria dos campos para sua aplicação à pesquisa empírica das relações entre movimentos sociais e políticas públicas; por fim, as considerações finais sintetizam os principais argumentos do capítulo.

A teoria geral dos campos de ação estratégica

A teoria dos campos, de Fligstein e McAdam (2011; 2012), constitui um esforço de síntese entre diversas perspectivas teóricas que, nas últimas décadas, enfatizaram a importância de estruturas relacionais na conformação do social. Seus argumentos confrontam tanto perspectivas individualistas, incapazes de apreender e analisar estruturas emergentes, quanto perspectivas holistas, incapazes de apreender e analisar a agência de indivíduos e estruturas de nível micro/meso. Neste sentido, a teoria dos campos se propõe a conciliar a centralidade conferida às estruturas relacionais por perspectivas como o neoinstitucionalismo, a teoria dos campos de Pierre Bourdieu e a teoria de redes com a centralidade conferida à agência individual e à atribuição de sentido na estruturação da ação/interação humana por perspectivas como o interacionismo simbólico.

A teoria dos campos tem como seu microfundamento a chamada função existencial do social (*existential function of the social*): a vida em grupos sociais não possui apenas o sentido de garantir as condições de reprodução material da vida, mas também de prover "identidades coletivas e entendimentos compartilhados do mundo aos membros dos grupos" (Fligstein; McAdam, 2012, p.36). Seria a partir da interação com os outros que cada indivíduo (re)produz cotidianamente sua(s) identidade(s), seu senso de valor pessoal e o mundo como algo dotado de um sentido inerente.

Nessa perspectiva, então, a vida social repousa sobre a capacidade e, mais propriamente, a necessidade humana de (re)produzir mundos sociais significativos para os indivíduos e as coletividades que os constituem. Neste processo, destaca-se um elemento central da teoria dos campos, que é a habilidade social (*social skill*). Segundo os autores:

> Habilidade social pode ser definida como a habilidade de induzir cooperação apelando a e ajudando a criar sentidos compartilhados e identidades coletivas. Atores socialmente habilidosos se relacionam de forma empática com as situações de outras pessoas

> e, assim, são capazes de proporcionar a estas pessoas razões para cooperar. (Fligstein; McAdam, 2012, p.46)

A vida social dependeria, assim, da atuação de agentes dotados de habilidade social para produzir cooperação entre indivíduos e coletividades a partir criação/mobilização de sentidos compartilhados e identidades coletivas (Fligstein, 2001). É a partir de tais sentidos e identidades que se superaria o "dilema da ação coletiva"[4] e se faria possível a cooperação em torno de interesses e objetivos definidos e vivenciados como comuns.

Mas esses sentidos e identidades não são únicos ou imutáveis. Ao contrário, geralmente existem diversos projetos de sentido (*meaning projects*) disputando a definição da realidade e a identificação dos agentes (Fligstein; McAdam, 2012, p.54). E, ainda, existem agentes dotados de habilidade social atuando na produção de cooperação em torno da implementação de diferentes projetos de sentido em convivência e/ou disputa na sociedade.

A maior ou menor capacidade de mobilizar a cooperação dos agentes individuais e coletivos em torno de um determinado projeto de sentido é fundamental para a produção de períodos de maior ou menor estabilidade social. Enquanto períodos de maior estabilidade (*settled times*) limitam as oportunidades para a difusão de projetos de sentido concorrentes, períodos de maior instabilidade (*unsettled times*) ampliam aquelas oportunidades. Mas, em qualquer período, sempre haverá agentes contestando os sentidos e as

4 O "dilema da ação coletiva" se expressa no questionamento de Olson (1999[1965]) aos argumentos e teorias que abordavam a colaboração dos agentes individuais em torno de interesses comuns como um processo natural e espontâneo. Para o autor, ao contrário, tal colaboração (e, assim, a ação coletiva) tenderia a ser excepcional, sendo uma construção instável e resultado de esforços intencionais. Mesmo discordando dos pressupostos teóricos de Olson (baseados na teoria da escolha racional) e das respostas do autor sobre como seria possível a superação deste dilema, grande parte da literatura contemporânea sobre a construção da ação coletiva dos/nos movimentos sociais se funda na sua problematização do agir coletivo e na rejeição das ideias de naturalidade e/ou espontaneidade.

identidades coletivas dominantes. Ou seja, mesmo períodos mais estáveis não são imóveis e a conflitualidade é um elemento inerente à realidade social conforme a teoria dos campos.[5]

No entanto, os processos de negociação e a atribuição de sentido nas interações cotidianas e os esforços de produção de cooperação por parte de agentes socialmente hábeis não operam em um vácuo. Ao contrário, conforme indicado anteriormente, a teoria dos campos mobiliza argumentos do neoinstitucionalismo, da teoria dos campos de Pierre Bourdieu e da teoria de redes para construir o argumento de que os agentes individuais e coletivos estão inseridos em estruturas relacionais e de sentido – os campos de ação estratégica[6] – que operam ao mesmo tempo criando oportunidades e constrangendo sua atuação:

> A teoria dos campos de ação estratégica aborda como, uma vez presentes, as ordens sociais de nível médio que estruturam nossas vidas nos oferecem âncoras sobre o que fazer, quando fazer e, é claro, como fazer. Nelas existem regras e recursos que utilizamos (ou pelos quais somos vitimados!), na medida em que passamos pelas dinâmicas do que fazemos todos os dias. Essas regras e esses recursos nos constrangem e nos abrem oportunidades. (Fligstein; McAdam, 2012, p.178)

Segundo a teoria dos campos, os campos podem apresentar variações significativas em termos da sua estrutura de posições, em

5 Segundo Fligstein e McAdam (2012, p.11), a ênfase na conflitualidade (variável, mas contínua) sobre o sentido da realidade diferencia a teoria dos campos de grande parte das abordagens institucionalistas: "Uma das diferenças-chave entre nossa perspectiva e a maioria das versões da teoria institucional é que nós vemos que campos só muito raramente se organizam em torno de realidades 'dadas como certas' verdadeiramente consensuais".

6 Para Fligstein e McAdam (2012, p.12), a ação estratégica é entendida "como a tentativa dos atores sociais criarem e sustentarem mundos sociais assegurando a cooperação dos outros". Ou seja, possui um sentido distinto do conceito de ação estratégica em abordagens como a teoria da escolha nacional.

um *continuum* que vai de uma configuração mais igualitária e cooperativa até uma configuração altamente desigual e hierárquica. A definição desta configuração, em parte, é dependente do nível de desigualdade na distribuição dos recursos entre os agentes no processo de conformação do campo: quando esta distribuição é mais igualitária, tende a ocorrer mais cooperação (até pela impossibilidade de um ou poucos agentes imporem seus interesses); quando é mais desigual, tende a produzir uma configuração mais hierárquica.

A posição ocupada pelos agentes na estrutura relacional (mais ou menos desigual) do campo seria determinante para analisar as condições (oportunidades e constrangimentos) que tais agentes confrontam para o exercício de sua agência. O fato de ocupar posições dominantes ou subalternas no interior dos campos, por exemplo, altera significativamente as possibilidades de atuação de indivíduos e coletividades, ao mesmo tempo que tende a alterar as interpretações sobre o campo e as identidades compartilhadas.

Os campos de ação estratégica seriam, assim,

> [...] as unidades fundamentais de ação coletiva na sociedade. Um campo de ação estratégica é uma ordem social construída de nível médio, na qual atores (que podem ser individuais ou coletivos) estão sintonizados e interagem uns com os outros com base em entendimentos compartilhados (que não quer dizer consensuais) sobre os propósitos do campo, as relações com os outros no campo (incluindo quem tem poder e por quê) e as regras que governam as ações legítimas no campo. (Fligstein; McAdam, 2012, p.9)

A dinâmica dos campos de ação estratégica, seja em termos de sua reprodução, seja em termos de sua transformação, está sujeita a uma dupla determinação. Em primeiro lugar, está relacionada às relações internas entre os agentes individuais e coletivos que conformam o campo. Mais especificamente, às relações entre os agentes que ocupam as posições dominantes e atuam no sentido de manter a atual estrutura do campo (*incumbents*) e os agentes que ocupam as posições dominadas e atuam no sentido de produzir transformações na estrutura do campo (*challengers*).[7]

Além das relações de cooperação e/ou conflito entre incumbentes e desafiantes, a dinâmica interna de muitos campos, particularmente daqueles mais formalizados, também é resultante da presença e atuação das chamadas unidades internas de governança (*internal governance units* – IGUs). Trata-se de dispositivos que teriam a função de manutenção das regras de funcionamento do campo, atuando para a sua reprodução ao longo do tempo. Tenderiam, assim, a atuar na defesa dos interesses dos incumbentes, na medida em que estes seriam os mais privilegiados com a reprodução do campo e, mais especificamente, com a reprodução de sua estrutura de posições.

Em segundo lugar, a dinâmica de um campo de ação estratégica é condicionada pelas relações externas que este estabelece com outros campos. Criticando o viés "campocêntrico" (*fieldcentric bias*), Fligstein e McAdam (2012, p.58) chamam a atenção para a necessidade de ir além das análises focadas nos processos internos aos campos e analisar como os campos estabelecem relações de maior ou menor interdependência entre si. Esse foco nas relações entre os campos de ação estratégica seria, para os autores, uma das contribuições mais inovadoras da Teoria dos Campos.

Ao tratarem das relações entre campos, os autores estabelecem uma diferenciação entre: 1) campos desconectados, que seriam campos sem relação direta entre si; 2) campos dependentes, que seriam campos que possuem uma relação hierárquica na qual um campo é subordinado a outro(s); 3) campos interdependentes,

7 O argumento da centralidade dos conflitos entre incumbentes e desafiantes na estruturação e na transformação dos campos é uma herança importante da literatura de movimentos sociais à Teoria dos Campos. Walker (2012, p.577-578) salienta que a literatura de movimentos sociais ofereceu aos estudos organizacionais, sob forte influência do neoinstitucionalismo, instrumentos teóricos mais qualificados para abordar aspectos como agência, interesses e estratégia no desenvolvimento de novas formas organizacionais.

que seriam campos que possuem uma relação de relativa simetria em termos de suas dependências recíprocas. A depender da forma como se configuram as relações entre os campos, ações de agentes de um determinado campo ou mudanças neste podem afetar de forma mais ou menos direta e intensa outro(s) campo(s). Esse efeito pode ser tanto no sentido de produzir mudanças quanto no sentido de bloquear transformações.

A ênfase na articulação entre o foco nas relações internas ao campo e o foco nas relações entre campos é um argumento que confere grande complexidade à perspectiva de análise defendida pela teoria dos campos, com profundas implicações metodológicas. Em particular, tal perspectiva demanda um olhar direcionado à apreensão e análise das interdependências entre diversas estruturas relacionais e seus agentes.[8]

Outro elemento importante é a ênfase nas especificidades dos campos de ação estratégica estatais. Para esta teoria, por um lado, o Estado deve ser abordado como qualquer outra organização formal: "organizações formais são conjuntos de campos de ação estratégica hierarquicamente organizados, caracterizados por um alto grau de dependência de recursos" (Fligstein; McAdam, 2012, p.65). Essa visão do Estado como um "campo de campos" é um recurso teórico importante para romper com a tendência ao tratamento reificado do Estado como um ator unificado e homogêneo:

> A vantagem desta visão do Estado moderno é que ela protege contra a tendência a reificar o Estado. O Estado definitivamente *não* é um ator unificado. A miríade de campos que compõem o Estado aumenta e diminui à medida que eles competem por recursos e apoios de outros campos de ação estratégica estatais e não estatais. (Fligstein; McAdam, 2012, p.74)

---

8 A importância teórica e metodológica da interdependência na teoria dos campos traz uma forte similaridade com a sociologia figuracional/configuracional de Norbert Elias.

Por outro lado, no entanto, nas sociedades modernas o Estado possuiria uma particularidade que o diferenciaria dos outros campos: a autoridade e a legitimidade para produzir regras que se pretendem válidas dentro das fronteiras de um território e impor estes regramentos aos campos de ação estratégica não estatais que operam dentro destas fronteiras. Desta forma, todos os campos de ação estratégica não estatais tendem a estabelecer uma relação de (maior ou menor) dependência frente aos campos estatais.

Isto não significa, no entanto, que os campos estatais sejam independentes dos campos não estatais. Segundo Fligstein e McAdam (2012, p.74-75),

> Se a estabilidade e, de fato, a sobrevivência de campos não estatais dependem em grau considerável do apoio de aliados em campos de ação estratégica estatais, o inverso também é verdadeiro. Isto é, todos os Estados (e campos estatais) dependem para existir do apoio que eles recebem através de uma miríade de laços entre campos de ação estratégica estatais e não estatais. Especialmente importante, neste sentido, são os laços que ligam o Estado a uma série de campos econômicos-chave que exercem influência desproporcional sobre a economia da nação. Na falta do apoio tácito – se não o apoio total – dos incumbentes nestes campos econômicos cruciais, a maioria dos Estados teria que fazer um grande esforço para sobreviver. De fato, ainda que nós tipicamente atribuamos o colapso dos Estados à retirada de apoio popular – ao exercício do "poder popular" –, geralmente é a deserção destes incumbentes econômicos-chave e dos campos que eles dominam que realmente precipita mudanças de regime.

Sejam estatais ou não estatais, para esta perspectiva teórica as mudanças nos campos tendem a ser produzidas pela ação de seus agentes internos (particularmente daqueles dotados de habilidade social), pelos choques externos provocados por outros campos de ação estratégica (particularmente daqueles diante dos quais o campo apresentaria grande dependência) ou, mais comumente, pela combinação destes dois processos. Tais mudanças tenderiam a ocorrer de forma incremental, a partir de pequenas transformações geradas pela habilidade dos agentes identificarem e aproveitarem as oportunidades disponíveis para exercerem sua agência. Mas também poderiam, em situações excepcionais, serem frutos de rupturas profundas com a configuração prévia do campo e a instituição de uma configuração radicalmente nova. O primeiro tipo de mudança seria característico dos períodos de estabilidade (mas nunca imobilidade) dos campos de ação estratégica. Já o segundo tenderia a caracterizar os momentos de formação ou de colapso dos campos. Como sintetizam Fligstein e McAdam (2012, p.97),

> [...] nosso mundo é inerentemente conflitivo, no qual a mudança é ubíqua, os incumbentes se preocupam diariamente em manter sua superioridade e os desafiantes procuram por e buscam explorar qualquer "rachadura" que eles identifiquem no sistema. Ajustes constantes estão sendo feitos e o campo sempre está em alguma forma de fluxo ou negociação. Incumbentes e desafiantes estão constantemente se acomodando às condições mutáveis dentro e fora do campo. Normalmente estes ajustes têm o efeito de preservar o poder e privilégio dos incumbentes. Mas este processo tem limites e quando estes limites são alcançados e os consensos compartilhados dos quais dependem os campos de ação estratégica se rompem, a sorte está lançada. Nestes momentos, existe a possibilidade de mudanças significativas. Se os desafiantes se engajam em ações estratégicas exitosas, uma nova ordem social pode ser criada. Se os incumbentes encontram um modo de reestabilizar o campo (inclusive com o uso de repressão), um novo acordo – e as mudanças que ele implica – pode ser necessário. Em suma, ainda que talvez só raramente desestabilizados por verdadeiros choques externos, algum nível de mudança e contestação está sempre ocorrendo nos campos. Isto, em troca, significa que atores socialmente habilidosos estão sempre em posição de formatar a dinâmica do campo.

A partir da sucinta apresentação desenvolvida nesta seção, argumenta-se que a teoria dos campos oferece um arsenal conceitual útil e fértil para uma abordagem relacional do social que confere centralidade aos campos de ação estratégica, conformados a partir de um triplo condicionamento: da estrutura de relações, sentidos e identidades entre os agentes que os integram; da estrutura de relações que estabelecem com outros campos; da agência de agentes individuais e coletivos com distintos volumes de recursos e habilidade social.

Da teoria geral às relações entre movimentos sociais e políticas públicas

Conforme pode ser depreendido da síntese feita na seção anterior, a teoria dos campos pode ser identificada com o tipo de teoria que Abend (2008, p.179) define como "uma perspectiva global a partir da qual se vê e interpreta o mundo". Este tipo de teoria não se propõe a explicar fenômenos ou processos específicos da realidade social, mas sim oferecer um esquema ou um quadro conceitual geral, fundamentado em pressupostos ontológicos e epistemológicos, a partir do qual a realidade social pode ser apreendida e interpretada. Como salienta Abend (2008, p.180), este tipo de teoria

> [...] oferece uma forma de olhar para ele [o mundo social] ou uma forma de falar sobre ele [...]. pode ser vista como proporcionando uma estrutura *a priori* (esquema, grade, mapa, rede, plano), uma estrutura que é independente da experiência, logicamente anterior a qualquer contato com o mundo social. Assim, ela proporcionará as condições para a própria possibilidade da experiência (ou, mais cuidadosamente, as condições para a intelegibilidade da experiência).

Sendo uma teoria geral, a teoria dos campos demanda diversas especificações e adaptações para o tratamento de campos (e processos relacionados a estes campos) específicos. Uma das críticas a essa perspectiva é exatamente a de produzir uma generalização excessiva, em função de seu alto nível de abstração, que tende a igualar campos estruturalmente muito distintos. Como afirmam criticamente Goldstone e Useem (2012, p.40):

> Buscando o modelo mais generalizável possível, Fligstein e McAdam tratam todos os CAEs [Campos de Ação Estratégica] como essencialmente similares, mas não é verdadeiro. Uma prisão pode ser similar a um Estado, uma empresa de negócios pode ser similar a uma universidade e um clube de golfe pode ser similar a um clube de colecionadores de selos, mas não são todos idênticos; as regras de entrada, saída e controle nas prisões são radicalmente diferentes daquelas dos negócios, que é também diferente (na contratação, demissão, hierarquia) de um clube. Esta não é somente uma questão de hierarquia (verticalidade) ou não; esta é uma questão de propósitos, filiação e estruturas de valor e controle subjacentes serem radicalmente diferente nestes CAEs.

A articulação dos argumentos gerais da teoria dos campos com perspectivas teóricas desenvolvidas nos estudos de movimentos sociais e de políticas públicas coloca-se, assim, como um procedimento necessário para, de um lado, tornar a teoria dos campos mais adequada às especificidades das relações entre movimentos sociais e políticas públicas e operacionalizável à pesquisa empírica destas; e, de outro, articular argumentos das teorias de movimentos sociais e políticas públicas a partir de um modelo teórico mais abrangente.

A contribuição central da teoria dos campos é oferecer um esforço de sistematização e desenvolvimento de uma perspectiva relacional de apreensão e análise da realidade social. Neste sentido, ela apresenta similaridades e complementaridades com diversas formulações teóricas contemporâneas nos campos de estudos de movimentos sociais e políticas públicas, nos quais há uma centralidade de conceitos (redes de políticas públicas, comunidades de políticas públicas, subsistemas de políticas públicas, coalizões de defesa, indústrias de movimentos sociais, redes de movimentos sociais, campos relacionais, campos multiorganizacionais, arenas, entre outros) que têm o objetivo de operacionalizar teoricamente uma perspectiva relacional.[9] Todos estes conceitos apreendem estruturas relacionais de diferentes níveis e formas que podem ser abordadas como campos de ação estratégica ou agentes de campos de ação estratégica no enfoque da teoria dos campos. Ao mesmo tempo, as diferenciações entre os conteúdos desses conceitos possibilitam pensar em distintas configurações de campos e evitar a generalização excessiva criticada acima por Goldstone e Useem (2012).

O microfundamento da teoria dos campos – que a vida social se baseia em ordens sociais de nível meso fundadas em estruturas que não são só relacionais, mas também de sentido – também apresenta uma forte correspondência com argumentos importantes nas literaturas de movimentos sociais e de políticas públicas. Nestas duas literaturas observa-se uma centralidade conferida aos sentidos compartilhados como fundamento a partir do qual se constrói a possibilidade da cooperação e da atuação conjunta entre os agentes enquanto integrantes de um campo (seja movimentalista, seja de política pública). No caso da literatura de movimentos sociais, isto se expressa na importância conferida a mecanismos como o alinhamento/correspondência identitário (McAdam; Paulsen, 1993; Melucci, 2001; Naujorks; Silva, 2016; Silva; Ruskowski, 2016; Snow; McAdam, 2000) e/ou o alinhamento de molduras interpretativas (Benford, 1993; Snow et al., 1986) nos processos de (re)produção da ação coletiva contestatória. Já no caso da literatura de políticas públicas, destaca-se a importância da construção social de problemas e soluções (Kingdon, 2014), dos referenciais de políticas públicas (Jobert; Muller, 1987), das crenças compartilhadas por coalizões e comunidades de políticas públicas (Borzel, 1998; Sabatier; Weible, 2007) e, de forma mais geral, das ideias e do conhecimento (Faria, 2003; Grisa, 2012; Niederle; Grisa, 2013) nos processos de produção e implementação de políticas públicas.

9 Para uma revisão recente de parte desta literatura, ver Barcelos, Pereira e Silva (2017).

Observa-se que as duas literaturas oferecem um amplo instrumental conceitual para qualificar e operacionalizar metodologicamente os argumentos abstratos e gerais da teoria dos campos no que se refere à importância dos processos de produção e atribuição de sentido na análise dos campos.

Uma das potencialidades da teoria dos campos (e, ao mesmo tempo, fonte de eventuais imprecisões teóricas) é que ela possibilita analisar as estruturas relacionais simultaneamente como campos de agentes e como agentes de campos. Em outras palavras, a depender da perspectiva de análise adotada pelo pesquisador, um determinado "objeto" pode ser abordado como um campo conformado pelas relações e interações entre seus agentes constitutivos (e, ainda, pelas relações com outros campos) ou ser abordado como um agente inserido em uma estrutura de relações e interações com outros agentes que conformam um campo. Neste sentido, por exemplo, uma organização de movimento social pode ser abordada, por um lado, como um campo conformado pelas relações entre indivíduos e facções que a integram e com organizações, instituições, aliados, adversários e financiadores que constituem sua rede de relações externas. Por outro lado, essa mesma organização pode ser abordada como um agente inserido em um campo de conflito relacionado a uma determinada causa, um campo conformado pelos diversos agentes que constituem um movimento social e/ou um campo estruturado por uma rede ou um subsistema de política pública.

Essa dualidade campo-agente[10] oferece recursos teóricos importantes para evitar os riscos de reificação, homogeneização e essencialização inerentes a conceitos como Estado ou movimento

10 Apesar das diferenças significativas de abordagem, tal dualidade parece integrar também a chamada teoria do ator-rede. Segundo Latour (2010, p.5), "qualquer entidade pode ser apreendida como um ator [...] ou como uma rede [...]. É nesta completa reversibilidade – um ator não é nada além de uma rede, exceto que uma rede não é nada além de atores – que reside a principal originalidade desta teoria [do ator-rede]". Já segundo Law (1992, p.4), "um ator é uma rede moldada de relações heterogêneas ou um efeito produzido por tal rede. [...] Portanto o termo, ator-rede – um ator é também, sempre, uma rede".

social, que tendem a substancializar os "objetos" de pesquisa. Assim, quando se analisam as relações entre movimentos sociais e Estado que se constituem em torno das políticas públicas, a perspectiva da teoria dos campos oferece recursos teóricos para superar a visão simplista destas relações como uma interação entre dois agentes unificados e homogêneos. Ao contrário, abordando o movimento social e o Estado a partir da dualidade campo-agente, é possível percebê-los como sendo campos constituídos por agências múltiplas e heterogêneas, que se relacionam de formas muito diversificadas tanto entre si quanto com agentes e campos externos. Ao mesmo tempo, tais campos possuem sentidos, identidades e normas compartilhados entre os agentes que os conformam, orientando condutas, estruturando relações e definindo interesses de formas específicas.

A decomposição do campo estatal em diversos subcampos que apresentam configurações próprias e, ao mesmo tempo, compartilham características relacionadas ao fato de integrarem a estrutura do Estado é um argumento importante da teoria dos campos, que é corroborado e qualificado pela literatura que analisa as políticas públicas a partir dos conceitos de subsistemas e redes de políticas públicas (Borzel, 1998; Sabatier; Jenkins-Smith, 1993; Weible; Jenkins-Smith, 2016). Nesta literatura, o Estado passa a ser abordado como um campo (mais ou menos) heterogêneo, no interior do qual os diversos subsistemas de política pública constituem campos específicos, com suas redes particulares de atores, seus recursos, suas normas e procedimentos, seus instrumentos de política pública etc. Tais subsistemas estabelecem relações variáveis de interdependência e hierarquia tanto entre si quanto em relação às forças políticas que controlam as posições de governo. Ou seja, o argumento da teoria dos campos sobre a necessidade de sempre pensar o campo a partir de uma perspectiva de "jogo de dois níveis" – intracampo e intercampos – mostra-se fértil para, de um lado, preservar teoricamente a autonomia relativa de cada campo (o que permite, inclusive, definir um espaço social como um campo) e, de outro, evitar o *fieldcentric bias* que desconsidera as relações de interdependência entre campos (particularmente importante nas relações entre campos estatais e destes com os campos não estatais).

Outro elemento que os conceitos de subsistemas e, em particular, de redes de políticas públicas aportam para a qualificação da teoria dos campos é a complexificação dos agentes analiticamente relevantes para o estudo das políticas públicas. As redes de políticas públicas tendem a envolver não apenas agentes estatais, mas também agentes da sociedade civil e/ou do mercado, operando por sobre as fronteiras entre campos estatais e societários. Assim, de um lado, a inserção de ativistas e organizações de movimentos sociais em uma determinada rede de política pública oportuniza não apenas novas relações com agentes estatais e com o próprio campo estatal, mas pode possibilitar inclusive oportunidades de ocupação de posições estatais relacionadas àquela política (Abers; Serafim; Tatagiba, 2014; Silva; Oliveira, 2011). De outro lado, tal inserção também gera oportunidades para que agentes estatais construam relações com ativistas e organizações de movimentos sociais e, em alguns casos, passem inclusive a identificar-se com aqueles movimentos (tornando-se, no limite, ativistas institucionais[11] de tais movimentos) (Abers; Tatagiba, 2014; Cayres, 2015). As redes de políticas públicas (e os campos que elas conformam) tendem, então, a possibilitar a construção de complexas relações entre agentes com inserções diversificadas, por meio das quais se constituem processos que a literatura tem apreendido através de conceitos como permeabilidade (Marques, 1999; 2000; Müller; Silva; Schneider, 2012), encaixes (Lavalle; Carlos; Dowbor; Szwako, 2017), infiltração do Estado (Dowbor, 2012; Falletti, 2010) ou trânsito institucional (Silva; Oliveira, 2011).

11 Ativistas institucionais são definidos por Santoro e McGuire (1997, p.504) como "participantes de movimentos sociais que ocupam posições formais dentro do governo e que perseguem os objetivos do movimento através dos canais burocráticos convencionais. Ativistas institucionais são membros da *polity* na medida em que têm acesso rotineiro de baixo custo aos tomadores de decisões".

A literatura de políticas públicas também contribui para uma qualificação do argumento da teoria dos campos sobre as relações entre os agentes que integram e conformam os campos, que tende a reduzir estas relações ao conflito entre *incumbents* [titulares, incumbentes] e *challengers* [desafiantes].[12] As redes de política pública, que reúnem os agentes que têm interesse e influência em determinado subsistema de política pública, podem apresentar níveis muito variados de cooperação e conflito em função dos níveis de diversidade e desigualdade existentes em cada rede. No que se refere à diversidade, em redes marcadas por diferenças profundas de crenças, referenciais e/ou propostas de políticas, haveria a tendência a um maior nível de conflitualidade a partir da formação de comunidades de política e/ou coalizões de defesa reunindo os agentes que compartilham, em maior ou menor grau, determinadas posições sobre a política para disputar com aqueles que compartilham posições distintas. Já nos casos de redes nas quais há crenças sobre a política relativamente unânimes, que no limite se expressaria pela capacidade de uma comunidade de política estabelecer um *policy monopoly*,[13] haveria uma tendência a um nível muito maior de cooperação (que pode ser resultante não de um processo de construção de consenso, mas sim do fechamento da rede e do subsistema para agentes dotados de crenças, referenciais e/ou propostas divergentes).

No que se refere à desigualdade, redes marcadas por desigualdades extremas ou grande simetria entre os seus agentes tenderiam a apresentar maiores níveis de cooperação: no primeiro caso, pela baixa capacidade de contestação dos subalternos e, no segundo, pela incapacidade de qualquer agente, comunidade ou coalizão isoladamente impor suas crenças e propostas. Já redes com níveis

12 A universalização do argumento, formulado inicialmente nos estudos de movimentos sociais, que os campos se estruturam fundamentalmente em torno do conflito entre incumbents e challengers, é outro foco da crítica de Goldstone e Useem (2012) à teoria dos campos.

13 Segundo Baumgartner et al. (2006, p.4), "quando dominado por um único interesse, um subsistema pode ser melhor interpretado como um monopólio de política pública".

significativos de desigualdades, mas na qual os dominados possuam as condições necessárias para confrontar sua subalternidade, tenderiam a apresentar uma significativa conflitualidade entre comunidades e/ou coalizões de defesa dominantes e desafiantes.

Para finalizar esta seção, destacam-se duas limitações importantes da teoria dos campos para a análise das relações entre movimentos sociais e políticas públicas. A primeira limitação é não abordar e explorar teórica e metodologicamente as implicações da tendência de posicionamento simultâneo (multiposicionalidade) de agentes individuais e coletivos em diversos campos.[14] A multiposicionalidade dos agentes é um aspecto fundamental, por exemplo, para a análise de como se produz e opera a interdependência entre campos. Esta não resulta apenas do efeito externo de um campo sobre o outro, mas também é gerada internamente na medida em que os agentes atuam em um campo não apenas com base no seu posicionamento nesse campo específico, mas sim com base nos seus posicionamentos simultâneos em diversos outros campos. Como salientam Evans e Kay (2008, p.973), a "ação política e, em última análise, a mudança social frequentemente ocorrem através do uso judicioso de oportunidades disponíveis na intersecção de múltiplos campos". Isto produz um tipo de conexão entre campos que difere dos cinco tipos de mediação identificados por Gould e Fernandez (1989, p.92-94),[15] conformando uma intersecção entre campos em função do compartilhamento de agentes.

A multiposicionalidade é também um recurso central para análise das diferentes capacidades de agência de indivíduos e coletividades em função da desigualdade de recursos que dispõem. Tal como apontado por Bourdieu nas suas formulações sobre o conceito de capital (entendido como recursos que conferem ao seu detentor poder em campos determinados), as possibilidades de acumulação

---

14 A importância analítica da multiposicionalidade se destaca em trabalhos como o de Mische (2008).

15 Gould e Fernandez (2008, p.92-94) identificam e categorizam cinco tipos de mediação: coordenação; mediador itinerante; porteiro; representante; ligação.

de capitais são diretamente condicionadas pelas posições ocupadas pelos agentes em diferentes campos e, ao mesmo tempo, tais posições são definidas pela composição e volume de capitais destes agentes. Assim, a atenção para as inserções, simultâneas e/ou sequenciais, de indivíduos e coletividades em diferentes campos (e as posições ocupadas nestes) é fundamental para a análise dos recursos, capacidades e disposições que fundamentam sua agência. Como salienta Bourdieu (1989, p.134), "a posição de um determinado agente no espaço social pode assim ser definida pela posição que ele ocupa nos diferentes campos".

Além da questão dos recursos, a multiposicionalidade tem relação direta com os processos de atribuição de sentido e de identificação que, como abordado antes, são centrais para a teoria dos campos. A literatura sobre engajamento militante, por exemplo, tem destacado que a compatibilidade ou o conflito entre identidades e papéis (e suas demandas) relacionados às diferentes posições ocupadas simultaneamente pelos indivíduos em distintas esferas de vida ou mundos sociais (que poderíamos abordar como campos) é um elemento central na construção e manutenção (ou não) de carreiras militantes (Fillieule, 2001 e 2010; Passy; Giugni, 2000).

O conceito de multiposicionalidade coloca-se, assim, como um recurso teórico fundamental para analisar as implicações de distintas inserções relacionais. Cada campo oferece aos seus integrantes determinadas oportunidades, mas também impõe determinados constrangimentos. Neste sentido, por exemplo, transformações nas formas como os agentes de movimentos sociais se relacionam com um subsistema/rede de política pública (que podem ir da exclusão à incorporação em posição dominante) tendem a impactar de forma mais ou menos significativa a atuação e conformação de tais agentes. Além disto, a atuação simultânea em diferentes campos tende a colocar demandas diversas, por vezes conflitivas, aos ativistas e organizações, produzindo tensões e dilemas aos quais os mesmos devem responder cotidianamente.

A segunda limitação da teoria dos campos, diretamente relacionada ao comentário do parágrafo anterior, refere-se ao privilégio analítico concedido por esta teoria à dinâmica dos campos em detrimento da análise dos agentes. Assim como campos se constroem, se transformam e se dissolvem a partir de suas relações internas e externas, os agentes também o fazem. Mudanças na posição dos agentes em um determinado campo ou alterações nas suas inserções em diferentes campos tendem a ter efeitos significativos não apenas para a configuração do campo, mas para a configuração dos próprios agentes. Ou seja, mudanças nas inserções relacionais dos agentes tendem a ter efeitos mais ou menos radicais não apenas no que estes agentes podem pensar, fazer ou ter, mas na sua própria natureza.

Este foco nas mudanças qualitativas pelas quais passam os agentes a partir das constantes mudanças de suas inserções relacionais é fundamental para a superação dos limites de uma perspectiva não propriamente relacional, que Emirbayer (1997) denomina de interacionista. Essa perspectiva enfatiza a centralidade das interações entre os agentes para a explicação de suas ações, ao mesmo tempo que aborda tais agentes como se mantendo qualitativamente invariáveis nessas interações. Em uma abordagem efetivamente relacional, ao contrário,

> [...] os próprios termos ou unidades envolvidos em uma transação [relação] derivam seu sentido, significado e identidade dos (mutáveis) papéis funcionais que eles desempenham na transação. Esta, vista como um processo dinâmico e em desdobramento, se torna a unidade primária de análise em vez dos elementos constituintes da transação. As coisas "não são assumidas como tendo uma existência independente anterior a qualquer relação, mas sim [...] ganham todo seu ser [...] primeiro nas e com as relações que são um predicado delas. Tais 'coisas' são termos de relações e, como tal, nunca podem ser 'dadas' em isolamento, mas somente em comunidade umas com as outras" (Cassirer 1953, p. 36)". (Emirbayer, 1997, p.3)

Apesar das limitações no desenvolvimento dos argumentos apresentados nesta seção, considera-se que estes possibilitam, por um lado, identificar o potencial que a teoria do campos apresenta para uma qualificação no tratamento analítico das relações entre movimentos sociais e políticas públicas. Por outro lado, os argumentos demonstram também a necessidade de articulação dos argumentos abstratos e gerais da teoria dos campos com argumentos desenvolvidos por diversas teorias de médio alcance nos estudos de movimentos sociais e políticas públicas, de forma a oferecer modelos analíticos que sejam operacionais à pesquisa empírica daquelas relações.

Considerações finais

Este capítulo teve como objetivo contribuir na construção de referenciais teóricos que instrumentalizassem pesquisas empíricas sobre as relações entre movimentos sociais e políticas públicas. Neste sentido, apresentou-se a teoria dos campos como um esforço recente e analiticamente fértil de articular em um modelo teórico geral elementos como relações, interdependências, ideias, agência individual e coletiva, entre outros.

Mostrou-se também que a generalidade da teoria dos campos demanda qualificações a partir do diálogo com teorias de médio alcance do campo dos estudos de movimentos sociais e de políticas públicas, de forma a viabilizar sua operacionalização em modelos analíticos capazes de orientar pesquisa empíricas. Tal diálogo é facilitado na medida em que argumentos basilares da teoria dos campos (como a importância das estruturas relacionais e dos processos de construção e atribuição de sentido) também fundamentam diversas teorias de médio alcance que hoje ocupam posição de centralidade nas literaturas de movimentos sociais e políticas públicas.

A conclusão deste capítulo, como se depreende da argumentação desenvolvida, não é de defesa de uma adoção acrítica da teoria dos campos. Ao contrário, defende-se a necessidade de qualificação de seus argumentos e conceitos para abordar processos específicos das relações entre movimentos sociais e políticas públicas.

E esta qualificação demanda uma atuação protagonista e propositiva dos pesquisadores dos movimentos sociais, identificando os limites teórico-metodológicos da teoria dos campos e propondo alternativas para superação de tais limites. Um esforço inicial nesse sentido foi esboçado neste capítulo.

4
Movimentos sociais e seus efeitos nas políticas públicas: balanço do debate e proposições analíticas[1]

Euzeneia Carlos

Monika Dowbor

Maria do Carmo Albuquerque

Os movimentos sociais importam para a produção de políticas públicas? Essa pergunta tem mobilizado a atenção de estudiosos preocupados com os efeitos (resultados ou consequências) políticos de suas ações. Avanços foram feitos na construção de tipologias e na elaboração de modelos explicativos, ainda que as questões mais globais sobre *como* e *quanto* movimentos importam em comparação com outros determinantes das mudanças políticas não tenham sido resolvidas conclusivamente (Amenta et al., 2010; Bosi; Giugni; Uba, 2016).

Motivadas por esta agenda de pesquisa e tendo em vista um fenômeno que caracteriza as interações socioestatais no Brasil contemporâneo, qual seja, o engajamento de movimentos sociais, ativistas e organizações da sociedade civil na formulação e

1 Este capítulo é uma versão revisada do artigo originalmente publicado na *Revista Civitas de Ciências Sociais*, Porto Alegre, v.17, n.2, maio-ago. 2017, p.360-78. É produto da pesquisa "Efetividade dos movimentos sociais nas políticas públicas em perspectiva comparada", que examinou os efeitos de movimentos sociais nas políticas setoriais de direitos humanos, saúde e criança e adolescente, realizada com auxílio do CNPq (Edital Universal 14/2014) e da Fapes (Edital Universal 06/2014). Agradecemos aos comentários e sugestões de Marcelo Kunrath Silva para esta versão.

implementação de políticas públicas, percorremos a trajetória dos debates teórico-analíticos sobre a temática. O capítulo apresenta a síntese desses debates e aponta que as abordagens desenvolveram compreensões sobre as dimensões dos movimentos resumidas na categoria "estrutura de mobilização", mas não oferecem respostas satisfatórias à incorporação do "contexto político". O argumento central é que a especificação das categorias de Estado e de formas de acesso à esfera estatal e de influência política (encaixes institucionais) da abordagem de *polis* (Skcopol, 1995; Gurza Lavalle et al., 2017) oferecem valiosas contribuições a estes estudos.

Este capítulo incorpora os avanços analíticos acerca dos processos de institucionalização de movimentos sociais que vão além da separação rígida e dicotômica entre movimentos e Estado, presente no modelo conflituoso de ação (Tarrow, 1997; McAdam, Tarrow; Tilly, 2001). Pesquisas conduzidas no Brasil e alhures,[2] baseadas nas interações entre movimentos sociais e Estado por meio de instituições, demonstram que os primeiros não podem ser reduzidos analiticamente à política do confronto, por três razões. Primeira: eles se engajam em um conjunto de atividades que não necessariamente corresponde à relação de conflito com os detentores de poder; em sociedades complexas, movimentos também cooperam com o Estado, colaborando na elaboração e implementação de políticas governamentais (Giugni; Passy, 1998; Carlos, 2015b, 2017). Segunda: os movimentos sociais combinam uma pluralidade de formas de relação com o Estado, em modelos híbridos e criativos que promovem a articulação circunstancial entre ação institucionalizada e não institucionalizada (Abers; Serafim; Tatagiba, 2014; Carlos, 2012, 2015b; Dowbor, 2012). Terceira: o uso de canais institucionalizados no repertório de ação e a formalização das organizações não leva obrigatoriamente à desmobilização do movimento (Carlos, 2012; Dowbor, 2012). Essa nova perspectiva de institucionalização da ação coletiva permitiu incorporar nas análises as

2 Cf. Abers e Von Bülow (2011); Abers, Serafim e Tatagiba (2014); Carlos (2012, 2015b); Dowbor (2012); Szwako (2012); Silva e Oliveira (2011); Banaszak (2005); Goldstone (2003); Clemens (1993); Giugni e Passy (1998).

instituições e os atores do sistema político, bem como possibilitou que se explorasse a diversidade de interações entre os movimentos sociais e o Estado.

É importante frisar que o capítulo não se propõe a discutir os efeitos na ação coletiva de movimentos sociais, mas seus resultados (*outcomes*) políticos especialmente nas políticas públicas. Isso significa que não trataremos das consequências nos movimentos em termos de mudanças e continuidades na ação coletiva, normalmente arroladas na literatura como cooptação, desmobilização e desradicalização das demandas. Essas são possibilidades (e não fatalidades) que emergem dos processos de institucionalização dos e nos movimentos sociais.

O intuito central aqui consiste em examinar enfoques que ofereçam respostas mais satisfatórias para o problema da "atribuição causal" na análise dos efeitos nas políticas públicas. Cabe destacar que movimentos sociais são definidos como coletividades formadas por uma rede de interações informais entre uma pluralidade de indivíduos, grupos e/ou organizações, engajados em um conflito político ou cultural, com base em identidades compartilhadas (Diani, 2003).

Partimos, na revisão da literatura sobre os efeitos políticos dos movimentos sociais, do modelo que destaca a sua estrutura de mobilização (organização, estratégia) como condicionante dos resultados de sua atuação (Gamson, 1990 [1975]). Um segundo modelo pondera que os movimentos sociais operam no contexto de interações com apoiadores e antagonistas e que as características das instituições e das coalizões envolvidas intervêm nos resultados da sua ação (Giugni, 1998). Avanços seguintes apontam que a estrutura de mobilização dos movimentos e a sua interação com o contexto político operam, de modo combinado, na explicação dos efeitos institucionais da ação coletiva (Giugni, 2008; Amenta, 2005; Giugni; Yamasaki, 2009; Amenta et al., 2010).

Vias promissoras foram abertas por estes últimos trabalhos "ao combinar como variáveis explicativas a força do movimento e as características do contexto mostrando como os resultados

dos movimentos são condicionais e contingentes à presença de fatores externos" (Tatagiba; Teixeira, 2016, p.88). Assim, os estudos convergiram para o reconhecimento, de forma combinada, de dimensões relevantes que afetam os resultados da ação coletiva como as *dinâmicas* dos movimentos e suas *interações* com o contexto político.

Apesar dos avanços em termos da especificação das categorias referentes aos movimentos, a incorporação analítica do contexto político se fez de modo limitado nas análises dos efeitos políticos da ação coletiva (Amenta et al., 2010), a nosso ver, porque não oferece as categorias para operacionalizar a análise do Estado nas interações com os movimentos que buscam incidir nas políticas públicas. O capítulo busca contribuir com essa lacuna elaborando proposições acerca da complementaridade entre as abordagens de efeitos políticos dos movimentos e o enfoque de *polis* (Skocpol, 1995) que, sem restringir sua observação a movimentos sociais, assinala mecanismos de interdependência entre atores societários, estatais e instituições. Defende que a abordagem de *polis* apresenta vantagens analíticas para investigar os efeitos decorrentes da ação coletiva nas políticas públicas, no contexto de interações com o Estado, na medida em que parte do reconhecimento da constituição mútua entre os atores societários e os institucionais (Skocpol, 1992; Gurza Lavalle; Houtzager; Castello, 2011). Essa abordagem permite avançar na compreensão das formas de interação entre esses dois grupos de atores, através da proposição sobre os "encaixes institucionais", entendidos como processos de acesso de alguns atores ao Estado e de influência em políticas públicas.

O capítulo segue estruturado em três seções, além desta introdução e da conclusão. A primeira apresenta a tipologia de efeitos dos movimentos sociais, com ênfase nos resultados políticos. A segunda discute modelos explicativos, suas possibilidades e limitações, acerca dos efeitos políticos de movimentos sociais. A terceira analisa as contribuições da abordagem de *polis* ao estudo dos efeitos de movimentos sociais nas políticas públicas, concernente à sua especificação das categorias de Estado e de encaixes institucionais.

Efeitos dos movimentos sociais

Este capítulo enfoca as consequências ou efeitos dos movimentos sociais nas políticas públicas ou no ciclo de políticas públicas,[3] embora não seja o único tipo de efeito político possível. As consequências dos movimentos sociais foram primeiro analisadas em termos de "sucesso" e "fracasso". Gamson (1990 [1975]) definiu sucesso como um conjunto de resultados que inclui a aceitação dos desafiantes pelos oponentes como interlocutores válidos, a sua "inclusão" ou ocupação de posições no Estado e o ganho em políticas. A maioria dos estudiosos identifica limitações no uso da noção sucesso e fracasso para aferir os efeitos das ações dos movimentos e tende a abandoná-la. Giugni (1998) pondera que: (i) essa perspectiva assume o movimento como homogêneo e atribui sucesso ou fracasso para o movimento como um todo; (ii) a avaliação de sucesso envolve subjetividades e nem sempre é concebida uniformemente pelos atores, podendo inclusive ser antagônica; (iii) muitas das consequências dos movimentos são inesperadas ou não intencionais, ou seja, não relacionadas aos propósitos iniciais. De acordo com Amenta et al. (2010, p.14.4), a noção "sucesso" limita a consideração dos efeitos possíveis, pois "os desafiantes podem não conseguir alcançar o seu programa estabelecido e ser considerados derrotados, mas, ainda assim, ganhar novas vantagens substanciais para a sua clientela".

Em vez de sucesso e fracasso, a literatura vem utilizando as categorias de efeitos internos e externos (vide Figura 1). Earl (2000) propõe uma classificação dos efeitos em resultados internos (intramovimento) e resultados externos (extramovimento). Com maior tradição, os estudos sobre os efeitos intramovimento assinalam as consequências: (i) *nos ativistas* e no seu ciclo de vida (consequências pessoais e biográficas); (ii) *dentro do movimento*, na construção de identidade coletiva e formas organizacionais; (iii) *no campo do mo-*

---

3 O termo ciclo de políticas públicas é um instrumento heurístico que permite distinguir etapas no seu interior, são elas: formulação de agenda de governo, especificação de alternativas, decisão política, implementação, monitoramento e avaliação (Souza, 2006).

vimento, na criação de contramovimentos e na influência em outros movimentos.[4]

Ao passo que os efeitos extramovimento se concentram nas consequências políticas e culturais, havendo maior ênfase nos estudos sobre as mudanças no primeiro *vis-à-vis* no segundo (Earl, 2000; Giugni, 1998). Na dimensão cultural, os estudos se concentram na micromobilização ou enquadramentos interpretativos (*frame*), e nos resultados culturais na sociedade, a exemplo das mudanças nos códigos culturais (Melucci, 1996). Já nos estudos sobre as consequências de caráter político, sobre o Estado, os analistas assinalam as mudanças nas políticas públicas, especialmente na formulação da agenda política, na decisão política e na implementação, no processo legislativo e nas burocracias, mas também na extensão dos direitos, nos partidos políticos e nos regimes. Os estudos sobre os resultados políticos cresceram substancialmente na última década, ainda que os desafios metodológicos permaneçam e saibamos pouco sobre os seus efeitos não intencionais.

Figura 1 – Tipologia de efeitos de movimentos sociais

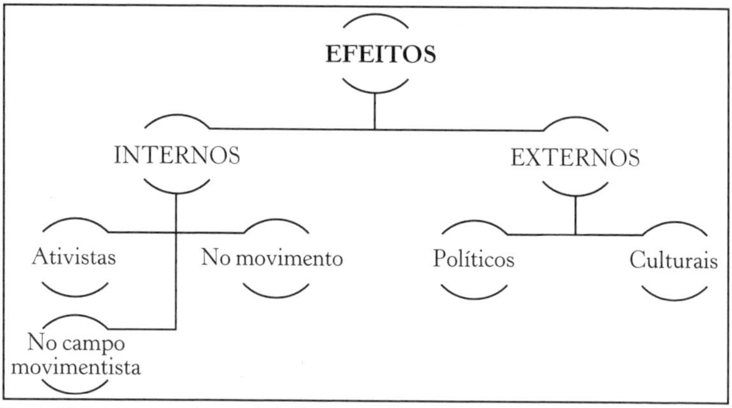

Fonte: Elaboração própria a partir de Earl (2000).

4 Respectivamente, ver: efeitos nos ativistas (Whittier, 2016); reforço às identidades coletivas (Polletta; Jasper, 2001); mudanças organizacionais nos movimentos (Clemens, 1993; Carlos, 2015a); transformações em seus padrões de interação com o Estado (Carlos, 2015b, 2017); e efeitos no campo do movimento (Earl, 2000).

Especificamente sobre os efeitos políticos, Amenta et al. (2002, 2010) propõem uma classificação em termos de "benefícios coletivos",[5] em dois níveis. O primeiro nível é denominado estrutural ou sistêmico e remete aos benefícios coletivos conquistados *através* do Estado, sendo estes de maior impacto ou de influência contínua sobre o processo político, como a extensão dos direitos e de práticas democráticas (Amenta et al., 2010) e a formação de novos partidos políticos (Piccio, 2016). O segundo é o nível intermediário, considerado preponderante na canalização dos objetivos da ação coletiva. Em tal escala, os bens coletivos são institucionalizados e ao longo do tempo se tornam mais difíceis de serem abolidos, por envolverem mudanças legislativas, criação de burocracias e a implementação de políticas públicas. Esses estudiosos destacam que benefícios coletivos são alcançados por movimentos através da influência na formulação da agenda política, produzindo mais resultados nessa fase inicial do processo de políticas públicas.[6] Além disso, os movimentos podem influenciar a implementação de instrumentos de políticas públicas que conduzem à obtenção de bens coletivos.[7] Por fim, os ganhos legislativos voltados aos benefícios coletivos também são destacados como possíveis resultados ou efeitos políticos de movimentos, na medida em que desafiantes podem incluir o conteúdo do seu clamor na agenda legislativa, influenciar os legisladores na votação do projeto de lei e exercer influência na implementação do projeto (King et al., 2007, Baumgartner;

5 "Benefícios ou bens coletivos" podem ser materiais como os programas permanentes de gastos sociais, ou menos tangíveis como novas maneiras para se referir a um grupo (Amenta et al., 2010, p.14.4).

6 Teixeira e Tatagiba (2016) identificam as consequências políticas do movimento de moradia de São Paulo na elaboração da política de habitação, haja vista a adoção de programas e projetos de habitação autogestionária pelo governo municipal que, segundo as autoras, não teriam sido introduzidos sem a ação do movimento.

7 Dowbor, Carlos e Albuquerque (2018) demonstram que políticas públicas podem ter origem movimentista quando forjadas como inovação social pelos atores sociais, reconhecidos como alternativa pelos gestores e convertidos em instrumentos de políticas como programas, projetos e legislações.

Mahoney, 2005 apud Amenta et al., 2010).[8] Vê-se assim que os efeitos políticos dos movimentos podem ir além da aceitação ou reconhecimento de sua legitimidade pelos oponentes ou o Estado.

Sob quais condições os movimentos importam para a política?

Os estudos acerca dos efeitos políticos dos movimentos sociais partem do pressuposto que estes produzem mudanças políticas e sociais. Mais recentemente buscam identificar sob quais condições do contexto político os resultados são produzidos em vista das circunstâncias heterogêneas em que lutam. Analisar as condições que favorecem os resultados políticos dos movimentos e o quanto eles importam em comparação com outros atores consiste no principal desafio desta agenda de pesquisa (Amenta; Caren, 2013).

Na revisão da literatura especializada, encontramos quatro modelos que buscam explicar os efeitos de movimentos sociais na política e nas políticas públicas. Eles sugerem "relações causais" nas quais se conjugam, em graus diferentes, condicionantes ligadas aos movimentos com aquelas que provêm do contexto político.

O *primeiro modelo* enfatiza os efeitos intencionais dos protestos e ações disruptivas e o papel das variáveis organizacionais e de ação como causas do sucesso dos movimentos (Gamson, 1990 [1975]). Avalia o resultado, sobretudo político, do formato organizacional e investiga se movimentos formalmente organizados são mais bem-sucedidos que aqueles sem tal característica. Sintomático da preeminência exercida à época pela teoria da mobilização de recursos, enfocou-se o papel da "estrutura de mobilização" (organização, liderança e estratégia). A profissionalização e a formalização do movimento foram associadas aos seus efeitos, tendo o campo inovado

8 Carone (2018) apresenta um caso de influência do movimento feminista no legislativo federal, para inclusão de conteúdo na agenda e aprovação do projeto de lei de seu interesse.

com a análise do impacto do "repertório organizacional" na mudança institucional, conduzida por Clemens (1993). Menos consensual é o argumento da eficácia do protesto violento e disruptivo para o seu potencial de mudança. Gamson (1990) defende que o uso de táticas violentas e disruptivas pelos movimentos foi positivamente correlacionado a dois efeitos considerados como sucesso: a aceitação dos desafiantes como reivindicadores legítimos e a obtenção de novas vantagens para o público que representa. De acordo com Giugni (1998), porém, outros estudiosos sugerem que (i) não existe relação causal entre a frequência e quantidade da exibição de violência nos protestos e a distribuição de ganhos sociais, e (ii) é necessário que se analisem as circunstâncias sob as quais a violência importa para a mudança política e social.

O *segundo modelo* explicativo introduz como fator necessário o contexto político na facilitação ou constrangimento dos resultados dos movimentos. A predominância da "estrutura de mobilização" do movimento como fator explicativo dos resultados se desloca em direção ao "contexto político", expresso por duas categorias: o papel da opinião pública e das "oportunidades políticas" (Giugni, 1998).[9] A opinião pública entra nos estudos dos resultados dos movimentos como variável explicativa, na medida em que as coletividades endereçam suas reivindicações simultaneamente para os detentores de poder e para o público em geral. Busca-se a aderência à causa do público amplo e apoiadores, elementos que se condensam na opinião pública favorável ao movimento. O clima propício na sociedade influenciaria a ação dos políticos que detêm a atribuição e o poder de transformar as demandas e reivindicações em políticas públicas que definem e/ou garantem direitos sociais. A interconexão entre opinião pública, atividades do movimento e ação dos políticos explicaria a mudança na política e nas políticas públicas.

9 O contexto político nas mobilizações foi conceituado por Tarrow (1997) de "estrutura de oportunidades políticas", entendida como ambiente político externo, posteriormente convertida em "oportunidades políticas", incluindo além dos incentivos as restrições à ação coletiva e a seus resultados.

Giugni (1998) destaca dois aspectos das "oportunidades políticas" na explicação dos efeitos dos movimentos sociais: (i) o sistema de alianças e opositores e (ii) as instituições do Estado. A construção de alianças poderosas tanto dentro quanto fora de arenas institucionais e a existência de redes fracas de opositores compõem a explicação sobre a eficácia do movimento social (Giugni, 1998). As instituições, por um lado, produzem constrangimentos à ação coletiva, modelam suas formas e limitam seu resultado, mas, por outro, abrem oportunidades para os movimentos influenciarem as políticas, quando os desafiadores desenvolvem um papel central nas instituições e podem contar com o apoio de aliados poderosos nelas. Neste modelo, os movimentos sociais atuam na interação com apoiadores e antagonistas, mas são as características das instituições e das alianças que explicam os resultados da ação coletiva. Os movimentos teriam, assim, efeitos indiretos nos resultados políticos alcançados, na medida em que a prerrogativa explicativa é dada às oportunidades políticas.

No *terceiro modelo*, a "estrutura de mobilização" do movimento e sua interação com o "contexto político" operam de modo combinado na explicação dos efeitos políticos, rompendo, portanto, com a dualidade expressa nos modelos anteriores (Giugni, 2008; Giugni; Yamasaki, 2009). Esse modelo avança quando ressalta que o resultado do movimento só se concretiza quando a opinião pública e/ou os aliados políticos se combinam com a dinâmica de mobilização do movimento (Guigni; Yamasaki, 2009). Há duas implicações analíticas importantes desta inflexão. Primeira, o abandono da hipótese inicial de que as condições que importam para o efeito político são igualmente relevantes para mobilização. Tal proposição havia vinculado a análise dos efeitos dos movimentos às condições explicativas da emergência das mobilizações: seja estrutura de mobilização (organização, lideranças e estratégias), seja contextos políticos (oportunidades políticas). Em segundo lugar, a combinação de condições ligadas às *dinâmicas* dos movimentos com as suas *interações* com o contexto político permite a análise dos resultados previstos e dos não intencionais.

Apesar dos avanços deste modelo analítico, persistem os desafios na explicação de *como* a estrutura de mobilização se combina com as características formais e informais das oportunidades políticas, na explicação dos efeitos dos movimentos. Chamado de "modelo combinado", ele não resolve de forma explícita o problema da combinação entre as condições que afetam os resultados políticos dos movimentos. Além desse desafio analítico-metodológico, o terceiro modelo não aperfeiçoou o uso do conceito de oportunidades políticas, em geral acusado de vagueza, imprecisão e ambiguidade (Goodwin; Jasper, 2004).[10]

Um *quarto modelo*, defendido por Amenta et al. (2010), se constitui nesta finalidade de encontrar "conexões causais" entre condições explicativas dos efeitos políticos dos movimentos sociais. Denominado de "modelo de mediação política", sua ênfase reside na interdependência entre a estrutura de mobilização e o contexto político, dado que o máximo de capacidade de organização e mobilização do movimento não gerará efeitos se não for combinado a oportunidades políticas favoráveis. Em vez de identificar as formas organizacionais, ou as estratégias de ação específicas, ou ainda os contextos políticos (oportunidades e restrições políticas) de longo ou curto prazo como propícios para a efetividade de movimentos, o modelo busca captar certas formas de organização e estratégias que seriam mais produtivas em alguns contextos políticos em detrimento de outros (Amenta et al., 2010). Assim, não existiria uma forma organizacional, estratégia ou contexto que sempre produza resultados políticos, ou seja, a estrutura de mobilização do movimento produz resultados somente sob certas condições políticas ou condicionada à sua mediação.

Embora o problema da conexão causal entre as condições explicativas dos efeitos políticos permaneça insolúvel (Bosi; Giugni;

10 Cabe ressaltar que os três primeiros modelos de influência dos movimentos, aqui analisados, foram distinguidos por Giugni (2004) a partir da seguinte nominação, respectivamente: modelo de efeitos direitos, de efeitos indiretos e de efeitos combinados. Adicionalmente, acrescentamos o modelo de mediação política elaborado por Amenta et al. (2010) como um quarto modelo.

Uba, 2016), ponderamos que o quarto modelo avança ao se deslocar da noção imprecisa de oportunidade política para a categoria de Estado. De acordo com o principal expoente do modelo de mediação política, Edwin Amenta, o conceito de oportunidades políticas ou contextos políticos é definido de modo ambíguo, sendo analiticamente frágil no estudo dos movimentos sociais porque não explicita o conceito de Estado que aparece fundido com outros aspectos do contexto político e com diferentes atores políticos. O autor e seus colaboradores questionam que a literatura de movimentos sociais quase nunca se refere ao Estado propriamente dito, sendo as "oportunidades políticas" vistas como determinantes-chave para a ascensão dos movimentos e resultados alcançados. Essa acepção dificulta a análise do movimento social, em especial daqueles engajados em sistemas políticos relativamente democráticos, embora útil para explicar movimentos revolucionários e revoluções, argumentam os autores. Asseveram que, apesar da extensa discussão sobre as categorias "sistemas políticos", "autoridades" e "elites", não há o suficiente sobre as categorias de Estado, burocracias e partidos políticos nas teorias dos movimentos sociais. Por seu turno, defendem a centralidade da categoria Estado na explicação dos resultados políticos dos movimentos e discutem os processos pelos quais os Estados influenciam os movimentos sociais e, reciprocamente, como estas coletividades influenciam o Estado, seguindo a perspectiva neoinstitucionalista de constituição mútua entre Estado e sociedade civil. Destacam as dimensões institucionais do Estado como a estrutura de autoridade política; os processos de democratização, os direitos assegurados, as regras e procedimentos eleitorais; as políticas e as burocracias estatais; e as capacidades repressoras como condicionantes dos efeitos políticos dos movimentos (Amenta et al., 2010, 2002). Os autores enfatizam o potencial de aplicabilidade do conceito de Estado para a teoria e pesquisa sobre movimentos sociais. Partem da constatação de que os movimentos buscam influenciar o Estado, contestam as políticas estatais, as burocracias, regras e instituições, a fim de obter bens coletivos para aqueles que representam. Argumentam que os estudiosos devem: (i) examinar quais os aspectos do Estado considerados relevantes e, então, explicitar conexões entre tais aspectos e os benefícios almejados pelos movimentos sociais; (ii) desenvolver estudos cujo arco analítico gravite da noção imprecisa de oportunidade política para os aspectos específicos do Estado e das instituições políticas (Amenta et al., 2010, 2005, 2002). Os autores defendem que os movimentos adquirem influência política quando adaptam suas estratégias e formas organizacionais ao contexto político específico, que inclui o nível de democratização do Estado, o sistema partidário no poder e o grau de desenvolvimento da burocracia em torno da política pública almejada. As reivindicações dos desafiantes além de plausíveis precisam obter apoiadores entre os atores estatais, especialmente para mudanças de longo prazo, que vão além da formulação da agenda, como a extensão de direitos e de práticas democráticas. Nesse modelo, abandona-se a dicotomia entre estratégia disruptiva *versus* assimilativa (institucionalizada) em favor de se abordar a assertividade na ação dos movimentos para além dos protestos.

A seguir, com esses modelos em tela, nos debruçamos sobre as categorias relativas ao Estado. Vamos nos amparar na abordagem da *polis*[11] que, como o último modelo, tem origem no neoinstitucionalismo histórico e busca entender *por que* e *como* ocorrem as mudanças nas políticas públicas, dando uma atenção especial à especificidade do Estado como ator e instituição e às interações socioestatais.

Dos modelos às categorias de análise do Estado

Os dois últimos modelos defendem, em síntese e por oposição às duas primeiras explicações, a necessidade de combinação das

11 *Polity approach* ou *polity-centered analysis* (Skocpol, 1992, p. 41). Em sua obra de 1995, a autora definiu *polity* como o espaço "que inclui os partidos e atores políticos organizados, juntamente com o Estado" (p. 104).

condicionantes ligadas aos movimentos sociais com aquelas ligadas ao Estado para explicar os efeitos de movimentos sociais nas políticas públicas. Ambos modelos postulam também a ampliação do conceito de repertório de ação para além das estratégias disruptivas e dos protestos. Ora, se o movimento social enquanto um tipo específico de ação coletiva pode ser capturado tanto em suas ações extrainstitucionais quanto pelas instituições, a observação empírica passa a (i) abranger um processo de interações socioestatais nas quais a fronteira entre sociedade e Estado fica menos nítida e (ii) o Estado deixa de se configurar nas análises apenas como uma oportunidade política e aparece como um conjunto heterogêneo de instituições e burocracias marcado pelo legado institucional e pela agência de seus atores. Essas duas consequências colocam desafios analíticos que discutiremos a seguir.

Por que o Estado não pode ser capturado apenas pela oportunidade política?

A oportunidade política foi um conceito cunhado para incluir a política institucionalizada nas análises de movimentos sociais e tem sido usado como um fator explicativo para o surgimento de mobilizações. Nessa linha de raciocínio, um ciclo de protesto, por exemplo, pode ser desencadeado por uma mudança ou uma série delas nos seguintes elementos: i) grau de abertura ou fechamento do sistema político; ii) estabilidade ou instabilidade dos alinhamentos das elites no interior do Estado; iii) presença ou ausência dos aliados no interior da elite; iv) capacidade e propensão do Estado para repressão (McAdam, 2006, p.27; Tilly, 2006, p.44). Mas a oportunidade não existe objetivamente; precisa ser interpretada como tal pelos atores que, munidos de recursos de diversas ordens, desencadeiam sua ação coletiva (McAdam; Tilly; Tarrow, 2001, p.41). A capacidade explicativa do conceito de oportunidades é inequívoca no início das mobilizações coletivas. Nesse momento inicial, as oportunidades políticas aparecem independentemente da ação do movimento e por tempo limitado, e uma mudança no contexto político oferece a possibilidade para a emergência da mobilização, a qual se consubstancia em protestos.

Por outro lado, uma vez desencadeada a mobilização, as características amplas do sistema político deixam de descrever e explicar o desenrolar da ação coletiva, e o próprio movimento acaba produzindo novas oportunidades. O que diferenciaria a fase de surgimento da fase de desenvolvimento dos movimentos sociais é que na segunda fase as oportunidades e constrangimentos já não são independentes das ações das coletividades, e sim um produto de sua interação com o ambiente (McAdam; McCarthy; Zald, 2006, p.13). O conceito de oportunidade política perde neste momento seu elemento constitutivo, qual seja, o de uma mudança no contexto político macro. O movimento se engaja em uma sequência de ações que visam certas instituições, podendo interferir nelas, ora produzindo "oportunidades", ora provocando as reações do Estado, ora apenas assistindo às decisões político-administrativas. É no bojo deste processo de interações que o conceito de oportunidade política torna-se insuficiente para captar o Estado.

Dentre as teorias do Estado, a abordagem *de polis* desenvolvida por uma pioneira do neoinstitucionalismo histórico, Theda Skocpol, oferece contribuições a esta análise quando enfoca o Estado como instituição e ator que incide nos processos políticos, ao lado de outros atores econômicos e sociais, e não como mero cenário da ação de grupos. Nessa perspectiva reside um conjunto de fatores explicativos das mudanças nas políticas públicas. Especialmente chama a atenção para (i) a heterogeneidade do Estado e (ii) a importância do legado institucional, (iii) o papel das burocracias e dos políticos eleitos, ambos dotados da possibilidade de ação autônoma e (iv) a relevância do sistema de partidos políticos e das regras eleitorais, como fatores que afetam os processos políticos, a consciência e orientações políticas dos vários grupos sociais (Skocpol, 1992).

Esses quatro aspectos contribuem na reconstrução analítica do Estado para além da oportunidade política, sendo úteis à compreensão dos efeitos de movimentos. Assim, na análise inicial, observamos os movimentos que buscam mudanças nas políticas públicas formulando suas reivindicações voltadas a instituições específicas (setores de políticas públicas, poderes Legislativo, Executivo ou Judiciário, partidos políticos etc.) e estas operam através de um conjunto específico de regras (heterogeneidade do Estado), com base em uma burocracia, e são perpassadas pelas alianças eleitorais. Esses elementos analíticos constituem o ponto inicial para investigar os possíveis efeitos de movimentos sociais nas políticas públicas, correspondendo a uma descrição *estática* do processo (McAdam; Tilly; Tarrow, 2001).

Podemos dizer que, do mesmo modo que o movimento social conta, em sua mobilização, com estrutura organizacional e recursos prévios, as instituições do Estado, confrontadas nesse tipo de ação, contam com arranjos institucionais que revelam um legado de interações socioestatais, e com configurações de agentes políticos e burocracias. Para compreender o processo subsequente de interação entre movimento e Estado, que se confrontam, e analisar seus resultados, ambos precisam ser conhecidos.

Uma descrição *dinâmica* do processo, por sua vez, corresponde ao segundo momento de análise que compreende as interações entre as esferas societária e estatal na produção das políticas públicas (McAdam; Tilly; Tarrow, 2001). Nessa dinâmica, o movimento aciona táticas de modo a influenciar o processo decisório em prol das suas causas, tendo o Estado como alvo. Novamente, a abordagem de *polis* nos auxilia ao distinguir dois traços do Estado. O primeiro diz respeito à autonomia relativa da ação de políticos e gestores públicos que possuem interesses próprios e uma margem de independência dos interesses dos atores sociais.[12] Na perspectiva do movimento social engajado em uma mobilização específica, essa autonomia significa que o Estado, enquanto instituições e atores,

12 O princípio da autonomia relativa do Estado é ressaltado por Skocpol e consiste em afirmar a possibilidade da ação independente dos funcionários públicos e políticos eleitos, pois estes, embora sensíveis às demandas sociais e à "saúde da economia", "têm ideias e interesses próprios", organizacionais e de carreira, e "planejam e trabalham para políticas que sirvam a estas ideias e interesses, ou pelo menos não os prejudiquem" (Skocpol, 1992, p.42).

pode conduzir suas ações a despeito do movimento. Não obstante, esse potencial de ação independente é condicionado pela existência de capacidades estatais, sem as quais os atores estatais não se engajariam na produção de inovações em políticas públicas, tais como a criação e consolidação de agências estatais e burocracias profissionalizadas (Skocpol, 1992). Em oposição, o segundo traço se refere à permeabilidade do Estado (Marques, 1996),[13] cuja configuração varia ao longo do tempo e possibilita o acesso mais permanente de atores sociais ao Estado, aumentando sua capacidade de influência no processo decisório através dos denominados encaixes institucionais, na abordagem de *polis*.

Mais que uma ação: encaixes institucionais

Se a oportunidade política é um aspecto do sistema político que contribui para desencadear a mobilização do movimento, a sequência de ações empreendidas pelo movimento é o resultado da interpretação dos acontecimentos e do cálculo estratégico baseado em repertórios disponíveis de protestos, audiências públicas, abaixo-assinados, pressão junto aos parlamentares, ocupação de cargos em governos etc. A depender da leitura do processo decisório e do clima político, os atores escolhem aquelas ações que lhes podem trazer melhor resultado tanto em termos de resposta do Estado, quanto de capacidade de mobilização de seus quadros, ou ainda, de conquista de adesão na opinião pública.

Neste processo, descrito normalmente pelo repertório de ação, podem ser observados momentos em que a ação muda diametralmente de qualidade. Em geral, as ações sempre buscam influenciar, mas em algumas configurações seu efeito é potencializado. Argumentamos que a categoria denominada por Skocpol de encaixe (*fit*)

---

13 O autor enfatiza o caráter não intencional da permeabilidade do Estado como efeito construído "ao longo das trajetórias dos indivíduos e das organizações e marcado por intensa dependência da trajetória", ainda que admita que "seja possível delimitar regiões específicas das redes produzidas de forma intencional e orientada a lesar o Estado" (Marques, 2006, p.33).

permite analisar processos nos quais os movimentos constroem acesso mais permanente ao Estado e de influência nos processos decisórios, fortalecendo o arcabouço das categorias explicativas dos seus resultados nas políticas públicas.

Para a autora, o Estado se torna permeável a alguns atores sociais, quando:

> [...] a estrutura de instituições políticas oferece acesso e influência para alguns grupos e alianças, estimulando e recompensando assim os seus esforços para moldar as políticas do governo e, ao mesmo tempo, negando acesso e influência para outros grupos e alianças que atuam na mesma comunidade política (*polity*) nacional. (Skocpol, 1992, p.54)

A autora introduz assim um importante elemento explicativo para entender a influência de um grupo social ou movimento nos processos de políticas públicas, e este elemento consiste na existência de "encaixe (*fit*), ou sua falta, entre os objetivos e capacidades de diversos grupos politicamente ativos e os pontos de acesso e de influência, historicamente mutáveis, permitidos pelas instituições políticas de uma nação" (Skocpol, 1995, p.105). Um ator social sem encaixes, isto é, apartado dos pontos de acesso e influência ao Estado, terá menor probabilidade de fazer prevalecer seus objetivos.

Da mesma maneira como distinguimos a oportunidade política do funcionamento das instituições do Estado que são alvo de um movimento social, marcadas pelo legado institucional, pela autonomia relativa dos seus agentes e pelo jogo partidário e eleitoral, a categoria de encaixe precisa ser descrita de modo a delinear suas fronteiras de vizinhança com o conceito de repertório de ação de movimentos sociais. Ainda que a categoria de encaixes possa descrever algumas instâncias empíricas a que repertório de ação comumente se aplica, como ocupação de cargos em governos e atuação em instituições participativas, a primeira acrescenta uma capacidade explicativa para aqueles que buscam entender os efeitos de movimentos sociais nas políticas públicas, pois introduz a influência política. Nesta discussão, vamos retomar a recente ampliação analítica do repertório de ação.

Essa ampliação significa a inclusão conceitual no repertório das ações institucionalizadas, já consolidada na literatura (McAdam; Tarrow, 2011; Abers; Serafim; Tatagiba, 2014). No entanto, sua classificação como um conjunto de táticas é limitada, considerando que há entre elas importantes variações em termos de acesso e influência no Estado. O protesto e a ocupação de cargos em governos – dois exemplos de táticas classificadas como ações de movimento – resultam em relações diferenciadas com o Estado. Por isso, propomos distinguir no processo de interação socioestatal aqueles momentos em que o movimento é capaz de adentrar o Estado, criando ou ocupando espaços de influência mais perene nos processos decisórios. Trata-se, nos termos de Skocpol, de encaixes construídos por atores sociais que conduzem ao acesso institucional e à influência no Estado.

Abers, Serafim e Tatagiba (2014, p.331) identificaram uma diferenciação entre as ações por fora das instituições e as "ações por dentro das instituições do Estado" e sugeriram complementar o conceito de repertório de confronto político de Charles Tilly com o de "repertório de interação" entre Estado e sociedade civil. "Esta ampliação", dizem as autoras, "permite incorporar a diversidade de estratégias usadas pelos movimentos sociais brasileiros e examinar como estas têm sido usadas, combinadas e transformadas" (ibid., p.331-332). O novo conceito inclui quatro rotinas (protesto, proximidade com os políticos, instituições participativas e ocupação de cargos em governos), amplia a capacidade descritiva da ação de movimentos, mas continua operando como um conjunto de formas de ação sem diferenciação em termos da capacidade de influência.

Quando os efeitos dos movimentos sociais na produção de políticas públicas constituem o foco analítico, é preciso que haja uma distinção capaz de identificar o grau de acesso e influência do movimento nas instituições do Estado, aqui expresso no conceito de encaixe. Os encaixes entre alguns atores e pontos temporariamente abertos no Estado possibilitam uma atuação prolongada no tempo no âmbito das instituições do Estado. De modo exemplar, a ocupação de cargos em governos é uma tática assumida por diversos movimentos brasileiros (Dowbor, 2012), mas nos estudos de efeitos opera analiticamente como encaixe. O Estado brasileiro dispõe, na sua estrutura, de cargos comissionados que são ocupados pelo partido vencedor nas eleições ou pela coalizão majoritária. São pontos de acesso e influência que se abrem a atores fora dos quadros concursados da burocracia estatal. A depender dos objetivos do movimento (propor mudanças em um setor de políticas públicas) e de suas capacidades (vínculos com os partidos ou burocracias ou conhecimento técnico, por exemplo), o movimento pode vir a ocupar estes cargos, levando para dentro do Estado seus projetos e alternativas para as políticas públicas. Os militantes assumem cargos estatais – fazendo "ativismo institucional" (Abers; Tatagiba, 2015) – e lá permanecem, submetidos a regras e normas que operam naqueles espaços institucionais, ainda que não determinadas por eles, enquanto o contexto político lhes for favorável. O mesmo pode ser dito sobre a participação do movimento em instituições participativas como conselhos gestores ou, ainda, sobre a implementação de programas governamentais por organizações de movimentos. O movimento pode disputar e alcançar espaço nas instituições e nelas atuar enquanto seu mandato durar. Tal atuação influente e prolongada no tempo caracteriza-se como encaixe.

A existência do encaixe não significa o cessar de outras formas de ação do movimento ou sua desmobilização, pois pertencem à acepção do conceito as noções de instabilidade e de alcance limitado de influência. A ocupação de cargos, por exemplo, é suscetível às reconfigurações da coalizão governante e pode se desfazer mesmo fora do ciclo eleitoral. O conselho gestor, para dar outro exemplo, mesmo dotado de poder deliberativo, não é capaz de acompanhar e controlar todas as decisões do Executivo.[14] Obser-

14 Os encaixes se diferenciam qualitativamente em termos da capacidade de influenciar o Estado, ainda assim não garantem a capacidade de influência ampla e permanente. Os encaixes são pontos de acesso e influência disputados

va-se que, no momento da construção de encaixes, ocorre uma bifurcação na mobilização do movimento: uma parte (um grupo, alguns ativistas ou organizações) passa a interagir com instituições do Estado de modo mais permanente, por intermédio de encaixes, enquanto outra continua buscando influenciar as instituições do Estado por outras vias.

Quando o movimento constrói encaixes no Estado, ganhando acesso privilegiado em detrimento de outros atores, podemos nos aproximar analiticamente da concepção de permeabilidade do Estado (Marques, 2006), isto é, das partes do Estado acessadas e potencialmente influenciadas pelos atores não estatais – o que também contribui para a descrição analítica do Estado. O conceito de encaixe permite examinar os processos de acesso institucional de atores do movimento com vistas à influência política, sem que deixemos de lado sua trajetória de mobilizações.

À guisa de conclusão: movimentos sociais, Estado e encaixes institucionais

Os modelos explicativos de efeitos políticos de movimentos sociais inicialmente enfatizaram o papel ora da estrutura de mobilização, ora do contexto político nos resultados. Em seguida, apontaram a necessidade de análise combinada das dimensões do movimento social e das oportunidades políticas. O intuito de maior precisão analítica conduziu estudiosos ao modelo de mediação política que busca conexões entre as dinâmicas de mobilização e do Estado na explicação dos efeitos políticos. Se, por um lado, a vasta

---

pelos atores ou temporariamente abertos pelo Estado para favorecer um ator em detrimento do outro, mas este acesso não é garantido e pode ser oferecido a outro ator. Os movimentos podem lutar contra esta impermanência e construir o que Adrian Gurza Lavalle et al. (2011; 2017; 2019) denominam de "domínio de agência", isto é, acesso privilegiado ao Estado garantido pelo alto grau de sua institucionalização.

literatura dedicada à análise das dinâmicas organizacionais, identitárias e performáticas das mobilizações de movimentos sociais está consolidada, por outro, ainda é insuficiente a análise propriamente do Estado e das instituições políticas, inclusive as partidárias e eleitorais, no bojo dessas relações aqui discutidas.

Neste capítulo, argumentamos que a mútua fertilização entre o modelo de mediação política e a abordagem da *polis* auxilia neste desfecho, ao apreender o Estado para além das oportunidades políticas. Políticos, partidos e jogo eleitoral, legado institucional, burocracias e capacidades estatais correspondentes a um setor específico ou poder do Estado passam a compor, portanto, a descrição do Estado em processos de interação voltados à produção de efeitos nas políticas públicas por parte de movimentos sociais. A perspectiva de *polis*, assim, contribui com o modelo de mediação política através da maior precisão na categoria Estado como instituições e atores, dotados de autonomia relativa e de permeabilidade estatal, temporalmente constituídos. Por conseguinte, seu conceito de encaixes institucionais auxilia na compreensão das conexões entre as dimensões do movimento e do Estado na explicação dos efeitos políticos. Especialmente por dois motivos: primeiro, os encaixes derivam ou são construídos por processos históricos de interação socioestatal aos quais são subjacentes perfis configuracionais seja do movimento social, seja do Estado; segundo, o conceito de encaixe não se resume ao tipo de ação, embora possa se consubstanciar nele, mas remete ao acesso institucional e à capacidade de influência do ator social no processo decisório de políticas públicas. Conquanto o modo *como* as configurações do movimento social e do Estado se interconectam e operam nos efeitos nas políticas públicas ainda careça de ampliação de estudos empíricos, o conceito de encaixes contribui com o modelo analítico de mediação política porque expressa a capacidade de influência política dos atores sociais em processos de interação com o Estado. Em outras palavras, essa abordagem permite conectar movimentos sociais e Estado em relações voltadas à influência política, contribuindo para explicar os efeitos políticos dessas coletividades. Além disso, o conceito de encaixe institucional ampara a análise dessas interações, na medida em que direciona o olhar para os pontos de influência mais perenes nas instituições e que foram percebidos ou construídos pelo movimento.

Em suma, tanto na acepção estática quanto na dinâmica, a tarefa analítica consiste em descrever partes do Estado relacionadas às demandas do movimento e perscrutar *como* essas se combinam às estruturas de mobilização, mediadas por processos de encaixes. Avanços analíticos e metodológicos na direção de *como* as configurações do Estado se combinam às do movimento e operam nos resultados das políticas públicas, todavia, ainda carecem da ampliação dos estudos nesta agenda de pesquisa.

5
Relação entre Estado e movimentos sociais sob o lulismo[1]

Wagner de Melo Romão

A chegada do PT ao governo federal, em 2003, ampliou de forma significativa as interações socioestatais, por meio de novos espaços de atuação dos movimentos sociais no interior do Estado, trazendo novos desafios à litertura dedicada ao tema. Se no caso brasileiro isso já se via em experiências de governos subnacionais, a presença do PT no governo federal foi um acontecimento político que fez a literatura voltar suas atenções para formas menos antagônicas de relação entre Estado e movimentos sociais (Carlos, 2015).

O enfoque analítico sobre estas relações no período dos governos petistas esteve longe de ser unânime ao longo destes quase quinze anos de produção acadêmica e, inevitavelmente, foi permeado por categorias próprias do embate político, como a ideia de "aparelhamento" (Fausto, 2010; Gadea, 2010) ou "cooptação" (Ricci, 2010). Faltava à literatura brasileira um referencial de análise que nos fornecesse instrumental para trabalhar mais na aproximação do que no conflito aberto entre movimentos sociais e Estado e que, ao mesmo tempo, não estivesse ligado diretamente a um juízo de valor sobre

---

1 Este texto só pôde vir à luz pela fértil interlocução que venho mantendo no período recente com Luciana Tatagiba e Françoise Montambeault, a quem agradeço.

estas relações. Abers, Serafim e Tatagiba (2014, p.326) perceberam esta necessidade e, em artigo seminal, apontaram como o governo Lula ampliou "as chances de acesso e influência dos movimentos sobre o Estado, obviamente com variações setoriais importantes", em trabalho que agregou avanços da literatura brasileira no período.

As autoras utilizam o conceito de *repertório* na chave da interação, e não necessariamente do conflito entendido como luta frontal entre dois agentes, utilizando os casos das relações entre movimentos sociais e o Estado nas áreas de política urbana, desenvolvimento agrário e segurança pública. Em suas conclusões, Abers, Serafim e Tatagiba indicam que, especificamente durante o governo Lula, as mudanças na relação Estado e sociedade se pautaram por uma permeabilidade inédita do Estado aos movimentos, pela influência da "migração de ativistas dos movimentos sociais e simpatizantes para dentro do governo e a transformação criativa dos repertórios de interação Estado-sociedade já existentes nessas novas circunstâncias" (ibid., 332).[2]

Nos termos de Charles Tilly (2006), seria possível afirmar que o regime político[3] dos governos petistas conformou um ambiente político-institucional mais favorável à ação dos movimentos. Como afirmam Tatagiba, Abers e Silva (2018), os regimes importam para a análise das relações entre movimentos sociais e políticas públicas na medida em conformam oportunidades e constrangimentos à constituição e à atuação dos movimentos sociais.

> Condicionando os custos e os riscos do envolvimento nas ações coletivas, os níveis de abertura ou fechamento do sistema político às causas e às ações dos movimentos sociais, as expectativas sobre a eficácia ou o fracasso de diferentes repertórios de ação, entre outros

---

2 Os repertórios considerados pelas autoras são os seguintes: protestos e ação direta, participação institucionalizada, política de proximidade e ocupação de cargos na burocracia (Abers; Serafim; Tatagiba, 2014, p.332-3).

3 Segundo Tilly, um regime político se caracteriza pelas relações predominantes entre os atores políticos, incluindo o governo (2006, p.19).

> aspectos, os regimes e suas mudanças atuam diretamente na conformação das condições que os movimentos confrontam para definir seus repertórios e espaços de atuação. (Tatagiba; Abers; Silva, 2018, p.110)

Ao lado dos regimes, outro condicionante à ação dos movimentos nas políticas públicas é a "conformação dos subsistemas de políticas públicas". Ou seja, destacando a heterogeneidade do Estado, os autores alertam que no interior dos regimes "o *grau* e as *formas* de permeabilidade dos governos às demandas dos diferentes atores societários" variam nos diferentes setores de políticas públicas. Assim, no esforço de influenciar as políticas públicas, os movimentos sociais operam sob um duplo condicionamento:

> [...] de um lado, pela configuração interna do subsistema de política pública no qual se inserem; de outro, pelas interdependências entre este subsistema, outros subsistemas de políticas públicas e o regime mais amplo, que estrutura as relações entre os atores politicamente relevantes. (ibid., p.111)

Compartilhando com essa análise, busco neste capítulo compreender os fatores que respondem pela natureza particular do lulismo como regime e de que forma essas características afetam a compreensão das relações entre Estado e movimentos. Por esse caminho, tento aproximar o debate sobre o lulismo – tal qual vem sendo conceituado e debatido no âmbito da Ciência Política nos anos recentes – da literatura da participação e movimentos sociais. O foco será em dois aspectos que julgo centrais no debate da literatura sobre este fenômeno político (o lulismo) e a reconfiguração da relação entre os movimentos sociais e o Estado sob este regime: a) o modo como os movimentos sociais, elementos constitutivos do petismo, atuaram no regime lulista; e b) o que representaram as manifestações de junho de 2013 para o lulismo.

Este texto está organizado da seguinte forma: em um primeiro momento, situarei o debate sobre o lulismo em sua formulação original em Singer (2009), quando o autor propôs o conceito como um realinhamento eleitoral ocorrido em 2006 e, a partir daí, gerou aficcionados e críticos. Em seguida, de maneira breve, indicarei como a ideia de lulismo se desdobra em visões sobre a acumulação capitalista no Brasil e a redistribuição de riqueza e renda. Em seguida, passarei ao debate sobre os sentidos do lulismo na literatura sobre os movimentos sociais guiados pelos dois aspectos acima apontados, que serão desenvolvidos em sequência. Nas considerações finais, buscarei alinhavar os argumentos aqui indicados sobre a pertinência em se considerar o lulismo como conceito a orientar os estudos sobre as relações entre os movimentos sociais e o Estado no Brasil recente.

1. O conceito de lulismo em seu primeiro momento

O lulismo nasce como uma hipótese explicativa sobre o realinhamento eleitoral de estratos sociais, observados na eleição presidencial de 2006 no Brasil. A tese de Singer (2009) propõe que o PT foi construído com apoio dos movimentos sociais, das camadas médias e dos intelectuais, e que a chegada de Lula ao poder no nível federal foi acompanhada da emergência do que ele chama de uma nova "matriz" socioeconômica – o lulismo – que possibilita a tradução política das aspirações das classes de baixa renda sem ameaçar o modelo de desenvolvimento econômico neoliberal e a ordem social favorável aos setores conservadores da população (Amaral; Power, 2016). Essa alteração provoca uma significativa mudança nas bases sociais do PT em âmbito nacional.

O lulismo possui dois vetores conflitantes e, por vezes, contraditórios. De um lado, cria-se um realinhamento eleitoral que pode explicar a sustentação e resiliência política do governo Lula e que também se desenvolveu no governo Dilma. No final do seu primeiro mandato, Lula havia perdido o apoio de suas bases políticas junto às camadas médias do eleitorado, a qual passou a reprová-lo majoritariamente desde meados de 2005. Não estão totalmente claros os motivos pelos quais isso ocorreu. Elencam-se fatores como a reforma da Previdência do setor público, ocorrida ainda em 2003, e principalmente a rejeição a partir da divulgação do escândalo do "mensalão", que derrubou ministros do entorno político do presidente. Este eleitorado – importante recurso à eleição de Lula em 2002 e em suas disputas eleitorais anteriores – passara a rejeitá-lo sistematicamente.

Enquanto isso, no sentido contrário, "houve um movimento subterrâneo de eleitores não de baixa renda, mas de baixíssima renda, que tendem a ficar invisíveis para os analistas" (Singer, 2012, p.53). Também aqui não é possível identificar concretamente as causas do fenômeno, mas há pouca dúvida de que um conjunto de políticas públicas, como o Programa Bolsa Família, o Luz para Todos, o aumento real do salário mínimo e até mesmo uma forte identificação desta parcela do eleitorado com a trajetória de Lula podem ter contribuído para essa mudança, provocando uma alteração nas bases materiais do voto (ibid., p.63). Singer utiliza o termo *lulismo* inicialmente para caracterizar este realinhamento eleitoral de mão dupla, com o progressivo abandono das camadas médias do voto em Lula – estes eleitores potenciais do PT até 2002 – e a conexão eleitoral mais direta de Lula com os eleitores de renda familiar de até cinco salários mínimos, até então votantes nas candidaturas mais conservadoras.[4]

Porém, o elemento fundamental que conecta o fenômeno eleitoral com uma interpretação mais profunda da realidade política brasileira é a ideia de mudança sem confronto com o capital, que caracteriza o lulismo como um fenômeno de conciliação de classes.

4 Outros autores trataram de buscar explicações para o mesmo fenômeno. Zucco (2008, 2013) compreende que se trata não de uma particularidade de Lula, mas da reafirmação do fenômeno do "governismo", sobretudo no Nordeste brasileiro. Rennó e Cabello (2010), no mesmo sentido, reputam o lulismo de Singer a um voto desideologizado e influenciado pelo bom desempenho do governo Lula.

Singer (2000) recupera trabalho anterior e defende a tese de que a rejeição a Lula se dava entre os mais pobres por certa hostilidade deste público com relação às greves (sendo Lula identificado com elas) e também a uma intuitiva autolocalização à direita do espectro político. Assim, os mais pobres buscavam a redução das desigualdades por meio da ação do Estado, mas eram refratários a quaisquer movimentos que pudessem "desestabilizar a ordem". A busca dos mais pobres seria por uma figura política que fizesse as mudanças pelo alto, "uma autoridade constituída que pudesse proteger os mais pobres sem ameaça de instabilidade" (Singer, 2012, p.58).

Desse modo, a síntese do lulismo – para além do mero realinhamento eleitoral – refere-se à articulação de ações de diminuição da desigualdade e da pobreza com a manutenção da estabilidade política e da ordem, que comovem o eleitorado pobre e relativamente conservador. É por este veio que – sob o signo da ideia de reformismo fraco – a literatura recente sobre o regime político brasileiro irá considerar o lulismo como um pacto interclasses sociais e um projeto político e ideológico (Nogueira, 2017). O conceito de lulismo passa a ser considerado como a referência a partir da qual se irá navegar do debate sobre comportamento eleitoral para outros campos do conhecimento sobre o mundo político.

2. Desdobramentos do conceito

Lulismo se tornou o termo corrente nos debates sobre o período Lula na Presidência da República. Algumas interpretações vinculam diretamente o lulismo à figura de Lula. Essa é, porém, apenas parte menos elaborada do conceito, embora alguns autores tenham se dedicado a relacionar o lulismo à ideia de culto à personalidade (Antunes, 2006) ou mesmo própria de certa visão sobre *populismo*, outro termo de uso corrente tanto na academia quanto na mídia (Souza, 2011; Bethell, 2013).

O debate sobre os sentidos do lulismo parte do apontado por Singer (2012) e vai além. Expande-se para a questão do regime de acumulação capitalista e sobre a expansão das políticas sociais e redistribuição de renda. Menezes e Palermo (2012) identificam interpretações correntes com este foco. Embora haja nuances, sobretudo provocadas pelos posicionamentos político-ideológicos dos autores relacionados a cada uma das interpretações, o sentido geral do exposto por Menezes e Palermo indica como o lulismo conseguiu articular os interesses do grande capital de base nacional à sustentação de um crescimento econômico que incluiu novas massas de consumidores.

Se é verdade que parte dos autores (Novelli, 2010; Kingstone; Ponce, 2010; e Power, 2010) verificam o período Lula como de continuidade ao período FHC – no sentido de que houve permanência de sua política econômica com uma ação mais forte em políticas sociais –, predomina entre os analistas a tese de que o lulismo se configura como uma "redefinição significativa do modelo" de acumulação capitalista iniciado por FHC. Mas há divergências sobre o sentido político desta alteração no modelo anterior.

Numa interpretação elogiosa, vê-se que a nova orientação que prevalece quando da ascensão de Guido Mantega ao Ministério da Fazenda, sustenta-se a aposta de desenvolvimento social baseada na expansão do crédito dirigido ao proletariado, no crescimento real do salário mínimo e no Programa Bolsa Família. A ascensão de cerca de 32 milhões de pessoas às classes A, B e C e a redução de 43% dos níveis de pobreza são o marco social de uma elevação substantiva no nível de renda da população brasileira, sem que o confronto direto com os mais ricos. Ao contrário, a ação do BNDES junto aos grandes grupos empresariais e o círculo virtuoso de geração de empregos diretos e indiretos e ampliação do consumo, articulado a ganhos crescentes do capital relacionado à construção civil no PAC e no Programa Minha Casa Minha Vida estabelecem a ideia de que todos podem ganhar no novo Brasil governado por Lula. Autores como Pochmann (2010) e Neri et al. (2010) são alguns que enfatizam este ciclo benéfico do lulismo.

Uma interpretação crítica ao mesmo fenômeno indica como Lula não teria modificado as bases econômicas do país, que permanecera com tendência à especialização na exportação de *commodities* agrícolas, extrativas e da indústria de baixo valor agregado. Além disso, teria atuado para aprofundar a concentração de capitais, inclusive por atuação dos fundos de pensão, apoiando grandes processos de fusões e aquisições amparados também pelo BNDES. Essa articulação entre a elite empresarial e os operadores de fundos de pensão oriundos do sindicalismo e dos quadros mais centrais do PT – tematizados também por Jardim (2009) – forma esta amálgama para onde confluem projetos políticos antes conflitantes, mas agora em conjunção. O resultado seria a concentração ainda maior de riquezas, a geração de novas oligarquias econômicas e políticas, legitimadas pelos setores subalternos da sociedade que também perceberiam ampliação de seus ganhos, no pacto lulista. Críticas deste calibre advêm de autores de campos políticos opostos, como Francisco de Oliveira (2010) e Fernando Henrique Cardoso (2011).

Considerando esse contexto mais amplo de interpretações – que dizem respeito aos aspectos mais estruturais do lulismo –, passemos agora à análise dos pontos acima elencados: a) o modo como os movimentos sociais, elementos constitutivos do petismo, atuaram no regime lulista; e b) o que representaram as manifestações de junho de 2013 para o lulismo.

3. Os movimentos sociais sob o lulismo

Há diversas formas de abordar a atuação dos movimentos sociais sob o lulismo. Um conjunto expressivo de autores tem produzido reflexões neste sentido, em geral a partir do foco em determinado segmento dos movimentos sociais.[5] Estas análises são importantes, pois o embate entre os movimentos sociais e seus adversários políticos se dá exatamente no contexto mais específico das políticas

5 Cito apenas alguns trabalhos, dentre dezenas de textos produzidos nos últimos anos: Losekkan (2009); Hilsenbeck Filho (2013); Serafim (2013); Gutierres (2015); Souza (2016); Blikstad (2017); Leubolt, Romão (2017).

públicas para as quais se mobilizam. Desse modo, vê-se como opera o lulismo e ficam mais evidentes as estratégias e os limites da atuação dos movimentos sociais no regime.

Aqui, no entanto, minha abordagem tem por objetivo lançar luzes sobre a polêmica sobre as diferenças entre o petismo e o lulismo. De maneira geral, estabelecem-se petismo e lulismo como dualidades antagônicas e contraditórias, incluindo-se diferenças entre os dois fenômenos políticos com relação ao protagonismo dos movimentos sociais. A seguir, apresentarei alguns elementos deste debate na literatura e, em seguida, como vejo ser possível, em primeiro lugar, compreender petismo e lulismo menos em suas diferenças e mais em suas similitudes e, em seguida, como vejo o lugar dos movimentos sociais no regime lulista.

Parte da literatura entende que houve uma substancial diferenciação entre a prática anterior do petismo a partir de 2002. Baiocchi, Braathen e Teixeira (2013) caracterizam o petismo a partir do chamado "modo petista de governar", isto é, pelas ideias de inversão de prioridades, democracia participativa, luta contra a corrupção e pela ética, respeito às diversidades etc. Tal fenômeno inovador da política brasileira teria alcançado seu apogeu e, ao mesmo tempo, iniciado forte declínio com a eleição de Lula à Presidência em 2002, antecedida da Carta ao Povo Brasileiro – em que Lula estabeleceu uma espécie de pacto com a burguesia e o capital financeiro. A liderança de Lula teria também minado a democracia interna ao PT, com um pragmatismo centralizador. O "mensalão" teria sido o símbolo da impossibilidade de sobrevivência do velho petismo em um novo contexto político. O crescimento econômico, o Bolsa Família e o acesso ao crédito teriam substituído as políticas petistas na passagem do local ao nacional. O lulismo seria uma espécie de rendição de um PT antes participativo à lógica do presidencialismo de coalizão brasileiro, no qual a democracia petista teria sido substituída pelo apelo aos ganhos na economia. Nesta nova situação, os ganhos dos movimentos sociais e da sociedade civil teriam sido apenas parciais, sendo a realização de conferências de políticas públicas o ponto alto do "ritual" dos movimentos sociais a ir a Brasília e expor novos temas às esferas de poder.

Ruy Braga (2014) também argumenta sobre a mudança de estratégia do PT no governo federal, que seria contraditória com sua atuação anterior. O autor recupera texto de 2007 de Francisco de Oliveira, no qual o autor apresentava suas críticas à ação dos grandes sindicatos cutistas – no interior do Estado e na gestão dos fundos de pensão das estatais – como gestores do avanço capitalista no Brasil. E, quanto aos movimentos sociais, estes "praticamente desapareceram da agenda política. Mesmo o MST vê-se manietado pela forte dependência que tem em relação ao governo, que financia o assentamento das famílias no programa da reforma agrária" (Oliveira, 2010).

Nesta toada, também se coloca Rudá Ricci (2010). O autor argumenta que "os movimentos sociais dos anos 1980 eram declaradamente refratários em relação a toda institucionalidade pública que consideravam viciada e excludente" (Ricci, 2010, p.9-10). Com a Constituição Federal de 1988 e a criação de "estruturas híbridas" de gestão participativa, afirma Ricci,

> [...] as lideranças de muitos movimentos sociais (principalmente urbanos) alteraram sua prática e agenda política. Passaram a assumir parte das tarefas de formulação dos gestores. Começaram a aprender os caminhos e descaminhos da administração pública, tiveram que se formar tecnicamente. (ibid., p.10)

Esta perda do vigor e da radicalidade original dos movimentos sociais se articulou, para o autor, ao lulismo, que expressa "a conclusão da modernização conservadora iniciada por Getúlio Vargas" (ibid., p.12), substituindo a centralidade dos movimentos sociais no referencial petista pela ascensão da "nova classe média" e praticando a incorporação das "massas até então marginalizadas socialmente [...] pelas mãos do Estado, eliminando qualquer controle social ou sistema integrado de participação dos beneficiados na gestão das ações estatais" (ibid., p.16). O Bolsa Família seria, para o autor – no confronto com as propostas do anterior Fome Zero –, o caso "mais emblemático das intenções não participacionistas do lulismo".

Como compreender esta aparente contradição? Como os movimentos sociais – protagonistas do petismo, conforme argumentam Ricci e outros autores – teriam se convertido em coadjuvantes com a chegada do PT ao governo federal e sob o lulismo?

Entendo que, em primeiro lugar, há uma compreensão equivocada sobre a centralidade dos movimentos sociais no projeto hegemônico do PT. Parte deste equívoco se deve às análises iniciais que buscaram remontar as origens do Partido dos Trabalhadores e ao modo como a literatura dos anos 1980 e 1990 o caracterizou, à diferença dos outros partidos políticos brasileiros. O PT era visto como um partido-movimento (Paoli, 1995), como um partido caracterizado pela "lógica da diferença" (Keck, 1991) com relação à construção partidária de todos os outros partidos no Brasil, nascidos no seio dos parlamentos ou a partir de acordo entre as elites político-econômicas do país.

É verdade que, mais que nenhum outro até então, o PT e Lula se constituíram em um grande magneto que atraiu quase toda a esquerda no final dos anos 1970 e início dos 1980. Mas como os movimentos sociais se agregavam àquilo que caracterizava esta "novidade" do PT?

Francisco de Oliveira (1986)[6] tem uma interpretação interessante sobre o lugar dos movimentos sociais no PT, em meados da década de 1980, que pode iluminar nossa percepção sobre o tema. Oliveira trata dos "setores" pelos quais o PT é formado: os trabalhadores organizados nos sindicatos, os intelectuais advindos de uma experiência anterior crítica ao Partido Comunista Brasileiro (PCB) e, por fim, os "movimentos sociais", que o autor assim analisa:

> [...] Os "movimentos sociais") são, quase por definição, produto da falta de identidade política da classe operária: em primeiro lugar, essa falta de identidade se traduz em carências que denun-

6 Publicado no livro *E agora, PT? Caráter e identidade*, em 1986, uma espécie de coletânea de textos de apresentação do PT, escritos por intelectuais e dirigentes do Partido ligados à Articulação, principal corrente do partido no período.

> ciam a insuficiência do salário real; de outro, da falta de representação política, portanto de um partido político da classe operária, ausente da política brasileira desde o degringolamento do PC brasileiro; em terceiro lugar, os movimentos sociais, ainda que fundados nas premissas anteriores, são também, de algum modo, uma estratégia do Estado para manter a segmentação dos dominados: tratá-los discriminadamente, atendê-los setorialmente, manter separadas reivindicações operárias e reivindicações difusamente "populares" representa o jogo de uma dialética perversa onde o objetivo das classes dominantes, traduzidas no Estado do Mal-Estar e concretizadas pelas ações dos governos locais, estaduais e federal, é nunca permitir a fusão das reivindicações operárias e as difusamente populares. Afinal, se alguma definição do populismo é suficientemente abrangente, esta é a de atender reivindicações que nunca se transformam em direitos. (Oliveira, 1986, p.15-6)

Aqui se coloca a distinção essencial entre a classe operária e os movimentos sociais, vinculando estes últimos a uma concepção menor de relação política com o Estado. Oliveira continua:

> Deste ponto de vista, os setores dos movimentos sociais que estão no PT carecem também, ao seu modo, de uma cultura política socialista, a qual se traduz de certo modo na ojeriza à política, no basismo, e termina por desembocar naquilo que Eunice Durham chamou a "construção da cidadania": isto é, a politização dos movimentos populares começa pela reivindicação da cidadania, da qual estão excluídos por não possuírem sequer a Carteira do Trabalho, que mais que o título de eleitor é o único reconhecido numa sociedade em que a força de trabalho não é nada, nem sequer chega a ser mercadoria. Dialeticamente, estes setores se reconhecem no PT porque este é "diferente", isto é, nele não estão a burguesia nem os "políticos profissionais", coisa que é mais aparente que real, posto que qualquer partido funciona com uma burocracia, lugar privilegiado dos "políticos profissionais". [...] Essa sensação difusa de que no PT os movimentos sociais *podem* falar é a outra face da per-

> sistente e ampla anticultura política do populismo, onde os movimentos sociais apenas ouvem o discurso de cima da falsa isomorfia entre "políticos" e "povo". (ibid., p.16)

É certo que esta visão não era a de todo o PT. Porém, trata-se do texto de um intelectual central no petismo da década de 1980, sobretudo em seu núcleo dirigente. Certamente, não era livre de contradições a relação entre o PT e os movimentos sociais, desde sua origem. Partidos políticos são compostos de facções fundadas muitas vezes por sua posição nas estruturas sociopolíticas. As relações entre elas podem ser mais ou menos harmônicas, a depender da conjuntura política e dos objetivos nela situados e do grau de disputa interna pelo poder. Mas, para além disso, penso que o principal aspecto que o texto de Oliveira agrega ao nosso tema – o lugar dos movimentos sociais no lulismo – é o seguinte: como o PT pode lidar com sua vocação de partido de representação da classe trabalhadora – "de massas" – e a identificação dos movimentos sociais – que *segmentam* a luta de classe – com o partido?

Como argumentei no início, o lulismo, como regime político, se caracteriza por proporcionar aos movimentos sociais uma margem maior de atuação na cena política. O fato de que grande parte dos movimentos sociais se identifiquem e tenham militantes petistas em seus quadros torna o governo liderado pelo PT, ao menos, mais aberto aos movimentos do que governos liderados por outros partidos. O que importa é buscar perceber o que distingue o lulismo em relação ao período anterior. Se a marca do lulismo é a diminuição da desigualdade e da pobreza com manutenção da estabilidade política e da ordem, em que amplitude o lulismo abriu oportunidades de acesso e conquista para os movimentos na relação com o Estado?

Considerando o texto de Oliveira (1986), é possível depreendermos que os limites para o protagonismo dos movimentos sociais em um eventual governo petista já estavam estabelecidos desde os primórdios da construção do partido. O PT foi construído sobretudo pelas lideranças sindicais e intelectuais de esquerda que tinham a *classe trabalhadora* como referência principal para a luta política.

Gradativamente, o discurso petista vai se transformando e a questão dos *pobres* passa a ganhar centralidade, processo que se consagra no lulismo, mas onde também se acentua a identificação dos mais pobres com o PT (Singer, 2012). *Grosso modo* – pois não poderei desenvolver com todo rigor este argumento aqui –, é desta forma que se torna discursivamente possível que o confronto com o capital seja suspenso e que a mudança para os "de baixo" ocorra sem que se abalem as macroestruturas de poder econômico e político no país.

Essa característica do regime lulista gera duas consequências para a questão da participação e para a influência dos movimentos sociais no governo: 1) não há espaço para um processo participativo de confronto com a ordem e que envolva deliberação popular sobre o orçamento – como, por exemplo, seria um Orçamento Participativo nacional. Para além das dificuldades operacionais, uma decisão como essa levaria o governo a um confronto direto com o Parlamento e todos os grandes interesses econômicos e políticos envolvidos e que não se alteram com a mudança de regime; e 2) a influência dos movimentos sociais se dará apenas em seu *segmento*, no setor de políticas públicas correspondente à sua atuação, e desde que não haja conflito aberto com setores econômicos dominantes em cada setor.

4. Junho de 2013 e a crise do lulismo

A crise do lulismo é compreendida por Singer (2018) como um resultado de sua "aceleração" – ou seja, de um avanço sobre o capital financeiro e contra o domínio do PMDB no Congresso Nacional. Contra o primeiro, Dilma implantara a "nova matriz econômica", reduzindo juros e tomando outras medidas para financiar a produção. Interveio na economia como há muito tempo – talvez desde Geisel – não se fazia no país. Atuava na tentativa de manter o crescimento econômico em alta de maneira a absorver a nova geração de jovens trabalhadores – muitos deles com ensino superior completo pelas políticas como Prouni, expansão do Fies e do ensino superior público – que havia sido alocada no instável setor de serviços, com salários mais baixos e com alta rotatividade. Contra o "ensaio desenvolvimentista" levantou-se não só o capital financeiro, mas também os industriais da Fiesp.

O PMDB se rebelou sobretudo após o que Singer chama de "ensaio republicano", onde gradativamente Dilma desfazia a aliança com o principal partido do Congresso e com aliados que mantiveram a governabilidade no auge do lulismo. A intervenção ocorreu na Petrobrás, na Eletrobrás, em outras estatais e também no próprio Congresso. A presidente começou a perder sucessivas votações no Parlamento. Porém, seria um elemento externo inesperado o catalisador da reação que mudaria a história do país.

Junho de 2013 levou a que Dilma perdesse, em poucos dias, uma aprovação de 57% de ótimo e bom para 30%, segundo pesquisa do Datafolha.[7] Com a fragilidade política acentuada, tornou-se presa fácil para seus adversários políticos. Ganha a reeleição em 2014, mas perde a política econômica que havia estabelecido em 2011, com a nomeação de um ministro da Fazenda advindo do setor financeiro. O lulismo, então, já não existia mais. A política econômica austera e a proposta de uma reforma da Previdência guiada pela mão do mercado faz que Dilma perca apoio mesmo no PT e na CUT. Em pouco tempo as manifestações pelo impeachment ganhariam força e a "classe média" tomaria as ruas contra a corrupção, Lula, Dilma e o PT (Tatagiba, Trindade, Teixeira, 2015).

Cava (2014) sustenta que a ambivalência do lulismo o paralisou. Por um lado, o pacto conservador não gerou mudanças em pontos vitais do sistema, como as políticas de comunicação, o sistema tributário, a questão agrária e as corporações oligárquicas. De outro lado, em sua visão, a expansão dos programas sociais criou uma brecha na transformação do mundo do trabalho, com efeitos mul-

7 Dilma tinha 65% de popularidade (ótimo/bom) em março. Vai a 57% no início de junho e, ao final daquele mês, o índice cai a 30%. "Popularidade de Dilma cai a 27 pontos após protestos", *Folha de S.Paulo*, 29 jun. 2013. Disponível em: <https://www1.folha.uol.com.br/poder/2013/06/1303541-popularidade-de-dilma-cai-27-pontos-apos-protestos.shtml> . Acesso em: 9 set. 2018.

tiplicadores muito além do planejado (Cava, 2014, p.850). Essas mudanças teriam gerado uma situação de "democratização além da conta" – além do que seria controlável no pacto lulista – que teria gerado forças sociopolíticas originais em contradição com o ensaio desenvolvimentista, marcadamente referidas pelo autor nos autonomistas do Movimento Passe Livre (MPL).

Em conjunção com Cava (2014), Parruso e Narvaes (2015) apontam que o protagonismo do MPL em junho de 2013 representa a reconstituição dos movimentos sociais autônomos e anticapitalistas, nos quais se expressam jovens avessos aos compromissos com o sistema político e econômico próprios ao lulismo e, mais que isso, alternativos à geração de movimentos sociais ligados ao PT e à CUT. Se é verdade que teria havido um processo de democratização nos anos lulistas que terminaram por colapsar o sistema por baixo, não há dúvida que o MPL foi um ator relevante, talvez um dos únicos que vocalizaram – pela questão da mobilidade – a permanência da precária infraestrutura urbana que desse vazão à ampliação do emprego.

Porém, Junho foi mais que isso. Gerou também a percepção sobre as insuficiências do projeto participativo do lulismo e os setores nos quais o pacto desenvolvimentista impediu o protagonismo das comunidades subalternas e dos movimentos sociais. A atuação dos Comitês Populares da Copa contra as remoções e a violação de direitos no processo de construção de estádios e obras de infraestrutura para o recebimento do Mundial de futebol (Amaral et al., 2014) reuniram muitos dos movimentos sociais que haviam tomado parte na construção do PT nos anos 1980 e 1990 ou, pelo menos, suas gerações posteriores. Anos antes, também movimentos ligados à questão ambiental se colocaram contra a construção das usinas de Belo Monte e Santo Antônio. Todo o aparato participativo relacionado às audiências públicas – apenas para Belo Monte foram quatro – mostrou-se absolutamente ineficaz para que os atores envolvidos efetivamente pudessem influenciar a obra.

Junho não apenas simboliza, mas também agrava, o cenário político de instabilidade no regime lulista, em que agentes econômicos e agentes políticos percebem uma janela de oportunidade para se insurgir contra as alterações no regime provocadas por sua "aceleração" (Singer, 2018). A crise do regime – no que se refere ao seu sentido político mas também mais especificamente quanto às mobilizações sociais – se apresenta pelo aparecimento de novos atores à esquerda (MPL, Comitês) e à direita (ligados à mobilização do segundo período das manifestações). Também reforça o surgimento de centros independentes de poder no contexto do regime, no Judiciário e no Ministério Público, capazes de provocar ainda mais instabilidade política. O conservadorismo e o antipetismo dos movimentos que ganham visibilidade em junho serão a preparação para os protestos pelo impeachment em 2015 e 2016 e as guerras culturais que serão empreendidas por grupos como o Movimento Brasil Livre.

A crise do regime lulista, como vimos, abre espaço para a ascensão de forças políticas à direita, que se apresentaram à cena pública a partir de 2013, se fortaleceram nos anos recentes e dificilmente irão se dissipar. À esquerda, um movimento feminista renovado nos coletivos e as manifestações ligadas à afirmação da perspectiva de gênero e racial também se fortaleceram.

No entanto, também os movimentos sociais nascidos em conjunto com o petismo mantêm-se atuantes na cena pública, ainda que talvez não mais em posição de protagonismo. A Frente Brasil Popular e a Frente Povo Sem Medo reúnem movimentos sociais e partidos políticos à esquerda do espectro político e buscam atuar de maneira organizada no enfrentamento a Temer e, agora, a Bolsonaro. Ambas as frentes rejeitam a conciliação lulista.

A cena política se coloca aberta e em disputa. O momento eleitoral e a eleição de Bolsonaro ampliaram o conflito político. O setor conservador articulado em torno do governo Temer não obteve sucesso em suas ações de minorar a crise econômica e política. A alternativa Bolsonaro ganhou força com o impedimento a que Lula disputasse as eleições.

Paradoxalmente, Lula renovou sua liderança política na prisão. No entanto, o lulismo como tal não mais existe. A crise do lulismo levou a um redirecionamento do discurso petista. O espírito do programa de governo apresentado pelo PT para as eleições de 2018 é muito mais próximo do PT anterior à Carta aos Brasileiros, de 2002. Isso ocorreu, evidentemente, pela crise do lulismo como paradigma de governo de conciliação, no contexto do acirramento das posições políticas ao longo dos últimos anos.

Os setores conservadores abandonaram as candidaturas que poderiam mediar uma nova tentativa de constituição de um centro político que governasse o país, em algo que se aproximasse ao lulismo. A polarização política – o avesso do lulismo – se aprofundou com a vitória de Bolsonaro e se reafirma a cada dia de seu governo, com os ataques constantes – e, em grande parte, delirantes – contra a esquerda.

Considerações finais

O conceito de lulismo, em seu primeiro momento, deveu-se ao realinhamento eleitoral ocorrido em 2006, pelo qual o voto dos pobres a Lula alterou a tradição pela qual o PT vinha sendo derrotado nesta fatia majoritária do eleitorado brasileiro. A mudança dentro da ordem deu os contornos de um fenômeno político que, para além das eleições, fabricou um quase consenso político em torno da figura de Lula, no qual cabiam ações mais incisivas dos movimentos sociais ligados historicamente ao petismo. No entanto, tais ações permaneceram limitadas pela fragilidade da posição dos movimentos no contexto mais amplo do lulismo.

Os movimentos sociais encontraram no lulismo um regime que está aberto a escutar suas reivindicações e, mais que isso, que incorpora seus militantes em áreas e setores de políticas públicas no aparelho do Estado antes reservados às burocracias formais, técnicos e apaniguados políticos da ordem anteriormente estabelecida. Os movimentos sociais têm mais condições políticas de verem pautas históricas que envolvem legislação específica avançarem no Parlamento. Terão nos conselhos e sobretudo nas conferências nacionais a oportunidade de fortalecer suas pautas específicas e sua organização política. A concretização destas novas oportunidades políticas que caracterizam esta mudança no regime se dá nos confrontos específicos dos setores de políticas públicas, não sem que haja resistências dos grupos políticos afinados com a preservação do *status quo* e que podem estar articulados à base de apoio do governo no Parlamento, como se pode perceber em muitos dos capítulos que compõem este livro.

Os abalos do lulismo nas ruas e no mundo da política institucional marcam o momento de mudança no regime político. A valer esta hipótese, compreender o lulismo como regime político implicará também pensar no seu declínio como a inauguração de um novo ciclo nas relações dos movimentos sociais com o Estado, em fase de confronto aberto com o atual governo.

É verdade que o realinhamento eleitoral de 2006, que deu origem ao conceito, permanece mostrando alguma força, vide a expressiva votação de Haddad no Nordeste e entre os mais pobres. Mas as condições políticas se alteraram e o campo conservador e ultraliberal atua para destruir instituições estatais criadas no período lulista e também antes dele, desde a Constituição de 1988. Os movimentos sociais que participaram do pacto lulista (ainda que em posição subalterna) têm diante de si um período de resistência e recomposição de forças.

SEGUNDA PARTE

Movimentos sociais na interface com políticas públicas

6
Movimentos de pessoas pobres e o exercício de mediação na implementação do programa associativo Minha Casa Minha Vida – Entidades[1]

Karin Blikstad

Estudiosos no Brasil dos últimos anos têm buscado ir além da visão estabelecida de que movimentos sociais são desafiadores e que agem sobretudo como *outsiders* com base exclusiva em ações de conflito. A literatura brasileira e latino-americana, afirmam Abers e Von Bülow (2011), têm rejeitado análises que insistem que essas coletividades se mantêm (ou deveriam se manter) sempre distantes ou separados do Estado. Estudos mais recentes têm se detido especialmente sobre as imbricações entre os movimentos e o Estado (cf. Dowbor, 2013; Abers; Tatagiba; Serafim, 2014; Abers; Tatagiba, 2015; Leitão; Silva, 2017).

Essas novas tendências nos estudos sobre movimentos sociais podem ser associadas ao aumento da participação política de organizações populares (pela via institucional e pela ação direta) e à chegada, em 2003, de um governo federal do Partido dos Trabalhadores (PT) (Tatagiba, 2009). Esses processos, afirma Tatagiba, favoreceram muito uma disposição do Estado em abrir canais e compartilhar poder. Os estudos mostram algo apontado por Goldstone (2003), que "movimentos e Estados se influenciam mu-

1 Este capítulo baseia-se em minha tese de doutorado (Blikstad, 2017a) e possui trechos dela extraídos.

tuamente, geralmente de formas sutis", e que, apesar das ações de protesto e das formas de repressão estatal serem as mais visíveis e analisadas pela literatura de movimentos sociais, "essas ações são apenas uma parte do espectro de atividades do Estado e dos movimentos" (Goldstone, 2003, p.24)

Os estudos que reconhecem a ação de movimentos/ativistas dentro do Estado têm abordado dinâmicas mais associadas à (re)formulação de políticas, aspecto da ação dos movimentos em que a análise recai sobre as interações entre lideranças e atores político-institucionais,[2] atentando para a combinação de ações intra e extrainstitucionais. Permanecem invisíveis, no entanto, as interações "para dentro" do movimento (que envolvem lideranças e aderentes dos movimentos), perdendo-se assim de vista o exercício de mediação de movimentos que atuam no "momento" da implementação de políticas públicas.

Há estudos recentes no Brasil que tocam na questão dos movimentos como atores também *insiders* ao sistema político e tratam, direta ou indiretamente, do *status* público que eles vêm assumindo ao atuarem como agentes na implementação de políticas públicas (Silva; Schmitt, 2012; Wolford, 2010; Penna, 2013; Neves, 2013; Blikstad, 2017a; Teixeira; Tatagiba; Blikstad, 2015; Teixeira; Blikstad; Pismel et al., 2016). Dois elementos comuns que emergem desses estudos são, primeiro, o fato dos movimentos envolverem demandas de pessoas pobres e, segundo, o fato de assumirem um papel de mediação entre o Estado e os cidadãos que buscam atendimento público. Essa dimensão da ação destes movimentos – elemento fundamental da caracterização dos programas associativos (Teixeira; Blikstad; Pismel et al., 2016) – é, no entanto, ainda ignorada ou tratada como aspecto secundário pelos seus estudiosos. Este será o foco deste capítulo.

Os dados empíricos advêm de diferentes fontes: parte deles foi obtida no âmbito de uma pesquisa desenvolvida pelo Núcleo de pesquisa em Participação, Movimentos Sociais e Ação Coleti-

2 Dois estudos dessa linha são Dowbor (2013) e Abers e Tatagiba (2015).

va (Nepac),[3] da qual participei: entrevistas; documentos sobre o empreendimento habitacional gerido pelo Movimento Sem-Terra (MST) Leste 1 (doravante Leste 1); documentos oficiais sobre o programa (cartilhas, orientações, resoluções etc.); e artigos sobre o Minha Casa Minha Vida – Entidades (MCMV-E). Outra parte, complementar, foi obtida por mim entre 2015 e 2016, no âmbito de minha pesquisa de doutorado: entrevistas, documentos da Leste 1 e registros pessoais. Outra parte dos dados foi extraída da tese de Carlos Filadelfo, cuja etnografia abarcou o empreendimento habitacional Florestan Fernandes, gerido pela Leste 1. E, finalmente, dados extraídos de parte dos diários de campo da pesquisa de iniciação científica de Ana Clara Melo (2016), desenvolvida entre 2015 e 2016, sob minha orientação, junto ao mesmo empreendimento.

O capítulo é composto por duas partes, além desta introdução e das considerações finais. Na primeira parte, farei uma discussão teórica a partir da constatação de que o caso aqui analisado – o MST Leste 1 (doravante Leste 1) – envolve pessoas pobres em busca de atendimento público habitacional via programa associativo. Inspirada nas ideias de Piven e Cloward (1979), argumento que a capacidade de alguns movimentos de pessoas pobres agir politicamente está associada à sua capacidade de afetar o controle estatal na distribuição de recursos públicos. A partir do caso da Leste 1 também trabalho a noção de mediação e o envolvimento na dinâmica distributiva entre Estado e pessoas pobres.

Esta primeira parte do texto prepara o leitor para a apresentação dos dados empíricos. Isso ocorre na segunda parte, composta por dois itens, em que discuto o que Leste 1 faz quando atua como agente na implementação do programa associativo MCMV-E. Nas considerações finais, procuro colocar em diálogo as partes teórica e empírica do capítulo, trazendo para isso a concepção construtivista da representação de Saward (2006).

---

3 Trata-se da pesquisa "Avaliação da implementação do Programa Minha Casa Minha Vida – Entidades no estado de São Paulo: O desafio da participação dos beneficiários", financiada pelo CNPq no âmbito de edital do Ministério das Cidades e do CNPq.

Movimentos de pessoas pobres e a cidadania mediada

Piven e Cloward (1979), em seu livro *Poor People's Movements*, analisaram uma série de "movimentos de protesto" compostos por pessoas pobres. Ao falar em pessoas pobres, estou me referindo a pessoas que não conseguem suprir sua demanda por recursos básicos de sobrevivência por meio do mercado e por essa razão procuram caminhos alternativos.

Ao tratarem do movimento de desempregados e do movimento pelos direitos de bem-estar nos Estados Unidos, Piven e Cloward perceberam que a forma como se mobilizavam indicava que sua ação coletiva voltava-se mais para as consequências da falta de renda entre desempregados, do que para as causas do desemprego ou do subemprego. Os autores mostram que, se a falta de renda coloca famílias em risco de serem despejadas, por exemplo, era mais comum que se mobilizassem para impedir a expulsão de uma família de sua casa, ou ocupar uma agência pública de distribuição de auxílios, do que exigir do Estado ou da sociedade uma garantia de emprego. A ação desses movimentos foi possível porque "[a]s pessoas foram atraídas pelas chances de obterem auxílio assistencial" (ibid., p.72) ou ainda, "[a] capacidade de os grupos locais atraírem aderentes dependeu das vitórias concretas obtidas junto às agências [públicas] de assistência" (ibid., p.77).

Piven e Cloward vão explicitando ao leitor que 1) os movimentos conseguiam a adesão de pessoas pobres porque estas acreditavam que a adesão favoreceria seu acesso ao auxílio público, e 2) as lideranças passaram a desempenhar, com cada vez mais frequência, funções burocráticas associadas ao papel de representantes dos interesses de seus filiados na relação com as agências públicas encarregadas de implementar programas criados para responder às ações de protesto. Isso inclusive resultou no "desenvolvimento de procedimentos para a negociação das demandas" (ibid., p.326).

Como notaram os autores, nesse processo foi se construindo uma relação de parceria entre funcionários públicos e lideranças dos movimentos, indicando que, com o tempo, as agências estatais foram recuperando o "controle sobre a distribuição dos benefícios assistenciais" que elas em parte haviam perdido por conta da imprevisibilidade das ações coletivas, criando então uma nova dinâmica pautada por uma relação de cooperação.

Um dos pontos que destaco a partir da leitura de Piven e Cloward é que algumas formas de ação coletiva dos pobres teriam como um de seus objetivos principais – se não o principal – afetar a dinâmica distributiva entre o Estado e os pobres mobilizados. Ao falar em dinâmica distributiva, estou me referindo ao envolvimento do Estado na satisfação de demandas por bens materiais e serviços sociais aos seus cidadãos. A força política dos pobres, para Piven e Cloward, residia no protesto, mas, se olharmos a questão de outro ângulo, vemos que sua capacidade de agir politicamente esteve associada de forma umbilical à sua capacidade de, em alguma medida, afetar o controle estatal sobre a distribuição de recursos públicos aos pobres.

Uma recuperação histórica das origens e desenvolvimento de movimentos de moradia na cidade de São Paulo mostra algo bastante similar.[4] Houve um forte ciclo de protesto com ocupações de terras na cidade, o que deu margem à formação de grupos e ao estabelecimento de diálogos e negociações com agências públicas e governantes para encaminhamento de demandas das famílias pobres que ocupavam as áreas. Essa relação de parceria foi se estabelecendo ao longo do tempo, envolvendo negociação mas também conflito.

Ainda hoje há vários grupos locais que seguem conectando pessoas pobres nos territórios às agências estatais encarregadas da implementação de programas habitacionais. O caso aqui analisado mostrará que a relação de parceria envolvendo movimento, pessoas pobres e agências públicas persiste ainda hoje, mesmo com a criação de organizações nacionais ou estaduais[5] – o que contradiz o ar-

4 Para acessar esta recuperação histórica, ver Blikstad (2017a, cap.2).

5 Organizações como a União Nacional por Moradia Popular (UNMP) ou a União dos Movimentos de Moradia (UMM) de São Paulo.

gumento de Piven e Cloward de que os movimentos, seguindo a lei de ferro das oligarquias *à la* Robert Michels, deixariam de lado sua atuação na dinâmica distributiva. Argumento que essa persistência está associada à forma dual de operacionalização do movimento (voltado tanto para o Estado quanto para a sociedade) e sua atuação como mediador entre pessoas pobres e o Estado na implementação de programas associativos.

É possível falar em uma "cidadania mediada" (Ottmann, 2006) em contextos em que o acesso a direitos de cidadania, sobretudo sociais, não é universal. Como pondera Ottmann, pessoas pobres em países como o Brasil aprendem que o acesso a bens e serviços públicos muitas vezes só é possível (ou mais provável) se esse acesso for mediado. Alguns "processos de mediação" podem ser lidos como mais democráticos e transparentes – ou mais "modernos" (como o orçamento participativo) – e outros podem ser considerados como mais tradicionais ou atrasados (como as redes clientelistas).

Os processos de mediação nestes temos – sejam eles mais "tradicionais" ou mais "modernos", ou uma mistura de ambos – assumem com frequência a via principal de garantia de subsistência para pessoas pobres, como apontou Ottmann. O que pretendo destacar aqui é que movimentos de pessoas pobres podem se envolver direta e cotidianamente em processos de mediação, não apenas formulando, mas também implementando política pública. Como apontou Auyero (2001), processos de mediação persistem e prosperam enquanto forem capazes de solucionar problemas de sobrevivência das pessoas pobres.

No caso de movimentos de moradia, a função de mediação se torna evidente quando se olha para os territórios, pois é neste nível que conhecemos sua operacionalização, a qual se aproxima do que Kapiszewski (2009) chama de "forma dual de operacionalização". Usando como categoria analítica as "associações civis", esta autora mostra que, desde a década de 1980, essas organizações – que aumentaram em diversidade e número em países latino-americanos – se tornaram importantes veículos para a solução de problemas dos setores populares e desempenham um conjunto de atividades que podem ser dirigidas tanto ao Estado quanto à sociedade, *inclusive simultaneamente* (Kapiszewski, 2009, p.194). As dirigidas ao Estado envolvem o contato com líderes políticos eleitos e com agências governamentais, a participação em instâncias criadas pelo Estado, o desencadeamento de ações legais e a organização de ações de protesto. As dirigidas à sociedade envolvem principalmente o aprovisionamento[6] (cujo alvo principal são os seus aderentes), ou seja, a distribuição de bens, serviços ou informações, além da organização de eventos públicos.

Essa operacionalização dual depende da existência de organizações formais estruturadas, com lideranças definidas, regulamentos internos, instâncias de decisão, filiação de aderentes, sede administrativa etc. Piven e Cloward (1979) perceberam esse deslocamento da ação insurgente à criação de organizações e consideravam isso um problema para a ação política dos pobres. Além de acreditarem que as elites só respondem a demandas dos pobres quando estes agem por meio de ações insurgentes (episódicas), os autores afirmam que a tentativa de construção do poder político popular por meio da criação de organizações permanentes possui uma "grande falha", qual seja, a de que "não é possível obter concessões das elites que possam ser usadas como recursos para sustentar organizações contestadoras ao longo do tempo" (Piven, Cloward, 1979, p.xxi).

Essa dificuldade está associada à questão dos incentivos seletivos e, dentro de uma discussão sobre processos de mediação, pode ser aproximada da percepção de Auyero (2001, 2003) a respeito da importância da existência de "capacidades distributivas do mediador". A possibilidade de lideranças oferecerem respostas concretas aos problemas de sobrevivência e subsistência das pessoas pobres mobilizadas, no exercício da mediação, é algo que passa centralmente pela capacidade de acessar e distribuir recursos e/ou informações, algo que se evidencia também pela etnografia de Kuschnir (2000) sobre o funcionamento da política em um subúrbio do Rio de Janeiro.

---

6 Além do aprovisionamento, Kapiszewski cita ações para o "desenvolvimento de capacidades" (como o financiamento de outras organizações, o treinamento de lideranças e a criação de novas organizações).

Tanto Auyero quanto Kuschnir conduziram seus estudos em áreas empobrecidas e situaram essa dinâmica distributiva com mediadores como parte da vida política, não algo estranho a ela. Ambos estavam lidando com redes clientelistas muito centradas na figura de um ou mais políticos profissionais. Considero interessante levantar esses pontos porque podem ser úteis para pensar em tipos variados de processos de mediação, inclusive esse em que movimentos de moradia, como a Leste 1, se engajam. Assim, os trabalhos de Auyero (2001, 2013) e Kuschnir (2000) indicam que "a obrigação de atender [ou seja, garantir o atendimento de uma demanda] é constitutiva da política" (Kuschnir, 2000, p.136), e que há "uma dimensão simbólica, que deriva de uma concepção de política que privilegia a lógica da dádiva e, consequentemente, dos *acessos*" (Kuschnir, 2000, p.137 – grifo da autora). A ideia de capacidades distributivas está associada ao reconhecimento de que os mediadores – vivendo a "obrigação de atender" – precisam manter um equilíbrio entre seus "recursos que vêm de cima" – definidos por sua proximidade com o centro do poder, *locus* para o acesso a bens e serviços capazes de "resolver problemas, e, portanto, para fazer política" (Auyero, 2013, p.131), e os "recursos que vêm de baixo" (fidelidade dos aderentes e capacidade de gerar grandes números em eventos públicos) (Auyero, 2013).

A questão do acesso a recursos é um ponto central aqui. Recursos tanto para a sobrevivência e subsistência de pessoas pobres, quanto para a sobrevivência das organizações e da ideia de movimento. Ao assumir uma posição de mediador, os movimentos podem estar buscando formas de manter-se próximos de suas bases – resistindo à manifestação da clássica lei de ferro de Michels que Piven e Cloward viram no caso americano. Ao final do capítulo irei retomar este ponto, buscando conectá-lo à "grande falha" mencionada por Piven e Cloward, e ao fato de a Leste 1 assumir papel na implementação de um programa associativo.

Chamar a atenção para esse ponto nos leva a reconhecer que pode haver mais do que uma função de conexão e canalização de recursos em jogo quando se aponta para a posição de mediador dos movimentos. Pensar nas formas como os movimentos decidem quais indivíduos terão acesso aos benefícios oferecidos pelo programa é um ponto importante que nos remete ao "lado" menos estudado pelos analistas de movimentos de pessoas pobres: o lado "para dentro", ou seja, das lideranças com seus aderentes, e dos aderentes entre si.

Neves (1999), que estudou assentamentos rurais,[7] percebeu que as lideranças, ao assumir a função de conexão que possibilita trocas, podiam também se colocar em posição de criar algo novo; criar

> [...] condições para a construção de novas representações e explicações que permitam a elaboração de estratégias adequadas à situação; para a aquisição-construção de consciência coletiva referente à visão de mundo e à posição em disputa. (Neves, 1999, s.p.)

Neves, portanto, chama a atenção para a dimensão normativa que pode orientar a ação dos mediadores (e dos apoiadores dos movimentos) em sua relação com a base (ou os mediados, como ela diz). Ela completa:

> [...] *os mediadores incorporam ao exercício de mediação a construção de uma ética*. [...] Redefinindo socialmente os outros, os mediados *submetidos a processos* de mudança reconstroem simbolicamente o grupo e os princípios de seu pertencimento. (ibid. – grifos meus)

Entendemos que esse esforço das lideranças costuma ser interpretado como sinal da existência de uma certa "consciência política" e identificação entre os participantes, e lido como afirmação do valor político do movimento, em vez de ser tomado como evidência de que a coletividade se afirma enquanto potencialidade a ser criada.

7 Como é sabido entre estudiosos da questão agrária, os assentamentos são precedidos pela ação de movimentos de sem-terra (cf. Pena, 2013; Wolford, 2010).

Mas essa forma de ação coletiva, diz Neves (2013), "responde a uma necessidade precípua das formas de ação do Estado", já que seus funcionários "não dialogam com indivíduos", exigindo, para o estabelecimento de diálogo, a "construção do representante delegado" (Neves, 2013, p.21). E este representante só é reconhecido se houver em jogo a construção de uma coletividade – "a construção de um nós" por meio do qual se possa "visualizar a dinâmica do processo ou do movimento social em jogo" (ibid.).

Em síntese, alguns movimentos de pessoas pobres têm sua capacidade de agir no campo político associada fortemente à sua capacidade de participar na dinâmica distributiva entre Estado e pessoas pobres que buscam solução para seus problemas de sobrevivência. Também explicitei a posição de mediador assumida por estes movimentos, e o fato de essa posição estar associada à forma dual de operacionalização destes movimentos – cuja ação volta-se simultaneamente ao Estado e à sociedade. Essa forma de operar faz que se, de um lado, esses movimentos precisam desenvolver-se do ponto de vista organizacional (o que, segundo Piven e Cloward, os distanciaria de sua atuação junto aos pobres nos territórios), de outro, eles estariam sendo continuamente puxados "para baixo", próximos das demandas de sua base e enraizados nos territórios. Por fim, mostrei que a posição de mediação desses movimentos pode comportar mais do que apenas uma função de conexão que possibilita trocas, apontando para a possibilidade de essa posição ser mobilizada no esforço de criação de um sentido de pertencimento e de ação coletiva entre os pobres.

Passemos agora ao item empírico do capítulo, dentro do qual trataremos da atuação da Leste 1 na implementação do MCMV-E.

Programa Minha Casa Minha Vida – Entidades e o Movimento Sem-Terra Leste 1

O programa associativo MCMV-E, de abrangência nacional, foi concebido e desenhado para organizações da sociedade (as "entidades organizadoras"), as quais devem agregar indivíduos que serão os beneficiários.[8] Estes últimos não estabelecem uma relação direta com o Estado ou com as agências públicas, eles precisam estar vinculados a uma organização apta a assumir o papel de "entidade organizadora" do programa. A entidade deve cumprir uma série de atribuições para que a intervenção habitacional seja viabilizada, como o recolhimento de documentos da entidade e dos futuros beneficiários, a obtenção do terreno no mercado, o desenvolvimento e aprovação do projeto de engenharia e arquitetura, o desenvolvimento do Trabalho Técnico Social (TTS)[9] junto aos potenciais beneficiários, e a execução das obras.

O programa possibilita algum controle dos movimentos sobre a distribuição de parte (mesmo que pequena) dos recursos públicos para habitação social[10] (na forma de um bem material – a casa) aos pobres, ou seja, trata-se de um envolvimento dos movimentos na dinâmica distributiva do Estado que não é episódico (desencadeado por ações de insurgência), mas sim rotineiro e estabilizado no processo de implementação do programa. Esses recursos representam um fluxo constante de recursos capaz de acelerar muito a dinâmica dos movimentos nos territórios.[11]

---

8 Para detalhes sobre o papel das entidades e o funcionamento do programa, remeto à Nepac (2015).

9 O TTS é uma exigência para programas federais que farão intervenções habitacionais, e seu objetivo mais amplo é preparar as famílias a viver dentro das novas condições trazidas pela intervenção. Para isso, pressupõe antes a criação de um Projeto de Trabalho Técnico Social (PTTS). No caso do programa MCMV-E, a responsabilidade pela concepção e desenvolvimento do PTTS é das entidades organizadoras, que geralmente contratam técnicos para fazer isso com base nas orientações contidas no Caderno de Orientação Técnico Social (COTS) da Caixa Econômica Federal. A contratação de técnicos é possível porque o programa reserva recursos para a remuneração dos profissionais envolvidos no desenvolvimento do TTS.

10 A modalidade MCMV-E envolve menos de 1% do valor total investido no MCMV em geral.

11 Para conhecer em detalhes as articulações políticas das lideranças para conseguir a criação do programa, ver Jesus (2015). Para saber mais sobre o processo de construção do MCMV-E dentro da burocracia estatal, remeto ao capítulo 9, de Brandão e Viana, neste mesmo volume.

A Leste 1 é um movimento de moradia da cidade de São Paulo que atuou com vigor em defesa do MCMV-E e conseguiu a aprovação de um projeto de intervenção habitacional (projeto "Florestan Fernandes/José Maria Amaral" – doravante FF/JMA) no distrito de Cidade Tiradentes, região periférica marcada pela presença massiva de conjuntos habitacionais do Estado. Como outros movimentos da cidade de São Paulo que surgiram na virada da década de 1980, a Leste 1 possui um histórico de *lutas* e *conquistas* que se medem sobretudo pelo número de empreendimentos construídos e unidades habitacionais distribuídas entre suas *famílias* a partir de uma combinação de pressão e negociação junto aos governantes e órgãos públicos.

As lideranças da Leste 1 defendem fortemente a produção autogestionária da moradia,[12] encarando-a não tanto como um meio para se produzir moradia, mas sobretudo como uma experiência política pedagógica de empoderamento para pessoas pobres que buscam atendimento público através do movimento. De certa forma, a autogestão compõe o projeto político da Leste 1. Outro aspecto importante a destacar no caso da Leste 1 é a presença de uma destacada liderança nacional que possuía trânsito no Ministério das Cidades e na Caixa Econômica Federal (CEF) durante as gestões do PT no governo federal, além de circular na academia e em outros movimentos e fóruns da sociedade civil.[13]

---

12 Na produção autogestionária, espera-se que todos os futuros moradores participem ativamente da viabilização do empreendimento habitacional em que todos irão morar, desde a concepção do projeto, a escolha dos materiais até a execução das obras em sistema de mutirão. Ou seja, pressupõe um intenso engajamento das famílias do movimento no processo além da parceria com assessoria técnica em arquitetura que também partilhe dos princípios da autogestão.

13 Trata-se de Evaniza Rodrigues, liderança não só da Leste 1, mas também de organizações articuladoras nacionais, como a União Nacional por Moradia Popular (UNMP) e da União dos Movimentos de Moradia (UMM) de São Paulo. Foi chefe de gabinete na Secretaria Nacional de Programas Urbanos do Ministério das Cidades entre os anos 2003 e 2006 e assessora da presidência da CEF entre os anos 2011 e 2013.

Vejamos a seguir como a Leste 1 conduziu o processo de implementação do MCMV-E, atentando para o papel de mediação que assume entre Estado e pessoas pobres em busca de atendimento habitacional. Para isso, irei apresentar os dados em dois itens. No primeiro mostrarei o que a Leste 1 fez para cumprir dois pontos fundamentais da viabilização do empreendimento: a compra do terreno e a aprovação dos projetos de arquitetura e engenharia na prefeitura de São Paulo, o que envolveu agentes externos ao movimento; no segundo item, dedicarei atenção às formas como a Leste 1 organiza a participação das famílias nesse processo.

A compra do terreno e a aprovação do projeto arquitetônico

A compra do terreno e a aprovação do projeto arquitetônico envolveu um processo longo e tortuoso.[14] Apenas em 2010, seis anos depois da primeira tentativa, o terreno foi formalmente comprado, com recursos do programa MCMV-E. Um fator importante que explica a demora está associado ao fato de que, se em programas anteriores, cabia ao Estado providenciar o terreno e destiná-lo à projetos de HIS conduzidos pelos movimentos, agora essa nova atribuição é dos movimentos, convertendo-os em agentes econômicos em busca por terrenos no mercado. Por isso, as dificuldades eram disseminadas entre as entidades que implementaram o programa MCMV-E (cf. Nepac, 2015).

Uma parte relevante dos problemas estava associada à falta de capital inicial para a compra do terreno no mercado imobiliário e para a elaboração do Projeto de Trabalho Técnico Social (PTTS)[15] e dos projetos de engenharia e arquitetura. A Leste 1 e outros movimentos negociaram junto ao Ministério das Cidades a adição de uma nova modalidade de contratação ao programa que ajudaria a contornar esse problema. Essa linha de ação exigiu acionar pessoas aliadas do movimento dentro do Estado, além de ações de pressão.

14 Para acessar detalhes desse processo, remeto a Blikstad (2017a, cap.4).

15 Ver nota 9.

As lideranças da Leste 1 – junto com outras vinculadas à UNMP – se envolveram com afinco na elaboração da proposta. Tentaram avançar com a proposta por dentro da estrutura da CEF, sem sucesso – apesar de os movimentos terem um valioso aliado, o arquiteto Jorge Hereda, que ocupava a vice-presidência do banco. Só conseguiram uma decisão favorável a partir de uma reunião com a então chefe da Casa Civil, Dilma Rousseff, mediada por Hereda (cf. Filadelfo, 2015; Jesus, 2015).

Entre a data de assinatura da "opção de compra" e a efetiva compra, a Leste 1 (com o apoio de sua assessoria técnica em arquitetura) fez estudos no terreno para atestar sua viabilidade, checou todas as exigências legais a serem cumpridas, emitiu certidões negativas de todos os envolvidos (Filadelfo, 2015, p.171-172). Isso envolveu muitas idas à Superintendência da CEF – processo narrado por uma entrevistada como extremamente cansativo, com a participação de lideranças da Leste 1 e arquitetos da assessoria técnica, exigindo dos envolvidos grande capacidade de organização.

Depois de aprovada a nova modalidade, ainda foi preciso imprimir nela uma série de medidas para seu aprimoramento. Para isso, além do caminho institucional, via MCidades, a Leste 1 e a UNMP lançaram mão da ação direta, com a ocupação da matriz da CEF em Brasília em 2012 (Rodrigues, 2013, p.189).

O terreno em Cidade Tiradentes finalmente foi comprado, mas a aprovação do projeto arquitetônico pela prefeitura de São Paulo levou quase dois anos para ser concretizada. Os obstáculos foram vários e de diferentes tipos, geralmente associados aos desencontros da burocracia estatal – tanto municipal quanto federal, o que, segundo a arquiteta entrevistada, exigiu o acionamento do "setor jurídico" da Leste 1 diversas vezes, envolvendo-se diretamente no longo processo burocrático junto a diferentes órgãos da prefeitura.[16] Simultaneamente, a Leste 1 – junto de outros movimentos vinculados à UMM-SP – participou de atos de rua e mesas de negociação

16 Apesar do maior entrave à aprovação da proposta ter sido em nível municipal, houve dificuldades também junto à CEF.

para pressionar os poderes públicos a agilizar o processo de aprovação no nível local.

As famílias futuras beneficiárias que compõem a Comissão de Representantes (CRE) e a Comissão de Acompanhamento de Obras (CAO)[17] foram incentivadas a participar das reuniões com a prefeitura, com a CEF e com os outros órgãos associados à implementação do programa. A intenção ao se levar pessoas da "demanda"[18] às reuniões externas, segundo lideranças da Leste 1, é de capacitá-las e, com isso, garantir a formação de novos coordenadores. Trata-se de uma oportunidade estratégica para as famílias verem como se faz a luta cotidiana do movimento e, assim, aprender com o processo:

> Eu sempre participava dessas reuniões, me sentia mal quando não ia, porque é onde a gente busca mais conhecimento, é o fortalecimento nosso, eu aprendia muito, o movimento é uma escola, *quanto mais você participa mais você aprende*, mais você entende, se não participar não entende o processo. (Entrevista com coordenadora da Leste 1)

A participação das "famílias" do movimento

Como vimos no item anterior, a Leste 1 lançou mão diversas vezes de um *modos operandi* que combina negociações por dentro

17 As normas oficiais do programa exigem a formação de apenas duas comissões: a CAO e a CRE (detalhadas no Caderno de Orientação Técnico Social – COTS). A condução do projeto dentro da linha autogestionária defendida pela Leste 1, no entanto, envolveu a formação de 19 comissões de futuros moradores. As 17 comissões "extra" são criação e exigência da Leste 1, algo que remonta ao período de experimentação com a autogestão no governo Erundina. Cada família deve fazer parte de uma das 19 comissões que atuam para viabilizar a gestão da obra do FF/JMA.

18 "Demanda" é um termo difundido entre movimentos de moradia para se referir ao conjunto de famílias que já foram selecionadas para um empreendimento habitacional ainda não concluído. O termo é usado sempre no singular e pode se referir a uma pessoa que é "demanda" ou ao coletivo de pessoas que compõem "a demanda".

do Estado, pressão nas ruas e cumprimento de inúmeros requisitos burocráticos para conseguir comprar o terreno, aprovar na prefeitura e, posteriormente, na CEF, seu projeto de intervenção habitacional no âmbito do MCMV-E, o que finalmente aconteceu em março de 2013. O projeto previa a construção de quase 400 apartamentos: mas de onde viriam as famílias que iriam morar nestes apartamentos, como seriam escolhidas e como se envolveriam no processo de viabilização do empreendimento habitacional?

Essas famílias conheceram a Leste 1 a partir de relatos de familiares, amigos ou vizinhos que participaram de empreendimentos habitacionais prévios da Leste 1 – ou que conhecem alguém que participou. A Leste 1 tem histórico de atuação na região leste da cidade e ali ganhou certa reputação graças às redes informais locais. Ao chegarem ao movimento, não são diretamente encaminhadas a um projeto, mas sim aos grupos de base. Nesses grupos, são informadas sobre o histórico da Leste 1, suas conquistas, suas bandeiras de luta e mobilizações. Ali procura-se preparar as pessoas para a produção autogestionária da moradia, o que pressupõe envolvimento direto (e frequente) das famílias nas tarefas de viabilização do empreendimento (cf. Filadelfo, 2015). Nos grupos de base também se comunica o critério fundamental para um encaminhamento futuro a um projeto de empreendimento habitacional: a participação na luta do movimento. As formas previstas de participação são explicitadas tanto oralmente quanto no regimento interno, e há um sistema que define números de pontos para cada tipo de atividade, sendo que aquelas mais custosas e arriscadas (como, por exemplo, a ocupação de imóveis ou a marcha à Brasília) somam mais pontos em comparação com outras ações menos exigentes, como a reunião do grupo de base.

As famílias que mais participaram das atividades nos grupos de base foram escolhidas para compor a demanda do FF/JMA. Mas é preciso seguir participando de atividades associadas à viabilização do empreendimento, como as assembleias, o mutirão, a vigília na obra, as comissões e o TTS. Essas atividades também valem pontos, e aqueles que deixam de cumprir a cota mínima de participação podem ser excluídos a partir de decisão da maioria das famílias em assembleia – como aconteceu de fato em alguns casos.[19] As profissionais contratadas pela Leste 1 para desenvolver o TTS fizeram várias "dinâmicas" com as famílias para ensiná-las que "quando o problema fica centralizado só em algumas pessoas, não é autogestão (...)" (Filadelfo, 2015, p.186).

A conscientização da importância da participação é o mote das interações das lideranças da Leste 1 e profissionais do TTS com as famílias da demanda. Há em jogo uma aposta que traz implícita uma certeza: se as famílias *não* se apropriarem desse processo, se *não* forem dadas a elas reais chances de participarem na tomada de decisões e de executar essas decisões, *não* haverá formação política e *não* haverá ação coletiva enraizada no território.[20] Diante da experiência vivida e compartilhada na Leste 1, sabe-se que novas lideranças e militantes só irão surgir dentre aqueles que conseguirem "entender" os elementos importantes do processo de viabilização da conquista e assumir uma postura ativa para "organizar" e "controlar" aspectos desse processo. A dificuldade é que, para as famílias, essa dedicação pode estar além de sua disposição, disponibilidade ou até mesmo capacidade, pois em alguns casos as atribuições podem lhes parecer exigentes e/ou complexas demais.

É pela possibilidade de concretização da aposta no caráter pedagógico dos processos de "luta" que se insere a função do TTS – uma exigência formal do programa – para a Leste 1. Apesar de a CEF fornecer orientações detalhadas para o desenvolvimento do TTS,

---

19 O uso da participação como critério para a seleção das famílias para os empreendimentos habitacionais conquistados é prática comum entre movimentos de moradia desde suas origens, nos anos 1980. Há, no entanto, variações em relação ao nível de formalização e de controle dessa participação, assim como de que tipos de atividades são consideradas "participação". Também há variação em relação à quem cabe decidir pela exclusão de famílias, se é um processo mais descentralizado (como o caso da Leste 1) ou mais centralizado (como o caso apresentado por Hornhardt, cap.7 deste volume). Em Blikstad (2017b), faço uma análise da participação em alguns movimentos de pessoas pobres.

20 O capítulo 7 deste volume, de Hornhardt, traz um caso de movimento em que a participação das famílias não assume esses contornos, representando, portanto, um interessante contraponto ao caso da Leste 1.

há bastante espaço para cada entidade imprimir seu estilo e visão nos formatos e conteúdos das atividades propostas e executadas no âmbito doprograma. A Leste 1 deliberadamente explora essa autonomia. No caso do projeto FF/JMA, esse trabalho envolveu a criação de um número maior de comissões do que o exigido pelas normas do Programa, o fomento de tarefas substantivas a serem executadas pelos membros das comissões (procurando evitar cair na participação meramente pró-forma), visitas das famílias do empreendimento FF/JMA a empreendimentos já concluídos pela Leste 1 (de modo a reforçar nas famílias a confiança e a crença de que o movimento – e a luta implicada – vale a pena), oficinas de formação e capacitação com lideranças da rede movimentalista, criação e uso de instrumentos para transparência, organização e orientação das pessoas (como cartilhas explicativas, formulários de cadastro, planos de trabalho das comissões, balancetes, demonstrativo de pontuação etc.).

Um dos temas que estruturou uma série de encontros e atividades do TTS referiu-se ao uso do Centro Comunitário (doravante CC) do empreendimento.[21] Dois dos pontos mais trabalhados pelas lideranças e pela equipe do TTS com as famílias foi o do futuro delas no local e a importância de agir coletivamente. Há uma clara preocupação em estimular "a luta por outras coisas para além da moradia" e conscientizar que naquela região do empreendimento há "sérios problemas estruturais e muitas coisas a serem feitas", apontando que a chegada das quase 400 famílias na área criaria uma grande e nova demanda para os serviços públicos.[22] Essas seriam "tarefas futuras". Lideranças e técnicos do TTS se empenharam em deixar claro que a Leste 1 iria apoiar as famílias com sua experiência, mas que caberia às famílias manter sua organização, administrar o centro e elaborar projetos para serem ali desenvolvidos.

---

21 Os registros das discussões sobre o CC a que farei referência nos próximos dois parágrafos foram extraídos dos diários de campo de Ana Clara Melo.

22 Um dos técnicos da equipe do Trabalho Social perguntou aos presentes: "como vai ser a vida de vocês aqui?". Uma mulher comentou com outra: "é verdade, a gente não pensa nisso" (extraído do diário de campo de Melo, 2015).

Duas pessoas manifestaram preocupação por achar que elas, as famílias, não sabiam ainda "olhar em coletivo", "pensar em coletivo" e que ainda precisavam "aprender a fazer o serviço". Esse receio apareceu em outras conversas informais relatadas por Melo com as famílias do Florestan. Como analisa Melo, "esse 'fazer e pensar as coisas coletivamente' lhes parece ainda um mistério, algo a ser ensinado pela coordenação, para só então ser apreendido, e talvez vivido" (extraído do diário de campo de Melo, 2015).

Há um esforço em construir algo que não está dado: um grupo organizado para agir coletivamente. Esse esforço se apresenta pelas muitas repetições sobre a importância de se participar, e da lógica do "pensar no futuro", "pensar no entorno" e "pensar no coletivo". Essas formas de "pensar" compõem uma espécie de conjunto de pré-requisitos para a criação de uma comunidade unida, crítica e engajada politicamente, que pode ser lida como a própria base da Leste 1, enraizada no território.

Considerações finais

Neste capítulo apresento o caso de um movimento de pessoas pobres cuja produção acontece dentro de um processo em que o movimento está fortemente imbricado ao Estado – na verdade, como agente na implementação de uma ação estatal no território, aqui, de um programa associativo.[23] O MCMV-E, assim como outras iniciativas desta natureza, foi criado na esteira de um processo histórico de pressão e negociação para garantir aos movimentos algum controle sobre a distribuição de parte dos recursos da política pública a pessoas pobres. Como vimos no item teórico deste capítulo, pode-se afirmar que a capacidade de alguns movimentos de pessoas pobres agir politicamente está associada à sua capacidade de, em alguma

23 O foco aqui recaiu sobre o status público da Leste 1 na implementação do MCMV-E, mas esse processo de produção do movimento imbricado ao Estado pode ser recuperado até as suas origens na década de 1980 (cf. Blikstad, 2017, cap.2).

medida, afetar o controle estatal sobre a distribuição de recursos públicos aos pobres.

Essa imbricação do movimento ao Estado tem permitido às lideranças da Leste 1 trabalhar a posição de mediador e a função de canalização de recursos para, a partir do projeto autogestionário, seguirem re(criando) a coletividade "movimento". Como vimos no início do capítulo, trata-se de uma forma de ação coletiva em que, ao exercício de mediação, pode incorporar-se a construção de uma ética fundada no princípio de pertencimento, "a construção de um nós" por meio do qual se possa "visualizar a dinâmica do processo ou do movimento social em jogo".

Esse processo criativo, quando existe, não é espontâneo. Como o caso da Leste 1 evidencia, há um grande esforço para construir – ou seguir construindo – esse ator coletivo nos moldes aqui retratados. Nesse ponto, as análises de Saward (2006) a respeito da representação simbólica – ou da concepção construtivista da representação – se tornam pertinentes,[24] permitindo-nos apontar que a sustentação da "luta" envolvida aqui – e do "movimento" – depende não exatamente da "existência" do ator, mas de sua constante "produção". Para Saward, é errôneo supor que algo ou alguém (já pré-definido) a ser representado precisa apenas ser descoberto por um representante para que haja representação. A representação política sempre envolveria uma construção (seletiva) do representado, sendo portanto algo produzido dentro de um processo dinâmico criativo, já que há nele algo ou alguém (que ele chama de "*maker*") deliberadamente criando símbolos ou imagens daquilo que deveria ser representado, do público envolvido *e também de quem é o sujeito da representação em jogo* (Saward, 2006, p.304).

O esquema analítico de Saward, se usado para pensar o caso da Leste 1, nos permite dizer que aquele que deliberadamente está *criando* na dinâmica fluída de representação em jogo são as lideranças e apoiadores, responsáveis por enquadrar as demandas a serem

24 Agradeço à Débora Rezende Almeida pela sugestão do nome de Saward e da relevância do processo de representação em jogo aqui.

representadas (sobretudo o direito à moradia, mas também à educação, saúde etc.) e oferecê-las à sua potencial audiência (pessoas pobres, sem moradia, dependentes dos serviços públicos, mas também todos aqueles que podem acreditar que há um direito à moradia a ser defendido). Saward aponta que também cabe ao "*maker*" apresentar à sua audiência o sujeito que irá agir a favor dessas demandas junto a esse público. O sujeito da representação que está sendo apresentado pelas lideranças da Leste 1 à audiência não são as próprias lideranças, mas sim o ator coletivo "movimento", cuja legitimidade depende da afirmação e comprovação da existência de um conjunto de pessoas dotadas de um senso de pertencimento. À luz da teoria sawardiana, no entanto, é peculiar que esse processo dinâmico de representação seja construído a partir de condições (recursos, regras, agentes) que dependem da autorização e interferência do Estado – como é o caso de movimentos de pessoas pobres que atuam na implementação de políticas públicas.

A produção do ator coletivo "movimento" depende também de uma estrutura burocrática eficiente e canais de acesso a importantes tomadores de decisão no Estado. Essa estrutura deve ser capaz de processar e controlar uma ampla demanda por atendimento público, cumprindo nesse processo com uma grande quantidade de requisitos burocráticos, e de articulação política com agentes externos. Nesse nível, a atuação do movimento pode ser lida como um processo de mediação que envolve uma organização com operacionalização dual, ou seja, que dirige suas atividades tanto ao Estado quanto à sociedade simultaneamente. Esse tipo de processo de mediação depende da participação dos aderentes às atividades propostas pelas lideranças e apoiadores e da capacidade de gerar grandes números em atos de rua.

A participação convertida em critério para a escolha dos beneficiários representa uma solução *à la* Olson[25] para superar a "grande

25 Olson (1987) apresentou o paradoxo da ação coletiva: todos ganhariam com a cooperação, mas todos, agindo racionalmente, não irão atuar de forma cooperativa. Por isso, a ação coletiva se beneficiaria de estímulos individuais que impulsionem os indivíduos a cooperar.

falha" apontada por Piven e Cloward, já que, ao assumir *status* público na implementação de um programa associativo, o movimento obteve uma concessão do Estado que pode ser usada como recurso para sustentar o ator coletivo "movimento" ao longo do tempo. Apesar de lançar mão desse "incentivo" de tipo "seletivo", a Leste 1, como vimos, também se empenha em formar politicamente e capacitar suas famílias de modo a envolver seus corações e mentes com o cotidiano da "luta". Com isso, busca-se uma ação a mais descentralizada possível, procurando capacitar as famílias a interagir com agentes públicos e conscientizá-las da importância das pessoas pobres se manterem unidas e ativas na "luta" para garantir acesso aos seus direitos mais básicos. Retomando nossa inspiração em Auyero, esses aspectos podem ser lidos como estratégias da Leste 1 para garantir seus "recursos de baixo" no processo de mediação em que está envolvida.

A Leste 1 – com o apoio de entidades articuladoras, como a UNMP – também se esforça em acessar pessoas e espaços que as "famílias da Leste 1" jamais poderiam acessar individual e diretamente, como os altos escalões da CEF (em Brasília e em São Paulo), da Casa Civil, da Secretaria de Habitação do município etc. Possui informações e conhecimentos que as famílias não têm. Sabe que um novo pacote habitacional será lançado, bem como quais caminhos e estratégias adotar para destravar bloqueios burocráticos, possui condições de elaborar uma proposta de nova modalidade de contratação do MCMV-E, além de negociar e pressionar por sua aprovação. Esses pontos podem ser associados aos "recursos de cima" que tornam possível a atuação do mediador.

Cabe enfatizar aqui que, enquanto as descrições de Auyero (2001) e de Kuschnir (2000) sobre redes clientelistas evidenciam que o exercício da mediação pressupõe e busca fomentar uma dependência do mediado em relação ao mediador, o caso da Leste 1 sugere que – ao trabalhar o exercício de mediação para "produzir" o movimento nos moldes aqui vistos – a expectativa das lideranças da Leste 1 não é de construir entre as famílias a percepção de que apenas através do mediador cada um deles terá acesso individualizado aos atendimentos que precisam, como é característico das redes clientelistas. Na verdade, se esforçam muito para desconstruir essa expectativa de "acesso mediado" entre as famílias. Para se contrapor a isso, o movimento reforça a importância de seus aderentes assumirem postura pró-ativa coerente com o esforço de "produção" do "movimento", a partir das lógicas do "pensar no coletivo", "pensar no entorno" e "pensar no futuro" – ainda que, da perspectiva das famílias, essas formas de "pensar" possam, muitas vezes, se mostrar um "mistério".

Atuar na implementação deste programa associativo implica fortalecimento organizacional e uma tendência à oligarquizacão, o que significaria se distanciar da base, tornando-se fins em si. Essa tendência está claramente em choque com os esforços de "produção" do sujeito "movimento" da representação dinâmica presente na Leste 1. Nesse sentido, vemos que a Leste 1 busca incessantemente combinar processos que são geralmente teorizados como contraditórios, quais sejam, os processos que envolvem, por um lado, a dimensão do fortalecimento organizacional e, por outro lado, a dimensão de fortalecimento de uma base movimentalista orgânica, politicamente alinhada e próxima de suas lideranças. A identificação das lideranças da Leste 1 com a autogestão enquanto projeto político faz que a inserção do movimento na dinâmica distributiva não se paute por considerações exclusivamente "pragmáticas" (distribuir mais), mas pela aposta nas oportunidades de formação política que essa inserção traz – e, portanto, explica a explícita resistência das lideranças à oligarquização e ao clientelismo, muito diferente do caso trabalhado por Hornhardt no capítulo 7 deste volume.

É aqui que o projeto autogestionário ganha coerência teórica, pois se sustenta na aposta de que o envolvimento efetivo das famílias no processo de implementação da ação do Estado faria que a exigência por mais organização favoreceria um senso de pertencimento (coletivo) e a (re)criação de uma base orgânica, ativa, unida e identificada com as "lutas" do "movimento" Leste 1. E é com base nessa aposta que a Leste 1 segue tentando manter seu *representative claim*.

7

Quem mais participa, mais conquista. O desafio de "ser movimento" e atuar na execução de programas habitacionais[1]

Amanda Menconi Hornhardt

Este capítulo tem por objetivo descrever como o movimento popular se relaciona com a política pública, quais aprendizados acumula a partir desta relação e como o seu "jeito de ser movimento" é reconfigurado quando implementa uma política pública. O trabalho insere-se na agenda de pesquisa sobre a implementação dos programas associativos (ver Tatagiba e Teixeira, cap.1 deste volume), explorando uma dimensão pouco abordada, que diz respeito aos impactos dos programas associativos sobre os movimentos.

Para compreender esses processos, fiz um estudo de caso de natureza etnográfica junto a uma organização do movimento de moradia do estado de São Paulo, ao qual atribuímos o nome fictício de Movimento Irmãos da Terra. Essa organização, desde sua origem em 1984, possui um histórico movimentalista que articula estraté-

1 O título "Quem mais participa, mais conquista" é uma homenagem à Maria, coordenadora da moradia, que contribuiu imensamente para a realização desta pesquisa, mas faleceu antes de poder conhecer seu resultado final. Após entrevista com ela em campo, percebi que este lema do movimento traduzia a estrutura organizativa e as práticas estimuladas pela coordenação. O texto é resultado de minha dissertação de mestrado, defendida no Programa de Pós-Graduação em Ciência Política da Universidade Estadual de Campinas (Unicamp) em 2015.

gias de ação direta com negociações institucionais para acessar políticas públicas nos níveis municipal, estadual e federal. Sob o lema "Quem mais participa, mais conquista", a organização se consolidou nas últimas décadas e se considera bem-sucedida no tocante à conquista de unidades habitacionais, se orgulhando de ter conquistado "mais de 30 mil moradias em trinta anos de existência".

Esse movimento é fruto da intersecção de redes religiosas, partidárias e movimentalistas que se imbricaram no território no ciclo de ocupações de terra ocorridas durante a década de 1980. A história do Irmãos da Terra é a história dessas relações e de suas mudanças através do tempo. Como veremos neste texto, as interações estratégicas entre com os governos para acessar a política pública de habitação promoveram aprendizados que tiveram repercussões internamente. Em cada novo contexto, o movimento acumulava aprendizados, fazia opções políticas e construía os sentidos de coletividade por meio da conexão entre passado, presente e futuro. Essas escolhas impactaram o "jeito de ser movimento" do Irmãos da Terra e produziram importantes transformações nas relações com sua base.

Mario Diani define movimento social como "redes de interações informais entre uma pluralidade de indivíduos, grupos ou associações engajados em um conflito político ou cultural, com base em uma identidade coletiva compartilhada" (Diani, 1992, p.13). Partindo dessa definição, Diani e Bison (2010) afirmam que os movimentos sociais são "dimensões em um espaço analítico" caracterizados por: 1) "presença ou ausência de orientações para o conflito com oponentes claramente identificados"; 2) "trocas informais densas ou esparsas entre indivíduos ou organizações engajadas em projetos coletivos"; 3) "identidade coletiva forte ou fraca entre os membros dessas redes" (ibid., p.221).

Combinando esses três elementos (conflito, redes e identidade), os autores constroem uma tipologia de formas de ação coletiva, distinguindo processos de movimentos sociais de outras cinco formas de ação coletiva, lembrando que nenhum desses casos será encontrado na realidade em sua forma pura. Em vez de remeter, portanto, às características dos grupos como fatores distintivos, os autores nos convidam a examinar como ocorrem as interações entre os atores relevantes em formas empíricas de ação coletiva, para definirmos o quanto estamos ou não na presença de dinâmicas de tipo movimento social.

Particularmente útil para minha análise é a comparação entre processos de movimento social com processos organizacionais conflituosos. Segundo os autores, enquanto primeiros processos são marcados por redes densas, orientação para o conflito e forte identidade coletiva, nos segundos processos, ao contrário,

> [...] é baixa a densidade de redes agregando os diferentes atores e fracos os vínculos de identidade entre eles. A ação coletiva se desenvolve em grande medida no interior de organizações específicas [...]. Os atores com legitimidade para promover mobilizações serão os que o fazem por meio das organizações, e haverá poucas oportunidades para que os indivíduos exerçam qualquer papel, a menos que sua participação se faça mediada por organizações específicas. As organizações competirão para adquirir o pleno controle de suas questões ou, pelo menos, para assegurar-se nichos distintos. (ibid., p.226)

A proposta dos autores não consiste apenas em distinguir uma dinâmica de ação coletiva da outra, mas compreender como processos de movimento social e organizacional (burocrático) coexistem e interagem em um mesmo fenômeno de ação coletiva:

> [...] a compreensão de um movimento como uma rede informal de vários indivíduos e organizações nos ajudaria a identificar *a tensão entre a dinâmica de movimento e a dinâmica organizacional* no interior de casos empíricos complexos de ação coletiva e, possivelmente, a delinear sua evolução ao longo do tempo. (ibid., p.228, grifos nossos)

No caso em tela, sustento que o Movimento Irmãos da Terra passou por um processo de desenvolvimento – que se acentuou na última década – no qual a dinâmica organizacional ganhou preponderância sobre a movimentalista, alterando o seu "jeito de ser movimento". Sustento ainda que a interação com o Estado,[2] e em particular o envolvimento na implementação da política pública habitacional, explica em boa parte esse deslocamento.

Após o Programa Minha Casa Minha Vida – Entidades (MCMV-E), o Irmãos da Terra obteve um volume de recursos que lhe permitiu alavancar o que já fazia, a produção de moradia popular destinada à sua base, mas em uma escala até então inédita. Para implementar a política pública, a organização se profissionalizou, burocratizou e redefiniu a relação com suas bases sociais, adequando suas estratégias de interação com as famílias que a procuravam, na direção do objetivo maior de conformar uma coletividade específica: os "beneficiários da política pública".

A pesquisa se deu a partir do desafio etnográfico de apreender o sujeito Movimento Irmãos da Terra no território, em um momento específico de sua história, quando, após um longo período de interação com o Estado e as políticas públicas, enfrentava o desafio de implementar o MCMV-E. O trabalho de campo foi realizado entre 2012 e 2014 e, durante esse período, me envolvi no dia a dia da organização, acompanhei suas assembleias mensais, os mutirões, reuniões dos grupos locais, realizei entrevistas em profundidade e auxiliei o Núcleo de Pesquisa em Participação, Movimentos Sociais e Ação Coletiva (Nepac) na realização de um *survey* em um dos empreendimentos habitacionais que estava sendo construído.

A maioria das entrevistas realizadas foi com lideranças do movimento, sobretudo as intermediárias, ponte entre a base e a direção, chamadas, a partir da categoria nativa, de "coordenadores da moradia". Foram entrevistados também dois coordenadores gerais, que representam a direção central, e dois participantes da base, sendo que todos os nomes citados neste artigo são fictícios. Aliei a esse

2 Outras interações importantes, mas que não serão abordadas nesse texto, dizem respeito às relações com o Partido dos Trabalhadores e com a Igreja Católica.

intenso trabalho de campo a análise da bibliografia secundária para recuperar a história do movimento na sua interação com o Estado. A partir dessas fontes variadas busquei cotejar o passado e o presente do movimento para apreender, nas suas interações com o Estado e as políticas públicas, as suas mudanças ao longo do tempo.

O texto está dividido em três partes, para além dessa introdução e da conclusão. Na primeira, mostro como nas interações sociopolíticas nos níveis municipal e estadual o Irmãos da Terra vai definindo suas estratégias, a partir dos aprendizados adquiridos no esforço de incidir na política pública. Na segunda parte, a partir do exemplo das Caravanas da Moradia, mostro como a chegada do Partido dos Trabalhadores (PT) ao governo federal promoveu inovações no repertório de interação do movimento com o Estado. Na terceira parte, me debruço sobre o processo de implementação do MCMV-E, trazendo para o primeiro plano a relação do movimento com suas bases, a partir do debate sobre os sentidos da participação e sua relação com a política pública.

Breve histórico dos aprendizados das interações do movimento

O Irmãos da Terra nasce a partir do esforço de articular as diversas ocupações de terra e reivindicações por moradia na periferia da cidade de São Paulo. Na década de 1980, membros da Igreja Católica e do PT militaram juntos buscando auxiliar na organização e articulação das inúmeras ocupações que aconteciam naquele território, a partir de estratégias como a realização de cadastro das famílias, abaixo-assinados e passeatas.

Nesse período inicial, a formação política se expressava de maneira transversal em diversos espaços, tais como as Comunidades Eclesiais de Base (CEB's), Pastorais Sociais, assembleias do Movimento Irmãos da Terra e nos núcleos de base do PT. Assim como acontecia com outros movimentos urbanos no período (Sader, 1989; Doimo, 1995), a formação política oferecia um amálgama entre as demandas pragmáticas dos movimentos e a reflexão estratégica sobre os passos que os militantes deveriam dar na direção da construção de uma sociedade justa e igualitária, dimensão normativa e simbólica que orientava a prática dos sujeitos em luta.

Não havia naquele período uma dissociação entre negociar com o poder público e pressionar por meio de ocupações e manifestações. Todas essas estratégias faziam parte do repertório de interação do movimento (Abers; Serafim; Tatagiba, 2014) e eram utilizadas a depender das oportunidades políticas. Por exemplo, em meados dos anos de 1980, a deterioração das condições de vida, associada ao aumento do preço dos aluguéis e despejos e ao fechamento dos espaços de negociação com o Estado, estimulou uma onda massiva de ocupações em São Paulo, resultando em 238 áreas ocupadas simultaneamente.

Os aprendizados desse período, o aumento crescente da repressão do Estado e o fortalecimento do PT levaram o movimento a investir, no momento seguinte, na estratégia eleitoral apoiando candidatos ao Legislativo e ao Executivo municipal que estivessem comprometidos com as lutas sociais. Uma estratégia que desde então passaria a compor seu repertório. O PT era compreendido como um meio para garantir o acesso dos movimentos às suas demandas históricas, o que tornava propício às lideranças atuar na chave da dupla militância no partido e no movimento, de tal forma que as fronteiras entre ambos acabavam em muitos momentos nublada.

A chegada do PT à prefeitura de São Paulo em 1989 foi saudada pelo conjunto dos movimentos populares como uma grande vitória. A gestão de Luiza Erundina foi a que mais destinou verbas até aquele momento para solucionar o problema habitacional. Sua principal política pública foram os mutirões autogestionários, demanda construída pelos intelectuais de esquerda que estavam no governo, na intersecção com as organizações de luta por moradia, Igreja Católica e PT (Amaral, 2002; Bonduki, 1986; Muçoucah e Almeida, 1994). Ao contrário de outros movimentos de habitação, nenhum representante do Irmãos da Terra assumiu cargo administrativo na gestão, como lembra e avalia um dos coordenadores do Movimento:

> O que foi bom no governo Erundina é que o movimento não se atrelou ao partido nem a administração. Ele se estruturou, mas manteve a sua autonomia! Na hora de "dar pau" fizemos várias caravanas à Secretaria da Habitação, à Cohab. Isso ajudou a avançarmos. (Entrevista com um dos coordenadores, em Fortunato, 1995)

Mas isso não impediu conquistas. No segundo mês de seu mandato, Erundina compareceu a uma assembleia do movimento, agradeceu os votos, reforçou que o plano habitacional seria feito com diálogo e que o processo se iniciaria naquela região, devido ao alto nível de organização política. De fato, o primeiro mutirão autogestionário realizado pela prefeita foi em parceria com o movimento (Fortunato, 1995, p.78), e metade das cooperativas implantadas durante a gestão se localizava na região onde estava o Irmãos da Terra (Iffly, 2010, p.204).

Ao mesmo tempo que o movimento buscava impactar a política habitacional era impactado por ela. O Programa Funaps Comunitário, criado pela prefeita, realizava a desapropriação de áreas destinando-as à construção de casas populares por meio de mutirão. A Prefeitura financiava as obras do início ao fim, conferindo autonomia para que as organizações de luta por moradia gerissem os recursos. Para se tornarem cogestores da política pública, as organizações tiveram que se reestruturar internamente, alcançando certo nível de profissionalização.

Com o apoio da Igreja Católica, o Irmãos da Terra criou a Central de Entidades Populares (CEP) como um "braço jurídico" capaz de articular 13 mutirões, 2.071 famílias cadastradas (Fortunado, 1995, p.239) e organizar uma cooperativa de construção civil (Iffly, 2010, p.192). Portanto, apesar de, desde a sua fundação, o Irmãos da Terra buscar negociar com os diferentes governos, foi na gestão municipal de Erundina que pôde atuar mais na política pública.

A mudança na coalizão política no governo municipal, com a eleição de Paulo Maluf (1993-1996), foi desastrosa para as organizações de luta por moradia (Iffly, 2010), uma vez que todos os mutirões que estavam sendo construídos foram paralisados. Além da redução dos investimentos, a gestão Maluf e a subsequente, de Celso Pitta, foram marcadas também pela maior repressão do Estado aos movimentos. Neste contexto desfavorável, o Irmãos da Terra se articulou em torno da candidatura de um deputado da região, ligado ao PT. Porém, para o cargo de governador do Estado de São Paulo, em 1998, o movimento decidiu não apoiar a candidatura petista, mas a de Mário Covas (PSDB), que supostamente possuía chances reais de se eleger.

Ainda que, diferente da gestão Erundina, a política habitacional de Covas não permitisse o livre gerenciamento das construções por parte do movimento, segundo as lideranças, "era melhor que nada" – conforme uma máxima que ouvi muitas vezes em campo, "é melhor pingar que secar". De acordo com o coordenador do movimento, "com ele (Covas) sempre saía alguma coisa" (entrevista realizada em 2013). Durante a campanha, Covas prometera 25 mil moradias em regime de mutirão. O apoio público das lideranças rendeu uma cota maior de casas: 10% do Programa Sonho Meu foi realizado pelos mutirões do Irmãos da Terra. O resultado foi que em 1998 havia mil moradias já construídas e 1,5 mil em construção.

Se a relação exclusiva com o PT remetia à história do movimento, a necessidade de responder às bases levava à diversificação das alianças no período eleitoral. Em 2000, Marta Suplicy (PT) foi eleita prefeita de São Paulo, e o Irmãos da Terra se envolveu ativamente em sua campanha. Porém, diferentemente de Erundina, Marta Suplicy não priorizou nem a demanda por habitação, nem a participação popular, destinando poucos recursos a essas pautas e agendas (Teixeira; Tatagiba, 2005).

As interações do movimento com o campo político-institucional ao longo dessas três décadas geraram um conjunto de aprendizados que conformaram sua identidade e repertório: i) a importância dos resultados, traduzidos em número de moradias conquistadas, para a manutenção e ampliação de sua base social; ii) a centralidade das eleições e da relação com os governos para o seu reconhecimento como interlocutor político; iii) a importância da profissionalização para acessar e implementar as políticas habitacionais; iv) a presença do PT nos governos não se traduz automaticamente em conquistas. Foi a partir desses aprendizados que o movimento dirigiu sua atuação para o diálogo com o governo federal, após 2003, com a eleição de Lula.

O PT no governo federal e as Caravanas da Moradia

O Irmãos da Terra se envolveu ativamente na campanha para a eleição de Lula e sua vitória reascendeu as esperanças de construção de um projeto popular no qual as políticas públicas de combate ao déficit habitacional seriam tratadas como prioridade. Nesse contexto, já reconhecidos como interlocutores legítimos, o movimento investiu parte significativa dos seus recursos no diálogo e na negociação com o governo federal, tendo como principal estratégia a realização das Caravanas à Brasília.

As Caravanas já faziam parte do repertório dos movimentos populares desde os anos de 1980, mas o Irmãos da Terra produziu inovações na estratégia, que de certa forma evidenciavam suas mudanças internas. Antes, as Caravanas resultavam da articulação de diversos movimentos de luta por moradia e envolviam a mobilização de amplas bases sociais que se deslocavam para Brasília para exercer pressão sobre os governos, na lógica da ação direta. Ao contrário, a partir dos governos do PT, as Caravanas organizadas pelo Irmãos da Terra não envolviam mais a base do Movimento, as reuniões eram previamente agendadas com órgãos governamentais e tinham como objetivo principal encaminhar as pautas já acordadas. Ou seja, eram encontros rotinizados que faziam parte do processo de institucionalização da demanda da moradia:

> O movimento já esteve mais forte, de ir dez ônibus pra Brasília [...]. Iam outros movimentos, se encontravam lá, dormiam na grama, passavam noites e noites lá. Não era só assim de a gente chegar lá e ir pro hotel, ter reuniões com eles [...]. As respostas que a gente tinha não era tantas, porque não era o governo que nós temos hoje, que atendia o movimento. [...] De dez ônibus como era antes, hoje vira um e não entra tudo, entra uma comissão de dez, doze, depende do tamanho da sala que cabe. Mas já vamos com propostas, já temos audiências marcadas com os ministérios, já levamos documentação, áreas, projetos, e eles analisam, falam que vai estudar, que vai encaminhar... e a gente tá cobrando por telefone [...]. Temos pessoas mais instruídas, mais bem preparadas [...]. Temos uma comissão que sabe cobrar, sabe aonde ir, como falar. Então a gente tá tendo resultado, a gente tá vendo aí os apartamentos sendo inaugurados. (Entrevista com Marcos, coordenador da moradia, maio de 2014)

Um dos entrevistados me ajudou a compreender o contexto político mais amplo que as mudanças da Caravana expressavam ao se referir à "Revolução de caneta", em alusão a uma famosa frase de Lula, que disse que iria "fazer a Reforma Agrária numa canetada", também repetida por um padre que foi liderança no início do movimento. Para esta liderança, a chegada do PT à Presidência significou a realização de uma "Revolução de caneta", já esperada pelos movimentos que, desde a década de 1980, se empenhavam para eleger parlamentares petistas:

> Mas hoje nós temos a comissão, a internet, o século XXI veio aí e deu uma reviravolta muito grande. A guerra de caneta, como dizia o padre, que Deus o tenha que faleceu, e é um dos fundadores dos movimentos, falou que nós íamos fazer uma revolução na década de 2000 de caneta. E realmente é a guerra que nós estamos fazendo. Então, a gente consegue marcar audiência por telefone. Revolução de caneta é que hoje não precisa mais do povão daquela época, hoje vai uma comissão e resolve por telefone, por e-mail. [...] Então essa

> época chegou, graças a Deus eu peguei essa época, e essa época tá dando mais resultado do que com o povão. (Entrevista com Elton, coordenador da moradia, maio de 2014)

Nas palavras de outro coordenador da moradia, a partir do governo Lula, os movimentos não precisavam mais "ir até Maomé", ou seja, fazer grandes atos e manifestações para pressionar o Estado, uma vez que o próprio Estado já vinha de encontro aos movimentos populares:

> Nós chegamos a levar pra Brasília, na época do Collor, cento e poucos ônibus, foi de todos os estados, foi um movimento muito forte que meteu medo lá no Collor. Ele mandou segurar a gente na chegada. E daí que fortaleceu bem o movimento [...]. Até que nós chegamos no ponto que estamos, que a gente não precisa mais muitas vez ir até Maomé, Maomé vem à montanha. (Entrevista com Cláudio, coordenador da moradia, maio de 2014)

Na medida em que o objetivo principal do movimento era conquistar moradia e que havia um governo que produzia políticas públicas que permitiam atender essa reivindicação, o movimento redefiniu suas estratégias, concentrando seus investimentos na interlocução com o Estado a partir dos espaços institucionais. Segundo essa mesma liderança, a maior abertura (que ele define como "maior facilidade para enfrentar a política") levou a uma acomodação:

> Antes era pressão e ação direta. Hoje você liga ou então SMS, é tudo dessa maneira. Então nós, lideranças, nós nos acomodamos. Essa acomodação é a facilidade que você tem de enfrentar a política. Quando você chega pra enfrentar você é bem recebido, como naquela casa que você chega e você é bem recebido. Traz um copinho de água, elogia pra caramba o movimento, então você perde a ação. Foi isso que aconteceu. (Entrevista com Arnaldo, coordenador da moradia, maio de 2014)

Outras entrevistas deixam claro que a "acomodação" também resultava de uma avaliação muito objetiva sobre os limites de um governo de coalizão de classes, da centralidade que os agentes do mercado tinham na política habitacional e do risco de fragilizar um governo aliado.

> Então, acreditar que ir pro governo vai solucionar o problema é ledo engano. O governo atende a outras expectativas, tem que dar resposta a quem financia [...]. O governo não quer conflito. Eu vejo que o movimento enveredou por aí [...]. Pela exigência tanto das entidades que patrocinavam com recursos através dos projetos, como pelas próprias prefeituras, governos, aí já fazia a exigência: "estou ajudando vocês, não quero ocupação". Entendeu? (Entrevista com Sandro, coordenador da moradia, maio de 2014)

O Irmãos da Terra apoiou as duas eleições de Rousseff, embora em 2014 com maiores desconfianças. Nas entrevistas, os argumentos para apoiar a reeleição não evocavam o "legado movimentalista", construído a partir de uma dimensão mais ampla de transformação social sistematizada em um projeto político comum entre o movimento e o partido. Os argumentos se restringiam a objetivos pragmáticos, em primeiro lugar, a defesa do PAC 3 e do MCMV-E, considerado pela coordenação geral do movimento como o melhor programa habitacional que o país já teve, apesar de todos os problemas que eles fartamente identificavam nas entrevistas.

A partir de 2015, os resultados escassearam e o movimento passou a organizar caravanas de seis em seis meses, para cobrar o cumprimento dos acordos. Apesar do reconhecimento dos limites, a relação com o PT ainda oferecia para o Irmãos da Terra uma via de acesso ao Estado que seria mais difícil manter com outros partidos:

> Tem problemas. Mas não é melhor que nada? Se entrar, por exemplo, o Geraldo Alckmin, não vai atender a gente. É cachorro que fica lá fora, não entra ninguém. Então, presta atenção em quem vai votar. Se entrar outro partido acabaram as respostas, vamos ficar

quatro anos indo só pra não dizer que não foi. Mas já pensou você segurar a família quatro anos na comunidade sem ter perspectiva? (Entrevista com Elton, coordenador da moradia, maio de 2014)

Essa preocupação, que marca a história do Irmãos da Terra, de oferecer respostas concretas para sua base explica o seu intenso envolvimento com o MCMV-E. O movimento dirigiu seus recursos de tal forma para a implementação da política que fica difícil hoje perceber seus limites em relação à política pública. Esse foi o quadro que encontrei quando cheguei ao campo pela primeira vez.

A atuação do movimento na implementação do MCMV-E e a participação das famílias

A centralidade que o MCMV-E assumiu na vida do Irmãos da Terra redefiniu os processos de recrutamento de participantes e de construção da coletividade (Blikstad, cap.6 deste volume), alterando de forma muito significativa a relação com suas bases. A dinâmica de movimento social sempre coexistiu com a dinâmica organizacional, pela própria importância que a produção da moradia historicamente assumiu na estratégia do Irmãos da Terra, como vimos. Contudo, o que foi possível identificar no campo é que, ao longo do processo de implementação do MCMV-E, a lógica organizativa se fortaleceu, enquanto a de movimento social definhou.

Embora os coordenadores mais antigos reiteradamente falem do presente a partir da memória das lutas passadas, e embora as estratégias do movimento – como o mutirão por exemplo – encontrem nas origens movimentalistas seus fundamentos, essas narrativas não têm força ou lugar para acionar vínculos de identidade e solidariedade no presente, construindo uma aposta comum que projete uma coletividade no futuro. O olhar sobre a relação com suas bases, em particular a maneira como o mecanismo de participação é acionado para formar a coletividade, é uma evidência do deslocamento da lógica movimentalista em favor da lógica organizacional. Vejamos.

Para ter acesso ao MCMV-E, é preciso receber até três salários mínimos, estar no CadÚnico, não ter dívida já contraída com a Caixa e ser associado da entidade que vai gerir os recursos. Mas, para além dos critérios definidos pelos programas, cada movimento social possui também critérios específicos complementares que, na maioria dos casos, estão relacionados à participação nas atividades do movimento. Esta era uma forma de marcar a diferença entre a opção política de ingresso em um movimento social e uma mera inscrição individual em um programa habitacional do governo. Enquanto este último implicava uma espera passiva, o primeiro exigia uma postura ativa do militante na luta por habitação popular.[3]

No Irmãos da Terra, durante a gestão Erundina, as famílias beneficiárias eram escolhidas por meio das seguintes exigências: ter disponibilidade para participar e não possuir uma casa própria, o que podemos chamar de critério da participação e da necessidade. O setor da região que possuísse maior número de famílias cadastradas ficava com um número maior de moradias. Com o passar do tempo, o critério da necessidade foi sendo paulatinamente abolido, uma vez que muitas lideranças consideravam que se tratava de um critério assistencialista e difícil de ser aferido.

Assim, para ser contemplado com o Programa MCMV-E permaneceu apenas o critério da participação, aferido por meio de listas de presença que os participantes assinavam nas reuniões e atividades realizadas pelo Irmãos da Terra. A cada novo empreendimento contratado com a Caixa, aqueles que possuíssem mais presença na chamada "lista da moradia" conquistariam mais rápido sua casa. Segundo uma coordenadora:

> O movimento é assim, quem mais participa, mais conquista. Se você vai em tudo direitinho, não tem como você não conquistar, mas se você não vai nas reuniões, não vai no mutirão, você não conquista, só quem mais participa. (...)

3 Blikstad (2017) aprofunda essa discussão.

> Cada comunidade tem um sistema. Na minha tem um caderno de presença, daí toda reunião você leva a ficha que você vai fazer comigo pra marcar atrás as presenças. Quando vierem as vagas, a gente vai pegar seu cartão do mutirão junto com o caderno de presença da comunidade e quem tiver mais pontos pega a vaga. [...] Tudo tem um controle pra saber se você foi, senão vira bagunça. (Entrevista com Maria, coordenadora da moradia, maio de 2014)

A adoção do critério da participação é justificada pelas lideranças – não apenas do Irmãos da Terra mas pelo conjunto dos movimentos de moradia que o utilizam – como um procedimento que garante maior imparcialidade na escolha das famílias que serão contempladas com uma unidade habitacional, tendo em vista que as unidades conquistadas são sempre insuficientes para atender a demanda.

Os coordenadores também explicaram que a participação não se restringe à questão da moradia, mas envolve a luta por um conjunto de outras políticas públicas para a região:

> O que é que é participar? Tem que ir na reunião da saúde, da educação, na assembleia do movimento uma vez por mês, lá no mutirão todo final de semana... tudo vale ponto, faz parte do movimento. Você vai morar no apartamento, mas o teu filho não precisa ir na escola? Isso faz parte do que, da educação. Teu filho fica doente, você precisa do hospital. Isso é saúde. E no caso universidade para os adultos, então a gente luta por tudo. (Entrevista com Maria, coordenadora da moradia, maio de 2014)

> É tipo um trem: a moradia é a locomotiva. É o movimento com mais resultado. E atrás dela vem outros movimentos. [...] Quando a pessoa entra no movimento, a gente já explica. São três critérios: solidariedade, participação e contribuição. Vai uma vez no mutirão, vai na reunião geral, quando tem da saúde, da educação, da segurança, o que tiver vai, que você vai ser contemplado mais rápido pra uma determinada área. (Entrevista com Arnaldo, coordenador da moradia, maio de 2014)

Não é necessário que a pessoa compareça pessoalmente a essas atividades, ela pode enviar um representante, como um familiar, vizinho ou conhecido, que leve a ficha para poder carimbar a presença e a pessoa acumular pontos. Em uma das entrevistas, buscando explicar como funciona o processo, foi feita a seguinte analogia:

> Eu faço a reunião pra que a família comece a entender esse processo como um investimento. Igual a gente faz uma poupança, você tem um cofrinho e vai colocando as moedinhas. (Entrevista com o coordenador Carlos, maio de 2014)

Ou seja, participar exige dedicação árdua e um planejamento financeiro prévio para pagar as contrapartidas, que variam, a depender do quão perto está o momento da conquista da moradia, entre o valor correspondente a dois passes de ônibus até um percentual da obra. Sem esse investimento financeiro, as famílias correm o risco de perder o direito à moradia, mesmo tendo cumprido com o critério de presença e sido sorteada pelo movimento, dentre aqueles com mais participação. Assim, para a principal liderança, o movimento social "é como um crediário das Casas Bahia".

A adoção do critério da participação foi ganhando cada vez mais centralidade para distinguir entre a base social do movimento aquelas famílias que se tornariam "beneficiárias" dos empreendimentos conquistados, como expresso no *frame* do Irmãos da Terra: "Quem mais participa, mais conquista".

Para começar a participar do Irmãos da Terra, é necessário, primeiramente, se inscrever em uma das 34 Comunidades da Moradia[4] e frequentar as suas reuniões. A estruturação por meio de

4 A Comunidade da Moradia é a porta de entrada do Movimento Irmãos da Terra. É por meio dela que o movimento consegue se espraiar por todo o território onde atua. O participante passa a conhecer a história de vitórias do movimento e a acumular presenças na chamada lista da moradia a partir da frequência nas reuniões semanais ou quinzenais no bairro mais próximo do local onde vive. O participante permanece se reunindo na Comunidade da Moradia até ser sorteado para o Grupo dos Beneficiários.

"grupos de origem" a partir do nível local dos bairros é uma característica de diversas organizações de luta por moradia, herança da experiência das CEB's. O primeiro passo para a família que pretende ser "beneficiária" é justamente participar das atividades do seu grupo de origem.

Na nossa pesquisa, vimos que as reuniões acontecem em diversos locais, como em espaços cedidos pela Igreja Católica, centros comunitários, associações de moradores, espaços cedidos por ONGs e outros movimentos sociais, ou até na garagem de alguma casa, na própria rua, em um lava-rápido ou em um salão de cabeleireira.

A Comunidade da Moradia geralmente carrega o nome de sua principal liderança, do bairro onde atua ou algum nome relacionado à luta da moradia. Nas reuniões os coordenadores locais transmitem para suas bases as informações que eles receberam nas reuniões de coordenadores que acontecem mensalmente no salão da igreja. O tema principal das reuniões são os convênios que o movimento conseguiu estabelecer com os diferentes níveis de governo.

> [sobre os assuntos mais discutidos] o assunto do terreno que tá pra sair, que eles estão reivindicando mais pra gente, pra mais casa, a gente conseguiu entregar tantos apartamentos, convida a gente pra ver, como que tava a negociação das terras, passava pra gente alguma coisa que eles conseguia do governo. (Entrevista com Carmem, coordenadora da moradia, maio de 2014)

Há uma grande oscilação da frequência dos participantes nas reuniões, sendo as reuniões mais cheias aquelas próximas à divulgação da lista dos nomes das pessoas que serão contempladas com uma unidade habitacional. O contínuo esforço dos coordenadores da moradia para animar as pessoas a participar das reuniões demonstra que não há uma identidade prévia que justifica o agir coletivo, mas que, pelo contrário, construir a coletividade no processo de participação é o grande desafio dos movimentos, como argumenta Blikstad (cap.6 deste volume).

A partir do ano de 2014, a inscrição para participar do movimento passou ser feita *online* através do preenchimento de um questionário. A decisão de implantar o *site* partiu de um coordenador geral e foi comunicada nas reuniões de coordenadores e assembleias do movimento. As listas de presença são registradas neste *site* que os participantes podem acessar por meio de um *login* e uma senha. Segundo um dos coordenadores, assim "em qualquer lugar a pessoa pode saber como está a situação dela na associação" (Entrevista com o coordenador Cláudio, abril de 2014).

Alguns coordenadores da moradia questionaram a maneira como o site foi imposto e se preocupavam com sua implementação, sob o argumento de que na base do Movimento havia muitas pessoas idosas, analfabetas, que não sabiam "mexer no computador" e que também não teriam condições de comprar um. Realidade que se aplica também a muitos coordenadores das comunidades locais.

A escolha de uma Comunidade da Moradia (grupo de origem) é um campo obrigatório do cadastro e o *site* oferece a opção de escolher a comunidade mais próxima do local de moradia do participante. Os outros campos obrigatórios são perguntas pessoais relacionadas aos critérios exigidos pelo Programa MCMV-E. No campo "Quem pode participar", é informado que só pode entrar no Movimento quem já estiver cadastrado no Cadastro Único para Programas Sociais e ter renda familiar mensal até R$ 1.600,00. No campo "Quem não pode participar", é esclarecido que pessoas que tenham débitos não regularizados junto à Caixa Econômica Federal e Banco do Brasil estão inabilitadas.

Dessa forma, a participação no Irmãos da Terra está subordinada às exigências da política habitacional que o movimento acessa. Se no passado não eram claras as fronteiras entre a organização, a igreja e o PT, hoje não parece haver uma distinção entre ser base do movimento e a condição de potencial beneficiário da política pública. Sobre a entrada de novas pessoas, um dos coordenadores afirma:

> O programa é do governo, não é nosso, então, as pessoas que aqui estão têm que se adaptar ao programa [...] mandamos ela fazer

> o CAD Único e esperamos para ver se ela é aprovada [...] se ela ganhava de zero a R$1.600, se ela não deve para o Banco do Brasil, para a Caixa Econômica Federal [...] Porque muitos chegam aqui e estão sendo excluídos, por estar fora dos critérios do projeto. [...] Se tiver dúvida, eu peço para entrar no site da Caixa e ver lá 'Minha Casa, Minha Vida'. Se você se encaixar no perfil, tudo bem. (Entrevista com o coordenador Cláudio, abril de 2014)

Outro coordenador chama a atenção para os problemas que a estratégia do *site* implica, quando pensado na perspectiva do movimento social:

> Hoje o movimento de moradia, enquanto movimento, está com os dias contados. Se institucionalizou. Agora com esse *site* que foi lançado não tem mais pra que você fazer mobilização, buscar força na comunidade. É muito forte dizer isso, mas virou uma empresa. Eu vejo isso com muita tristeza. Tem hora que eu fico me questionando, onde foi que eu errei nessa trajetória. (Entrevista com Elton, coordenador da moradia, maio de 2014)

Uma vez aptas a ingressar na Comunidade da Moradia, as famílias são estimuladas a participar das Assembleias da Moradia, que ocorrem geralmente em algum mutirão em obra, no último domingo de cada mês, com a presença de toda a base. Manter a base mobilizada é importante, porque diz respeito à memória do movimento e porque nisso reside, ainda hoje, sua força quando precisa pressionar o poder público.

Outra atividade nas quais as famílias se envolvem são os mutirões. Além do trabalho no mutirão onde o beneficiário irá morar, o Irmãos da Terra utiliza um outro critério de participação, chamado "Solidariedade". Segundo o coordenador geral, o "Dia da Solidariedade" consiste em "ajudar o irmão que foi contemplado a construir a sua casa". Segundo uma mutirante, "se você trabalha voluntariamente para construir a casa de um irmão, outros irmãos irão trabalhar para construir a sua casa quando chegar a sua vez". (Entrevista com Margarida, participante do Movimento, maio de 2014)

A "solidariedade" é, portanto, parte do "jeito de fazer mutirão" do Irmãos da Terra, e todos os que foram considerados habilitados para ingressar no movimento são convocados a trabalhar durante um final de semana por mês em alguma obra em andamento. Em um dos empreendimentos que acompanhei, embora o total de apartamentos a serem construídos fossem 132, um total de 3 mil "famílias solidárias" passaram pelas atividades de mutirão, durante os finais de semana.

Assim como o conceito de participação já mencionado, o conceito de solidariedade carrega, ao mesmo tempo, uma justificativa simbólica e pragmática. Simbólica, pois, dialoga com uma moral religiosa de merecimento mediante o sofrimento (Loera, 2006). O sofrimento é visto como forma de assegurar que os beneficiários irão valorizar aquilo que conquistaram, em uma organização marcada por situações de famílias que vendem a moradia conquistada para comprar uma casa mais barata em um bairro ainda mais periférico e utilizar o dinheiro restante para outras necessidades. Pragmática, pois, o mutirão hoje funciona de uma maneira muito distinta da que funcionava na década de 1980, quando as famílias, ao mesmo tempo que acompanham o andamento da obra, contribuíam para a conformação de laços identitários calcados em uma solidariedade movimentalista, visando construir e manter a coletividade a ser representada nos termos de Blikstad. Agora, o trabalho no mutirão se resume apenas ao trabalho na construção e, segundo o coordenador geral, se justifica na medida em que possibilita construir as obras com maior rapidez. O Irmãos da Terra se orgulha de ter construído mil moradias em um ano por meio deste sistema.

Quando o movimento consegue fechar uma parceria com o governo para o início de um novo empreendimento, a coordenação verifica as listas de presença e faz um sorteio entre quem tem mais presença nas atividades. As famílias selecionadas passam a fazer parte então de um novo grupo, o "grupo dos beneficiários". A partir de então, as famílias não precisam mais participar da Comunidade da Moradia, das assembleias mensais nem das reuniões de outros movimentos, uma vez que "para de contar ponto".

Os espaços de participação que passam a frequentar são a "reunião dos beneficiários" do MCMV-E, que é realizada por um coordenador geral, uma vez por mês; e os mutirões todos os finais de semana e feriados. As famílias são também convocadas para reuniões do Trabalho Técnico Social. O contato do grupo dos "beneficiários" com a base social passa a se dar apenas durante o trabalho no mutirão.

As reuniões do grupo de beneficiários são realizadas em um prédio comprado pelo movimento. No espaço, que é muito bonito e bem arquitetado, trabalha o corpo técnico, uma empresa de administração de condomínio, engenheiros, arquitetos, um contador e há um auditório com capacidade para mais de 100 pessoas. A aquisição desse prédio evidencia a pressão para que os movimentos populares se profissionalizem para se tornar um parceiro confiável dos governos, acessar e gerenciar recursos.

Quanto maior o volume de verbas que as organizações conseguem captar, maior é a necessidade de ampliar a sua burocracia e expertise técnica para elaborar projetos, disputá-los com outros movimentos e implementá-los com eficiência para conseguir novas parcerias. Como já foi dito, em pequena escala, isso já tinha ocorrido na gestão Erundina, quando o Irmãos da Terra se envolveu com o Funaps. Com as imposições do Programa MCMV-E, foi criada nova associação para mediar os projetos de mutirão com a burocracia estatal, funcionando como um "CNPJ do movimento".

Um dos problemas que tem afetado a manutenção das famílias que ingressam no "grupo dos beneficiários" é a contrapartida, seja na forma da participação – o que como vimos implica dedicar todos os finais de semana e feriados aos mutirões –, seja na forma de pagamentos mensais para cobrir as necessidades de avançar o empreendimento, enquanto o recurso federal não chega.

Antes da obra, as famílias que participavam nas Comunidades da Moradia tinham que contribuir mensalmente com o valor referente a duas passagens de ônibus (na época em média R$ 7,00 por mês). Ao serem selecionadas, passam a participar do grupo de beneficiários e necessitam contribuir com o pagamento do projeto, com uma contrapartida que representava 1% do valor da obra. Para alguns coordenadores entrevistados, esse valor onerava as famílias que acabavam desistindo de participar. Durante as pesquisas de campo, foi possível acompanhar o drama de famílias que, após serem selecionadas, perderam o direito à moradia por não conseguirem pagar as dívidas com o movimento quando passaram a integrar o grupo dos beneficiários, ou por terem tido mais de dez faltas nos mutirões sem terem pagado a diária de um pedreiro. É o caso de Margarida, mulher negra, separada, que cuida da filha adolescente e da mãe doente, desempregada, sempre inventando um "bico" para fechar as contas no final do mês.

Margarida conseguiu um emprego de faxineira em uma empresa terceirizada, tendo uma árdua jornada de trabalho, inclusive aos finais de semana, não podendo ter faltas sob a ameaça de ser demitida. Isso a impossibilitou de trabalhar nos mutirões, ao mesmo tempo que o salário mínimo que recebe não permite que ela pague a diária de um pedreiro, quando não pode comparecer. Apesar de ter uma trajetória no movimento e ter sido sorteada, em uma organização cujo lema é "quem mais participa, mais conquista", ela não poderá ter acesso a uma moradia.

> Eu sempre cuidei da minha mãe e tenho minha filha pra criar. Daí eu arrumei um emprego, eu não tava conseguindo continuar, porque eu ganho R$ 819, com os descontos meu salário não chega a R$ 700 completos, aí não estava dando pra comer. [...] Aí eu perdi, porque eu não tive mais como continuar pagando. [...] Agora que eu fui lá ver pra tentar resgatar, achei minha dívida muito puxada. [...] Eu não conheço nenhum outro jeito de conseguir a moradia. Eu acho que pra tudo tem um preço. O governo fala que dá, mas é o suor do povo, a humilhação que a gente passa. (Entrevista com Margarida, maio de 2014)

Esse depoimento revela de forma dramática como a relação entre o movimento e sua base vai sendo redefinida. No lugar do militante, prevalece a ideia de beneficiário da política pública, em que os vínculos de compromisso entre as partes parecem se reduzir aos termos de um contrato mercantil. Os processos de identificação – base para a conformação da coletividade heterogênea que o movimento social constitui (Melucci, 1996) – parecem perder espaço para uma intermediação que opera na lógica dos grupos de interesse. Uma breve menção a um dos empreendimentos tocados pelo Irmãos da Terra, que acompanhei na minha etnografia – e que aqui ganha o nome fictício de Vila das Flores – confirma esses frágeis vínculos identitários entre o movimento e suas bases.

O Vila das Flores foi inaugurado em 25 de abril de 2015, contando com 138 unidades habitacionais construídas em parte por empreiteira e em parte pelo sistema de mutirão. Em pesquisa realizada pelo Nepac,[5] foi aplicado um *survey* com os participantes do grupo de beneficiários. Perguntamos aos entrevistados – que participaram por anos da Comunidade da Moradia, das assembleias e das reuniões mensais – se eles conheciam o Movimento Irmãos da Terra: apenas 40% conheciam. Outra pergunta que fizemos foi se eles participaram/participavam de alguma organização ou movimento de luta por direitos: apenas 6,6% responderam positivamente, o segundo mais baixo entre os nove empreendimentos pesquisados.

O Movimento Irmãos da Terra não foi mencionado por nenhum dos entrevistados. Dentre aqueles que afirmaram participar de alguma entidade, 50% mencionou o braço jurídico do movimento, responsável oficial pelo projeto. A pesquisa também mostrou que, quando comparado a outros mutirões do MCMV-E em São Paulo, o Vila das Flores apresentou menor índice de envolvimento e satisfação das famílias com o processo participativo e menor índice de assiduidade nas reuniões, sendo, no geral, o pior avaliado na

---

5 O Nepac realizou uma pesquisa com oito empreendimentos do PMCMV-E, buscando avaliar se e de que forma a natureza das organizações – em particular sua inserção ou não em redes movimentalistas – e suas relações com as bases impactavam a forma de implementação do MCMV-E e os seus resultados. O Relatório Final pode ser encontrado em <https://www.nepac.ifch.unicamp.br/pf-nepac/relatorio_final._participacao_no_mcmv-e_nepac-unicamp-_jan._2015.pdf>.

amostra, principalmente no que se refere à socialização do poder de decisão na aplicação dos recursos.

Considerações finais

Nesse texto busquei demonstrar as mudanças pelas quais o Movimento Irmãos da Terra passou ao longo dos anos. Desde a sua origem houve forte interação com o Estado, o que gerou aprendizados e mudanças na forma de atuação e de relação entre as lideranças e a base. A chegada do PT ao governo federal e a implementação do Programa MCMV-E impactaram profundamente o movimento, tornando-o menos combativo e mais restrito àqueles que conseguem corresponder às normativas do programa.

A natureza etnográfica da pesquisa não nos permite generalizações, mas, nesse caso em particular, o que vimos é que a atuação do movimento na implementação da política pública parece ter favorecido o deslocamento de uma dinâmica de movimento social para uma dinâmica de organização, a tal ponto que talvez o movimento fosse mais adequadamente qualificado hoje como um grupo de interesse. Algumas características movimentalistas permanecem (no nome do movimento, na busca por promover ações para criar solidariedade e identidade entre os participantes), mas elas estão em grande tensão com as caraterísticas organizacionais (burocráticas) que foram criadas para que os empreendimentos do programa sejam feitos de forma rápida, a baixo custo financeiro e com grande comprometimento de tempo e recursos por parte dos beneficiários. Essa dinâmica organizativa exclui quem não consegue se adequar a ela.

Desde que finalizei minha etnografia sobre o Movimento Irmãos da Terra há três anos, muita coisa mudou no cenário político nacional. O *impeachment* da presidenta Dilma teve contornos de golpe parlamentar e o governo de Michel Temer realizou cortes drásticos nas políticas sociais. Para a escrita desde artigo, voltei ao *site* do movimento na busca de compreender qual o futuro desta organização, que se construiu tão calcada na relação com a política pública, em um contexto de retrocesso da política habitacional. Encontrei a seguinte mensagem:

> O Movimento pela Moradia gostaria de informar que nosso cadastramento está suspenso para novos participantes. O motivo é que estamos aguardando a aprovação e a liberação de todas as nossas quatorze obras previstas, devido a uma questão de burocracia contratual com órgãos e entidades do governo, como o Ministério das Cidades e o programa Casa da Família com as obras do Minha Casa Minha Vida faixa 1. Assim que dermos continuidade nessas obras já selecionadas, reiniciaremos o cadastramento. Nós do movimento [excluímos o nome] agradecemos pela confiança e compreensão de todos vocês.

8
Mobilizando estratégias para acessar campos: um estudo de caso sobre a implementação do PAA por uma cooperativa de assentados

Adriana Pismel

Os estudos da participação e de movimentos sociais produziram avanços significativos ao mostrar que estes atores interagem com o Estado com o objetivo de provocar mudanças não apenas de forma conflitiva. Ou seja, os movimentos sociais não atuam apenas *contra* o Estado, mas também *com* o Estado, ocupando espaços de participação institucional, e *como* Estado, ao participarem do processo de criação e implementação de políticas públicas (Teixeira et al., 2016; Penna, 2014; Abers; Serafim; Tatagiba, 2014; Dowbor, 2014; Silva; Oliveira, 2011).

Entretanto, ainda sabemos pouco sobre sua atuação na implementação de políticas públicas, apesar dos esforços teóricos já realizados nos últimos anos (Silva e Schmitt, 2012; Tatagiba et al., 2013; Nepac, 2015; Teixeira, Blikstad, Pismel et al., 2016) para compreender as estratégias mobilizadas pelos atores sociais ao atuarem em espaços institucionais de participação e de monitoramento de políticas públicas. Este capítulo pretende colaborar com esse debate ao apresentar a experiência vivida pela Cooperativa dos Assentados de Sobrália[1] na implementação da modalidade Compra com Doação Simultânea (CDS) do Programa de Aquisição de Alimentos (PAA).

1 Para preservar os participantes da pesquisa substituímos, o nome da organização, do município e dos entrevistados por nomes fictícios. O caso apresentado

O PAA foi criado em julho de 2003 e seu objetivo é estimular a agricultura familiar – ao garantir que a produção de pequenos agricultores será comprada para abastecer estoques estratégicos e mercados institucionais –, combater a fome e reduzir a insegurança alimentar – ao doar esses alimentos a entidades socioassistenciais que atendem populações em situação de risco. Além de promover a inclusão econômica e social dos pequenos agricultores e estimular sua organização coletiva, o PAA visa criar redes locais e regionais de comercialização, valorizar o saber-fazer local e a produção de alimentos agroecológicos.

O grande diferencial do PAA em relação a outros programas é sua capacidade de chegar aos agricultores mais vulneráveis e com poucos recursos financeiros, como famílias acampadas, assentados da reforma agrária, comunidades indígenas, quilombolas e povos tradicionais. Isso porque as exigências do PAA se adaptam melhor à realidade de pequenos agricultores que ainda não conseguem acessar outros programas cujos trâmites burocráticos e exigência documental não raras vezes se tornam barreiras instransponíveis.

A CDS do PAA pode ser acessada por agricultores organizados coletivamente (em cooperativas ou associações) e – como ocorre nos demais programas associativos – confere a essas organizações a função de implementar o programa. Como um conjunto considerável de atores sociais e estatais é envolvido nesse processo, o PAA depende da coordenação entre eles para ser operado. Isso exige que as organizações implementadoras se esforcem para mantê-los articulados e precisem lidar com os desafios que podem surgir ao longo desse processo.

Nosso objetivo é mostrar como a Cooperativa dos Assentados de Sobrália conseguiu entrar nesse programa associativo e implementá-lo entre 2010 a 2015. Para isso, analisamos como o grupo se

---

é um dos três analisados na pesquisa "Atuando nas fronteiras: as organizações da sociedade civil e a implementação do Programa de Aquisição de Alimentos na Região Metropolitana de Campinas". Dissertação defendida em 2018 pelo Programa de Pós-Graduação em Ciência Política do Instituto de Filosofia e Ciências Humanas da Unicamp. Agradecemos ao CNPq pela bolsa concedida.

articulou dentro do *campo multiorganizacional* de implementação do PAA (Klandermans, 1992) e qual *repertório de interação* (Abers; Serafim; Tatagiba, 2014) mobilizou.

Dessa forma, analisamos as estratégias da organização para acessar informações sobre o PAA, vencer a resistência de atores estatais e solucionar problemas ao longo de sua execução, bem como compreendemos *se* e *como* o uso dessas estratégias impactou o processo vivido pela organização. Nossa hipótese é de que, embora o PAA possua estrutura de implementação e normas bem definidas, a forma como uma organização se relaciona dentro do *campo multiorganizacional de implementação do PAA* importa para o processo vivido por ela.

Os dados que subsidiam o capítulo foram coletados por meio de visitas a campo e entrevistas semiestruturadas,[2] realizadas entre maio e junho de 2017, com três membros da Cooperativa dos Assentados de Sobrália. Esse material nos possibilitou conhecer a realidade vivida pelos assentados e sua mobilização para recriar a cooperativa, entender os desafios que o grupo enfrentou para acessar e conseguir implementar o PAA e descobrir as estratégias usadas para superá-los. Recorremos ainda a fontes primárias para entender a estrutura do PAA e o funcionamento da modalidade CDS, como leis, decretos e normativas sobre o programa e avaliações elaboradas pela Conab; e a fontes secundárias, como teses, dissertações e artigos, para obter informações sobre o processo de criação do programa e os atores envolvidos em sua formulação e implementação.

O capítulo está estruturado em três partes, além dessa introdução e da conclusão. Na primeira, apresentamos a produção científica com a qual dialogamos para desenvolver o estudo. A seguir, discorremos sobre o PAA, a modalidade CDS e sua estrutura de implementação. Também comentamos as alterações sofridas pelo programa a partir de 2012. Na terceira parte, apresentamos a Cooperativa dos Assentados de Sobrália e analisamos a experiência de

2 As visitas foram registradas em caderno de campo e as entrevistas foram gravadas com a autorização formal dos entrevistados, como exigido pelo Comitê de Ética em Pesquisa da Universidade Estadual de Campinas.

implementação protagonizada pelo grupo. Por fim, tecemos algumas conclusões sobre o estudo e a atual situação do PAA.

Notas teóricas

O PAA se enquadra dentro do fenômeno denominado *programas associativos* (Teixeira et al., 2016; Tatagiba; Teixeira, cap.1 deste volume). Assim o classificamos por oferecer às organizações elevado grau de autonomia para que implementem o programa (Teixeira et al., 2016). Além disso, a formulação do PAA acolheu soluções pensadas pela sociedade para o problema da insegurança alimentar e da falta de apoio à comercialização da agricultura familiar. A rede de atores envolvidos em sua formulação era composta por ativistas que discutiam propostas para a comercialização da agricultura familiar e combate à fome desde o final dos anos 1980 (Müller, 2007). A literatura mostra que dois momentos foram importantes para o encontro desses atores.

O primeiro foi o governo paralelo – grupo de trabalho criado pelo Partido dos Trabalhadores (PT) para fiscalizar o governo Collor (1990-1992) – que colaborou para que ativistas da agricultura familiar e da segurança alimentar se aproximassem e desenvolvessem projetos conjuntos (Grisa, 2012). Nele eram discutidos problemas e elaboradas propostas de intervenção em diversos setores de política pública. De acordo com Rizzolo (2009, p.91), esse grupo tinha como finalidade "pactuar uma agenda dos movimentos sociais e das demandas sociais emergentes" e elaborar propostas alternativas de políticas públicas para pressionar o governo. Dessa iniciativa, foi formulado o documento Política Nacional de Segurança Alimentar, em 1991, que defendia que o combate à fome deveria ser promovido através do fortalecimento da agricultura familiar e sugeria a criação de um conselho ligado à Presidência da República, que ficaria encarregado de acompanhar as ações de segurança alimentar (Takagi, 2006).

O segundo momento foi a criação do Instituto Cidadania, que se consolidou como um espaço de articulação entre pesquisadores, militantes e ativistas de diversos setores para pensar propostas de políticas públicas (Müller, 2007). Dessa iniciativa, foi lançado o documento *Projeto Fome Zero: uma proposta de Política de Segurança Alimentar para o Brasil* (Instituto Cidadania, 2001). Sua elaboração incluiu a participação de movimentos sociais campesinos e urbanos, ONGs, sindicatos, institutos de pesquisa e especialistas nos temas de agricultura familiar, economia e segurança alimentar. Esse projeto valorizava a produção familiar para combater a insegurança alimentar e recomendava a compra de produtos por mercados institucionais.

Ao mesmo tempo que esses encontros estavam sendo organizados pela cúpula do PT para pensar soluções para os problemas levantados pela demanda popular, pesquisadores e lideranças de movimentos eram convidados por prefeituras para desenvolver estratégias para melhorar os circuitos locais de comercialização. Uma justificativa para a entrada desses temas nos governos é o aumento de gestões locais do PT, entre os anos 1990 e 2000 (Müller, 2007). Essas iniciativas socioestatais resultaram em alguns projetos pilotos que inspiraram o atual desenho do PAA (Fróes et al., 2008).

Com a eleição de Lula, alguns desses ativistas ocuparam cargos de destaque dentro do Estado e acessaram espaços de formulação de política pública. Alguns autores sugerem que o fato de Lula ter destacado o combate à fome em seu programa de governo fez com que os setores envolvidos nessa temática adquirissem as "condições políticas necessárias" (Porto, 2014, p.18) para investir na elaboração de estratégias para combater a fome.

Assim sendo, o PAA surgiu do esforço de uma rede formada por ativistas vinculados a universidades, órgãos estatais, partido e movimentos, que buscou combinar o conhecimento gerado por iniciativas socioestatais testadas nos territórios com diversas ações pensadas para promover uma política alternativa para a segurança alimentar e agricultura familiar. O PAA acolheu as soluções pensadas pela sociedade civil e reconheceu o "modo de fazer" de suas organizações no processo de implementação.

Para analisar a atuação das organizações na dinâmica de implementação do PAA usamos o conceito *campo multiorganizacional*, cunhado por Klandermans (1992), para analisar a construção social dos eventos de protestos. Dentro desse campo encontramos os atores com os quais as organizações de um determinado movimento social podem se relacionar de forma colaborativa ou conflitiva. Em outras palavras, encontramos "sistemas de aliança", que fornecem recursos e criam oportunidades políticas para as organizações movimentalistas, e "sistemas de conflito", que podem restringir suas oportunidades e recursos. Também estão presentes atores que tentam se distanciar do conflito, mas a depender da situação podem tomar partido de um ou outro sistema.

As fronteiras entre esses sistemas não são fixas e se remodelam constantemente, o que possibilita a reconfiguração das coalizões. Dessa forma, ex-aliados de um movimento podem se juntar ao sistema de conflito e ex-opositores podem se aproximar dependendo do contexto. Logo, cabe a ambos tentar influenciar a opinião pública e disputar apoiadores para suas causas (Klandermans, 1992). É importante explicar que a forma como os atores acessam o campo e se aproximam entre si se deve à existência de valores comuns que orientam suas ações (Fligstein; Mcadam 2011; Wooten; Hoffman, 2008; Klandermans, 1992). É justamente a existência desses valores comuns que permite que atores multifiliados criem conexões com atores em diferentes organizações e campos, o que amplia seu acesso a recursos e estratégias. Segundo Curtis e Zurcher (1973, p.56, apud Klandermans, 1992, p.95, tradução nossa):

> Os processos interorganizacionais dentro do campo podem ser identificados em dois níveis, que se sobrepõem conceitualmente: o nível *organizacional*, onde as redes são estruturadas por atividades conjuntas, funcionários, conselhos de diretores, clientes-alvo, recursos etc.; e o *nível individual*, onde as redes são estabelecidas por múltiplas filiações de membros.

Ao usar esse conceito para analisar a implementação da modalidade CDS, reconhecemos todos os atores sociais e estatais envolvidos na implementação do PAA. Optamos por localizar as organizações de agricultores no centro do campo, já que são as protagonistas desse processo. Também estão presentes: as unidades recebedoras (instituições do município que recebem os alimentos); o Conselho Municipal de Segurança Alimentar e Nutricional – Comsea (responsável pelo controle social); as assessorias técnicas (majoritariamente órgãos públicos); a Superintendência Regional da Conab; a prefeitura municipal e a Secretaria Municipal de Promoção ou Assistência Social. Nomeamos esse conjunto de organizações como *campo multiorganizacional de implementação do PAA*.

Quadro 1 – Campo multiorganizacional de implementação do PAA

Atores sociais	
Organização fornecedora	Organizações responsáveis por selecionar os beneficiários, auxiliá-los no que for preciso e realizar todas as tarefas que sejam necessárias para o funcionamento dos projetos.
Unidades recebedoras	Devem enquadrar-se nos critérios exigidos pelo PAA e aceitar receber os alimentos doados pelas organizações.
Instituição participativa	
Comsea municipal	Deve realizar o controle social local do PAA, que consiste em fiscalizar a execução do cronograma de entrega dos alimentos e reportar à Conab qualquer problema ou irregularidade que prejudique o andamento dos projetos.
Atores estatais	
Assessorias técnicas	São as responsáveis por atestar a capacidade produtiva das organizações e supervisionar a qualidade da produção. Elas podem ser assessorias privadas ou públicas indicadas.[3]
Unidade executora	A Superintendência Regional da Conab é encarregada de organizar os processos seletivos, habilitar as organizações, selecionar os projetos e liberar os recursos para às organizações. Também deve acompanhar o desenvolvimento dos projetos.
Prefeitura municipal	Os estados e municípios são responsáveis por acompanhar o desenvolvimento do projeto e coordenar a logística do PAA (organizar o recebimento, armazenamento e distribuição dos alimentos).
Secretaria municipal	Geralmente participam do PAA as Secretarias de Promoção ou Assistência Social. Elas assinam os projetos em nome do poder municipal e são responsáveis por indicar possíveis entidades recebedoras e, em alguns casos, podem realizar o controle social na ausência do conselho municipal de segurança alimentar.

Fonte: Elaborado com base no decreto n.7.775, de 4 de julho de 2012, e no Manual Operativo da Modalidade CDS (Brasil, 2014).

3 No estado de São Paulo, as principais assessorias públicas são a Coordenadoria de Assistência Técnica Integral (Cati), Instituto de Terras de São Paulo (Itesp) ou Instituto de Colonização e Reforma Agrária (Incra).

Como o campo em questão é formado por organizações habitadas por indivíduos multifiliados que mobilizam estratégias e recursos para viabilizar seus interesses e projetos – e que estão constantemente negociando alianças e alterando suas posições –, essas lentes nos ajudam a captar a ação nos níveis individual e organizacional, assim como a dinâmica de interação entre organizações e indivíduos dentro do campo multiorganizacional de implementação do PAA.

Para captar estratégias mobilizadas pelas organizações dentro desse campo, utilizamos o que Abers, Serafim e Tatagiba (2014) entendem por *repertório de interação* – uma adaptação do conceito de *repertório de confronto* de Charles Tilly.[4] Esse ajuste foi feito para analisar o caso brasileiro, já que os movimentos não interagem com o Estado apenas pela chave do conflito, mas também estabelecem relações colaborativas.

As autoras concluíram que o repertório de interação de alguns movimentos era majoritariamente composto por quatro estratégias: *protestos e ação direta* – movimentos "pressionam os atores estatais a negociar através da demonstração de sua capacidade de mobilização" (Serafim; Tatagiba, 2014, p.332); *participação institucionalizada* – atuar em "canais de diálogo oficialmente sancionados que são guiados por regras previamente definidas, aceitas pelos envolvidos" (ibid., p.332); *política de proximidade* – ativação de "contatos pessoais entre atores de Estado e sociedade civil" (ibid., p.332); e a *ocupação de cargos na burocracia* – ocupação de posições estratégicas no governo. Esse conjunto de estratégias era mobilizado de diferentes formas a depender do momento das negociações e do grau de abertura existente em cada setor.

Nosso trabalho contribui para mostrar que esse repertório não é mobilizado unicamente para acessar espaços de disputa em torno

---

4 Esse conceito foi forjado por Tilly, dentro da Teoria do Confronto Político, para definir o "portfólio finito de técnicas e práticas já experimentadas e que possuem legitimidade social e política" pelos movimentos sociais na interação contenciosa com os atores político-institucionais (1992 apud Abers; Serafim; Tatagiba, 2014, p.327).

da formulação de políticas públicas, mas também para implementar políticas públicas.

O PAA e a estrutura de implementação da modalidade CDS

O PAA surgiu como um eixo estruturante do Programa Fome Zero, no Ministério Extraordinário de Segurança Alimentar e Combate à Fome. Com sua extinção, passou a ser coordenado pela Secretaria Nacional de Segurança Alimentar, vinculada ao Ministério de Desenvolvimento Social (MDS). Devido à sua natureza intersetorial, seu orçamento é composto por recursos vindos do Ministério do Desenvolvimento Agrário (MDA) e do MDS e tem a Companhia Nacional de Abastecimento (Conab) como sua principal executora.

O marco de criação do PAA foi o artigo 19 da lei n.10.696, de 2 de julho de 2003, regulamentado pelo decreto n.4.772, de 2 de julho de 2003, que apresenta o programa e define seu conjunto de atores e funções. De acordo com esse decreto, seu objetivo é estimular a produção e compra de alimentos produzidos por agricultores familiares (beneficiários fornecedores). Essa produção pode ter dois fins: contribuir para a formação de estoques estratégicos ou ser doada por meio de unidades recebedoras – instituições que participam de redes socioassistenciais e equipamentos públicos de alimentação e nutrição – a famílias em situação de insegurança alimentar (beneficiários consumidores). Assim sendo, o programa busca tanto promover a inclusão econômica e social dos agricultores familiares quanto ampliar a distribuição de alimentos a grupos vulneráveis.

A modalidade Compra com Doação Simultânea (CDS)

A CDS prioriza a compra de produtos típicos regionais, *in natura*, processados, orgânicos ou agroecológicos de agricultores familiares (beneficiários fornecedores) e, depois, doa essa produção para equipamentos públicos e entidades socioassistenciais que, por sua vez, atendem pessoas em situação de insegurança alimentar e nutricional (beneficiários consumidores) (Brasil, 2012).

A compra desses produtos torna a modalidade estratégica, pois são produzidos em pouco tempo. Isso favorece os dois grupos beneficiários, pois se os beneficiários fornecedores podem plantar, colher e vender em um intervalo curto de tempo, a oferta de alimentos para os beneficiários consumidores será rápida e contínua. Isso torna a CDS a que melhor se ajusta à realidade dos agricultores menos especializados e com poucos recursos, pois garante a compra de praticamente tudo o que podem produzir (Oliveira, 2016).

Os agricultores podem acessar a CDS de duas formas: (a) por meio de um Termo de Adesão, no qual a Conab estabelece parcerias com estados e municípios e os agricultores habilitados participam individualmente, cabendo aos estados e prefeituras a responsabilidade de gerir os projetos; ou (b) por um Termo de Cooperação com a Conab, válida apenas para agricultores organizados coletivamente em associações e cooperativas, que são as responsáveis por executar os projetos.[5] É nesta segunda forma de acesso que centramos nossos esforços.

Quando os agricultores a acessam organizados em cooperativas ou associações, estas adquirem protagonismo dentro de sua implementação e devem gerir os projetos aprovados e mediar expectativas e conflitos que possam aparecer entre os agentes públicos e as famílias representadas por elas. Entre as principais funções dessas organizações estão: selecionar os beneficiários fornecedores, elaborar e executar os projetos, realizar prestação de contas, acompanhar a produção e auxiliar técnica e burocraticamente os agricultores que participam de seus projetos. Também podem atuar conscientizando os agricultores sobre os padrões de qualidade exigidos pelo PAA ou motivando-os a continuar participando dos projetos da CDS.

---

5 Se acessada individualmente, cada unidade familiar pode vender anualmente até R$ 6,5 mil; mas, se acessada coletivamente, o limite sobe para R$ 8 mil, e cada organização pode fazer projetos de até R$ 2 milhões.

Esse grande volume de funções evidencia que a contrapartida exigida das organizações é alta, sobretudo se levarmos em conta o fato de que elas não recebem recursos do PAA para investir em estrutura e aprimoramento técnico, como é previsto no Programa Minha Casa Minha Vida – Entidades, por exemplo. Não raramente elas se depararam com vários problemas durante a implementação, como falta de informação; entraves burocráticos para regularizar as organizações; apoio técnico rural insuficiente; exigência de profissionalização; dificuldade para manter a regularidade da produção; problemas logísticos; contratempos na relação com agentes públicos; atraso na liberação das Declarações de Aptidão (DAPs)[6] dos agricultores; atraso nos pagamentos feitos pela Conab; e problemas para manter o coletivo mobilizado até o final dos projetos (Santana, 2015; Porto, 2014; Mattei, 2006).

Isso mostra que implementar a CDS exige que as organizações de agricultores invistam em conhecimento técnico e burocrático, o que nem sempre é possível, e ainda combinem essa *expertise* com a capacidade de manter coesa e motivada as suas bases.

O campo multiorganizacional de implementação do PAA

A Conab, unidade gestora do PAA, recebe os recursos vindos do MDS e os repassa as Superintendências Regionais presentes nas 27 unidades federativas. As Superintendências Regionais abrem processos seletivos (através da plataforma online PAAnet) para que as organizações interessadas enviem propostas de participação. Os projetos são avaliados com base em critérios estabelecidos pelo Grupo Gestor do PAA (GGPAA) e os melhores colocados no *ranking* são aprovados.

Inicialmente, quando a modalidade entrou em vigor, sua estrutura de implementação envolvia a participação das organizações,

6 A Declaração de Aptidão (DAP) ao Programa Nacional de Fortalecimento da Agricultura Familiar (Pronaf) é um documento expedido por órgãos licenciados pelo extinto MDA e confere aos produtores o *status* de agricultores familiares e permite seu acesso a políticas destinadas a agricultura familiar.

das assistências técnicas, da Conab, das unidades recebedoras e do Comsea municipal (Brasil, 2012). As organizações eram responsáveis por selecionar os beneficiários, elaborar e implementar os projetos, que deveriam ser assinados em conjunto com uma assistência técnica para atestar a capacidade e qualidade da produção do grupo. Já a Superintendência Regional da Conab deveria acompanhar os projetos selecionados e liberar o pagamento à organização conforme as entregas ocorressem.

Por fim, as unidades recebedoras deveriam enquadrar-se nos critérios exigidos pelo GGPAA e aceitar receber a produção doada pela organização, enquanto o Comsea deveria realizar o controle social (fiscalizar a execução do cronograma do projeto e reportar à Superintendência Regional da Conab qualquer problema ou irregularidade). Dessa forma, qualquer organização que quisesse entrar na CDS poderia elaborar um projeto, levando em consideração a demanda de seus agricultores e das entidades socioassistenciais em sua cidade, e participar dos processos seletivos promovidos pelas Superintendências da Conab.

Com o passar dos anos, o PAA foi sendo remodelado. Suas regras e modalidades foram modificadas com a justificativa de que isso melhoraria a eficiência do programa e reduziria brechas que poderiam ser usadas para o desvio de dinheiro público (WWP, 2016). As principais mudanças ocorreram a partir de 2011 e acabaram, mesmo que sem intenção, levando a um aumento de controle dos estados e prefeituras sobre o programa e reduzindo o peso e a autonomia das organizações.

De acordo com Porto (2014), esse é o caso da lei n.12.512, de 14 de outubro de 2011, que instituiu o Termo de Adesão entre MDS e estados e municípios. Tal instrumento tinha como objetivo substituir os convênios para "agilizar os procedimentos administrativos e avançar na execução do PAA com os entes federados" (Porto, 2014, p.77). Para Porto, essa e outras alterações de fato colaboraram para ampliar as operações realizadas por estados e municípios dentro do PAA, mas também impactaram as realizadas por organizações (que acessam a modalidade por meio do Termo de Cooperação).

Isso porque a criação do Termo de Adesão acabou privilegiando o acesso ao PAA via estados e municípios em vez de estimular a participação via cooperativas e associações, o que vai contra um dos objetivos iniciais do programa de fortalecer a organização coletiva dos agricultores familiares. Esse fenômeno foi chamado de "prefeiturização" do PAA (Porto, 2014).

A maior participação dos entes federados na CDS não foi incentivada somente pela lei n.12.512. Ela também se tornou pré-requisito para que as organizações pudessem acessar a modalidade por meio do Termo de Cooperação com a Conab. Pois o GGPAA editou a resolução n.59, de 10 de julho de 2013, que definiu as prefeituras como responsáveis pela logística do programa, e a resolução n.62, de 24 de outubro de 2013, que criou novas regras para a seleção das entidades recebedoras – exigindo que estas pertencessem à rede socioassistencial do Sistema Único de Assistência Social (Suas), equipamentos de alimentação ou entidades de assistência social inscritas no Conselho Municipal de Assistência Social. Para atestar que as entidades recebedoras se enquadrassem nas regras previstas pela resolução, o município e a organização deveriam assinar um termo bipartite.

Essas alterações aumentaram o controle dos governos locais sobre os projetos executados pelas organizações de agricultores familiares, pois se as prefeituras alegassem não ter condições de armazenar ou transportar essa produção, poderiam se recusar a assinar os projetos – o que impediria as organizações de submeterem novas propostas à Conab. Além disso, entidades recebedoras foram restringidas àquelas que se enquadram na rede socioassistencial municipal. Se antes os agricultores podiam selecionar quais entidades receberiam suas doações, agora essa decisão também devia passar pelas prefeituras.

Portanto, após o pacote de alterações feitas entre 2011 e 2013, para que as organizações de agricultores possam participar do PAA é necessário um aceno positivo das administrações públicas. Essas medidas ampliaram o poder dos governos locais dentro do campo multiorganizacional de implementação do PAA, ou seja, aumentaram o poder de veto das prefeituras sobre os projetos e diminuíram a autonomia das organizações da sociedade civil dentro do programa.

Se antes as cooperativas e associações possuíam autonomia para gerir seus projetos e se reportavam somente à Conab, agora precisam negociar sua participação na modalidade CDS do PAA e dividir responsabilidades com as prefeituras.

A experiência da Cooperativa dos Assentados de Sobrália

A Cooperativa dos Assentados de Sobrália está localizada no município homônimo. A cooperativa é integrada por famílias de agricultores distribuídas em três assentamentos próximos entre si e que foram conquistados pela luta do Movimento dos Trabalhadores Rurais Sem Terra (MST) nos anos 1980. Nessa época o município estava se industrializando e sua população urbana se expandindo. Muitas famílias vieram da região Centro-Sul do país. Eram trabalhadores rurais expulsos de suas terras ou forçados a deixar o campo por conta do processo de mecanização que estava em curso na época. Ao chegarem, elas enfrentaram desemprego e se encontravam em situação de vulnerabilidade.

Por volta de 1981, centenas de famílias moradoras de bairros periféricos começaram a participar de atividades promovidas pelas Comunidades Eclesiais de Base (CEBs), da Igreja Católica, como o cultivo de hortas comunitárias e reuniões para conversar sobre a realidade socioeconômica vivida pelo país. Através desses núcleos, as famílias conheceram o MST. Após um período de reuniões e trabalho de base, o grupo decidiu organizar ocupações em terras ociosas na região. Em 1984, o movimento conseguiu o primeiro assentamento na região rural de Sobrália. Após a conquista do primeiro, o grupo conseguiu criar mais dois assentamentos na proximidade. Em 1989, as famílias do assentamento mais antigo criaram uma cooperativa para organizar a comercialização de sua produção, contudo ela acabou sendo desativada. Em 2008, os assentados voltaram a discutir a necessidade de se organizarem coletivamente para poder escoar a produção e, em 2010, a reativaram.

Atualmente o grupo possui boa produtividade e conta com 278 cooperados, que trabalham em lotes familiares. Dependendo do cultivo ou da capacidade de cada família, podem trabalhar coletivamente ou contratar diaristas para ajudar na produção. Além de participarem de programas de comercialização, os assentados também encontraram outras formas de trazer renda para o assentamento, como a venda para comércios da região e a realização de feiras e festas. Eles também firmaram parceria com a Secretaria Municipal de Turismo para realizar visitas guiadas aos assentamentos e estão finalizando a construção de uma Unidade de Processamento de Alimentos, que possibilitará a venda de sua produção para outros mercados e regiões do país.

Em 2010, o grupo teve o primeiro projeto aprovado na modalidade CDS e, desde então, é algo que se repetiu anualmente até 2015.[7] A partir de 2016, devido aos cortes sofridos pelo PAA, seus projetos não foram aprovados. O processo de reestruturação da cooperativa começou com a aprovação de seu primeiro projeto na modalidade CDS do PAA, em 2010, o que evidencia como o programa contribui na ponta para a organização do tecido associativo. Para que conseguissem entender o funcionamento do PAA e se capacitar enquanto cooperativa, contaram com a ajuda de alguns apoiadores. Foi por meio deles que o grupo conseguiu regularizar a situação da cooperativa, acessar cursos de capacitação técnica para conseguir gerir a organização e entender as regras e elaborar seus primeiros projetos para a modalidade CDS.

---

7 Como os projetos de CDS (via Termo de Cooperação com a Conab) não foram mais possíveis, os cooperados continuam participando de chamadas públicas de cidades vizinhas para o Programa Paulista da Agricultura de Interesse Social (PPAIS), o Pnae e a CDS do PAA via Termo de Adesão (cujos projetos são executados pelas prefeituras).

Mobilizando estratégias para acessar a CDS

Quando uma organização decide tentar participar do PAA há várias etapas a serem cumpridas. Como a Superintendência Regional da Conab é o órgão que opera o PAA nos territórios, as organizações o procuram com frequência para buscar informação. No entanto, a Conab costuma contar com poucos funcionários para dar conta de um grande volume de trabalho. Consequentemente, sua capacidade de atender a demanda dos agricultores por informações sobre o PAA tende a ser comprometida.

A estratégia mobilizada pela Cooperativa dos Assentados de Sobrália para vencer essa barreira e acessar a Conab foi a *política de proximidade*. Foi por meio de um apoiador que trabalhava como assessor técnico no Incra – responsável por expedir as DAPs para assentados e supervisionar os projetos enviados ao PAA pelas cooperativas dos assentamentos acompanhados por esse órgão – que o grupo conseguiu entrar em contato com funcionários em diferentes níveis dentro da Conab regional.

O grupo teve acesso a esse apoiador por causa das lutas realizadas pelo MST. Ele conhecia alguns técnicos da Conab, que haviam pedido sua ajuda para encontrar organizações que pudessem enviar projetos para captar o restante de recurso que o órgão tinha disponível para investir no PAA no estado. Caso não aprovassem novos projetos o recurso deveria ser devolvido ao MDS. Como o funcionário do Incra conhecia a cooperativa e sabia do interesse do grupo em participar do Programa, entrou em contato e ofereceu suporte para elaborar seu primeiro projeto, em 2010.

> Esse primeiro projeto quem trouxe foi o Márcio. Ele veio aqui e a gente não sabia fazer nada. [...] Ele trouxe o computador que vinha com internet 3G, baixou o programa e disse "vamos fazer". Então foi ele que começou a acompanhar a gente. (Entrevista realizada com Maria, presidente da cooperativa)

Após a aprovação do projeto, esse funcionário do Incra os colocou em contato com o gerente de projetos da Conab, a quem o grupo recorria para pedir informações sobre trâmites burocráticos e alterações de regras. Maria, presidente da cooperativa, explica que após conseguirem entrar no PAA o principal desafio enfrentado foi aprender a operar a CDS:

> [...] a gente teve que buscar essa informação na Conab, no Incra para aprender a fazer nota fiscal – que tinha que ser eletrônica –, planilhas, trabalhar no sistema da Conab [...] para finalizar os projetos. E também a prestação de contas, porque você tinha que fazer tudo à mão. Não tinha um escritório, não tinha nada. Você ia lá pegar um contador que vinha aqui e dava orientação. Então a gente teve toda essa dificuldade. (Entrevista realizada com Maria, presidente da cooperativa)

Por conta das boas relações com a Conab, a organização conseguiu participar de um curso de capacitação de dois meses, no qual aprenderam a gerenciar os projetos da CDS.

> Você tinha que estar inscrito no projeto deles [participando da CDS]. [...] O pessoal da Conab vinha fazer entrevista com o agricultor, vinha na roça do agricultor para ver se estava tudo certinho, aí você ganhava a capacitação. (Entrevista realizada com Maria, presidente da cooperativa)

A entrevistada comenta que nesse curso eles aprenderam tudo o que era preciso para executar o programa. "Era capacitação de tudo o que você pode imaginar: nota fiscal, fazer o pagamento do agricultor, emitir nota eletrônica, tudo."

É importante dizer que nessa época a prefeitura de Sobrália era vista como "um grande parceiro" por ser uma gestão do PT – partido com qual o grupo mantém proximidade desde a criação dos assentamentos – e, durante a realização do curso de capacitação, colaborou se responsabilizando pelo transporte dos agricultores cooperados de Sobrália até a sede da Conab em São Paulo.

Outro apoiador que colaborou para a estruturação da cooperativa foi Vitor, assentado e cooperado que sempre esteve ligado à luta pela terra e atuante no movimento sindical, portanto, próximo à Central Única dos Trabalhadores (CUT) e a movimentos sociais, como o MST. Em 2012, ele assumiu o cargo de assistente e delegado substituto da Delegacia Federal do MDA no estado de São Paulo, órgão responsável por implementar algumas políticas promovidas pelo ministério no estado. Permaneceu nessa função até 2016, quando o MDA foi rebaixado à Secretaria Especial da Agricultura. Vitor sempre repassava informações para a cooperativa sobre cursos de capacitação e editais que eram lançados para a agricultura familiar.

> A gente tinha um e-mail, um *mailing list* com todas as entidades e cooperativas [do estado], né? E por morar aqui facilitava, porque de sábado e domingo eu tava aqui e o pessoal: "Vitor, e aí? Como é que é?"[...] E eles vinham aqui e a gente sentava e conversava. (Entrevista com Vitor, assentado e ex-assessor na Delegacia Federal do MDA em São Paulo)

Uma dessas oportunidades foi um programa elaborado pelo MDA que visava qualificar as organizações rurais – estruturando-as e fortalecendo sua organização interna – para acessar circuitos de comercialização maiores e mais exigentes, como o *Programa Nacional de Alimentação Escolar (*Pnae). A ideia é que as organizações aprovadas no processo seletivo abrissem suas portas para um técnico do programa, que analisaria sua situação e traçaria um plano de trabalho a ser executado durante três anos. Em São Paulo foram selecionadas 35 organizações, e a Cooperativa dos Assentados de Sobrália foi uma delas. Dentre os temas abordados, as organizações aprendiam a trabalhar:

> [...] a parte contábil, a parte de *marketing*, a parte de organização interna, fluxo de caixa, a parte na junta comercial, a parte de tentar entender o que é de fato uma cooperativa. [...] Essas que tiveram essa assessoria, muitas deram um salto de qualidade organizativa. (Entre-

vista com Vitor, assentado e ex-assessor na Delegacia Federal do MDA em São Paulo)

De acordo com a presidente da cooperativa, tanto o curso feito na Conab quanto o oferecido pelo MDA foram essenciais para que a organização conseguisse se estruturar e se apropriar das normas do PAA para operar a CDS. Portanto, para conseguir acessar a Conab e obter informações sobre como participar do PAA, a organização mobilizou apoiadores, cuja relação havia sido construída ao longo dos anos de luta pela terra. Essa proximidade com apoiadores multifiliados que atuavam em diversos campos organizacionais e espaços – como Incra, MDA, MST, CUT, Conab – favoreceu a circulação de informações e o acesso a cursos de capacitação, fundamentais para a estruturação da cooperativa e sua permanência na modalidade CDS do PAA.

Contudo, as alterações sofridas pelo PAA, entre 2011 e 2013, obrigaram a cooperativa a adotar outra estratégia para seguir participando do programa. Como afirmado na seção "o PAA e a estrutura de implementação da modalidade CDS", esse pacote de medidas provocou a inclusão da participação das prefeituras e alterou a distribuição de poder dentro do campo multiorganizacional do PAA, exigindo que a organização buscasse outras formas de dialogar com esses atores. A partir desse momento, a principal estratégia mobilizada pela cooperativa foi a *participação institucionalizada*, pois o grupo percebeu que precisava participar ativamente do Comsea de Sobrália para conseguir lidar com os problemas causados pela reorganização da modalidade.

Em 2013, as eleições provocaram a troca de partido no governo municipal, com a saída do PT e entrada do PSDB. Nesse mesmo ano, a organização teve seu primeiro projeto aprovado após as mudanças ocorridas entre 2011 e 2013. Nos primeiros meses de projeto, o grupo precisou lidar com dois problemas: a resistência da prefeitura municipal, que alegava não ter condições de custear a logística do projeto; e as reclamações feitas por algumas entidades recebedoras sobre a baixa qualidade dos alimentos doados, o que não aconteceu em projetos anteriores.

Como a organização não conseguia descobrir a causa das reclamações, decidiu participar do Comsea. Um de seus cooperados foi eleito para ocupar uma das cadeiras destinadas a representantes da sociedade civil. O representante da cooperativa conseguiu identificar a origem do problema. As entidades recebedoras estavam demorando a retirar os produtos, que ficavam armazenados por um longo tempo nos galpões municipais, cujas condições de armazenamento não eram adequadas. Isso prejudicava a qualidade dos alimentos e gerava a insatisfação das entidades recebedoras. A cooperativa então encaminhou um documento à Conab, assinado pelo Comsea, explicando que cumpriam com sua parte e que os problemas não eram de sua responsabilidade.

Portanto, estar no Comsea permitiu que a organização identificasse o problema na cadeia de distribuição e encontrasse formas de se defender junto à Conab. A partir de 2016, a cooperativa não conseguiu mais ser contemplada pela CDS. A justificativa apresentada pela Conab é que, devido ao corte de recursos, foram adotados novos critérios de priorização para selecionar os projetos. Dessa forma, o GGPAA passou a priorizar projetos enviados por organizações menores e mais vulneráveis (Conab, 2016), não mais contemplando projetos maiores enviados por organizações mais estruturadas, como é o caso da Cooperativa dos Assentados de Sobrália.

Como visto, a mudança de regras do PAA trouxe maior dificuldade às organizações. Se, antes, elas se dirigiam apenas à Conab, agora elas precisam encontrar formas de dialogar com o conjunto de atores envolvidos na implementação do PAA para permanecer no programa e dar andamento a seus projetos. A estratégia que tem sido mobilizada pelas organizações é a atuação no Comsea, que passou a ser um importante espaço de encontro para os participantes do campo multiorganizacional de implementação do PAA. Isso porque o conselho se tornou tanto um local de diálogo, disputa e construção de alianças, como de resolução de problemas práticos da implementação. No Comsea, a cooperativa encontrou um novo canal de diálogo com o executivo municipal, conseguiu vencer resistências internas, circular informações sobre o programa, localizar problemas na cadeia de distribuição, negociar responsabilidades da implementação, e convencer os representantes públicos da importância do município seguir participando do PAA.

Antes das mudanças sofridas pelo PAA – ocorridas entre 2011 e 2013 –, os setores do campo multiorganizacional pareciam apoiar a organização que implementava a CDS, pois alguns ativistas – que compartilhavam projetos e identidade coletiva com a cooperativa de assentados – ocupavam posições estratégicas dentro de algumas das organizações do campo. Além disso, a prefeitura municipal tinha pouco peso dentro do Programa nesse momento e era tida como parceira por ser uma gestão do PT. Esses fatores conferiam autonomia a essa organização da sociedade civil para decidir sobre a implementação de seus projetos.

No entanto, após o pacote de mudanças, a organização teve seu sistema de apoio reduzido por dois motivos. Primeiro, porque a nova legislação conferiu maior poder e controle à prefeitura dentro do campo multiorganizacional de implementação do PAA. Segundo, porque a nova gestão municipal não era de um partido considerado próximo à cooperativa. A estratégia encontrada pelo grupo para lidar com a redução de apoio dentro do campo multiorganizacional foi "se infiltrar" no Comsea, ou seja, participar ativamente do conselho. Essa atuação não só possibilitou ao grupo recuperar informações sobre o processo de distribuição de seus alimentos, mas também tentar convencer conselheiros indiferentes ou contrários à atuação da cooperativa sobre a importância do PAA e construir alianças com outros participantes.

Essa experiência mostra que o campo multiorganizacional de implementação do PAA está em constante disputa e reorganização, exigindo que tanto o sistema de aliança (setores que apoiam à organização da sociedade civil), quanto o de conflito (setores favoráveis ao maior controle do poder público) estejam constantemente reinterpretando o conflito, redefinindo suas estratégias e oponentes e buscando apoio entre os demais atores presentes no campo.

Conclusão

O objetivo deste capítulo foi mostrar como a Cooperativa dos Assentados de Sobrália conseguiu entrar e implementar um programa associativo. Para tal, apresentamos as estratégias mobilizadas para angariar apoio e acessar alguns dos atores dentro do campo multiorganizacional de implementação do PAA em dois momentos do programa. No primeiro, por meio da *política de proximidade*, a cooperativa ativou apoiadores dentro do Incra para conseguir estabelecer relação com a Conab e, assim, conseguir se informar sobre a CDS e obter ajuda para iniciar seu primeiro projeto. O que corrobora com o proposto por Wooten e Hoffman (2008) de que fazer parte de um campo confere às organizações a possibilidade participar de redes colaborativas de formação e circulação de informações.

No segundo momento, a forma de acessar esse campo precisou ser alterada em virtude de dois fatores: (i) a alteração de regras da política pública, processo que não contou com a participação das organizações que implementam o PAA na ponta; (ii) e a mudança de partido no governo municipal (exposto na seção anterior) e federal (que será comentado adiante). Tais alterações provocaram a reorganização do campo multiorganizacional de implementação do PAA e exigiram que a cooperativa utilizasse uma nova estratégia, a *participação institucionalizada* no Comsea. Estar no conselho permitiu ao grupo acompanhar as atividades de execução, que haviam sido retiradas dela, e tentar reequilibrar a distribuição de poder dentro do campo.

A mobilização dessas estratégias ajudou a organização a acessar outras organizações do campo multiorganizacional de implementação do PAA e se reposicionar dentro dele para vencer os desafios na implementação e a resistência de outros atores, garantindo assim sua permanência no PAA. A forma como uma organização se relaciona dentro do campo multiorganizacional de implementação do PAA importa para o processo vivido por ela.

Sobre as alterações sofridas pelo PAA, é preciso dizer que, entre 2011 e 2013, elas foram realizadas com o intuito de diminuir brechas para evitar possíveis desvios de recursos e aumentar o controle dos governos estaduais e municipais. Contudo, após o golpe de 2016, o programa vem sofrendo consideráveis cortes orçamentários e sendo impactado por mudanças realizadas em órgãos que prestam serviços essenciais ao seu funcionamento.

Ainda nos primeiros meses do governo interino de Michel Temer,[8] mudanças profundas foram realizadas e um dos setores que mais sofreu impacto foi o da agricultura familiar. Por meio da medida provisória n.726, de 12 de maio de 2016, o MDS foi transformado em Ministério do Desenvolvimento Social e Agrário e o MDA foi rebaixado a Secretaria Especial de Agricultura Familiar e do Desenvolvimento Agrário. Tanto a Secretaria quanto o Incra foram subordinados à Casa Civil, provocando a desvinculação de funções e serviços importantes para o setor da agricultura familiar.

Essas mudanças repercutiram amplamente em movimentos sociais e sindicais rurais. Manifestações e protestos contra as medidas foram organizados principalmente pelo MST, Federação dos Trabalhadores e Trabalhadoras na Agricultura Familiar (Fetraf), Confederação Nacional dos Trabalhadores na Agricultura (Contag) nos níveis local e nacional e contaram com a participação de agricultores em diversas regiões do país. As organizações que participavam do Conselho Nacional de Segurança Alimentar e Nutricional (Consea) lançaram uma carta aberta,[9] em 6 de julho de 2016, denunciando o desmonte que estava em curso. Para o Consea, essas ações eram retrocessos graves em matéria de direitos fundamentais, como o direito humano à alimentação adequada e saudável, e representavam "uma grave afronta ao Estado democrático de direito construído com participação social".

---

8 O governo interino começou no dia 12 de maio de 2016 e terminou em 31 de agosto, quando Michel Temer foi conduzido ao cargo após a Câmara de Deputados decidir pelo afastamento da presidenta Dilma Rousseff.

9 Carta Aberta "Não aos retrocessos e pela ampliação dos direitos conquistados". Abong. Disponível em: <http://www.abong.org.br/notas_publicas.php?id=9876>. Acesso em: 2 fev. 2017.

9
Reconfigurar a ação pública: ativismo e criatividade política nos Programas Cataforte e Minha Casa Minha Vida – Entidades

Igor Brandão

Rafael Viana

O manejo de resíduos sólidos e a oferta de habitação de interesse social (HIS) são grandes desafios enfrentados por gestores de cidades brasileiras nas últimas décadas. O objetivo deste capítulo é comparar os processos de emergência de dois programas associativos (Teixeira et al., 2016; Tatagiba; Teixeira, cap.1 deste volume), cuja população alvo constitui-se de pessoas desprivilegiadas no ambiente urbano: o Cataforte e o Minha Casa Minha Vida – Entidades (MCMV-E). Enquanto o primeiro visa criar postos de trabalho e gerar renda para catadores de materiais recicláveis, contribuindo para a implantação de sistemas integrados inclusivos de gestão de resíduos, o segundo visa criar unidades habitacionais populares e gerar moradia para cidadãos de baixa renda, contribuindo para mitigar o déficit habitacional. A ação de burocratas em interação com atores de organizações da sociedade civil de cada setor marca o desenho e a implementação dos programas. Em ambos, organizações da sociedade civil recebem recursos federais e organizam a entrega da política a seus beneficiários.

Teixeira e Tatagiba, no capítulo 1 deste livro, argumentam que programas associativos se caracterizam pela presença de três elementos: a) o reconhecimento formal das organizações da sociedade civil como agentes da implementação da política, com uma função de mediação entre a população e o acesso a determinados direitos de cidadania; b) repasse direto de recursos públicos para organizações da sociedade civil organizada, a fim de fortalecê-la no processo de produção da política pública; c) a incorporação de um "modo de fazer" das organizações sociais que desafia interesses e saberes cristalizados nos percursos tradicionais de produção das políticas. Esses elementos estão presentes tanto no MCMV-E quanto no Cataforte, que também incorporam o modelo de trabalho coletivo criado por associações e cooperativas de moradores e catadores.

Os programas aqui analisados, para além da entrega do bem público, visam promover o associativismo e o cooperativismo entre seus beneficiários. Assim, eles constituem formas alternativas de produção da política pública, nas quais a sociedade civil organizada protagoniza o processo. Por esse protagonismo incomum em outros programas, é fundamental que ampliemos a compreensão sobre o processo de produção desse tipo de política. Neste capítulo, buscamos contribuir com essa compreensão tendo como foco de análise a atuação da burocracia pública. Como burocratas se articulam na prática para resolver problemas nos campos de políticas como o Cataforte e o MCMV-E? Como a interação entre atores dentro e fora do Estado pode provocar a reconfiguração de programas associativos?

A vantagem de observarmos os processos de reconfiguração de programas semelhantes em setores de políticas diferentes é identificar como atores de burocracias distintas lidam com dilemas comuns na implementação de políticas públicas. Ao mostrar como essas burocracias atuam para implementar projetos alternativos por meio dos programas, realçamos a participação deste ator, o qual, como será demonstrado, teve destacada importância na reconfiguração dos programas. A análise se baseia em 150 entrevistas aprofundadas,[1] documentos e observação em reuniões públicas. Os inter-

1 Desse total, 60 entrevistas foram realizadas em pesquisa de mestrado e 90 em pesquisa de doutorado. Ver, respectivamente, Viana (2017) e Brandão (2018).

locutores foram selecionados por meio da técnica "bola de neve", com múltiplas entradas ao campo. As informações coletadas nas entrevistas foram matizadas com dados de atas de reuniões, cartilhas, portarias, decretos, editais, termos de referência e leis sobre os programas. A presença na Expocatadores de 2015 e em reuniões do Conselho das Cidades também subsidiam a análise.

Além desta introdução, o capítulo se organiza da seguinte maneira. Na segunda seção, apresentamos o referencial teórico-conceitual que tende a destacar o processo de criatividade política e mudança institucional, o qual nos ajudará a analisar o papel desempenhado pela burocracia na reconfiguração dos programas. Na terceira, analisamos o papel da ação criativa de burocratas no desenho e na implementação dos programas associativos. Por último, à guisa de conclusão, retomamos os principais achados, situando de que maneira o presente capítulo pode contribuir para a literatura sobre participação política, movimentos sociais e políticas públicas.

Ativismo burocrático na resolução de problemas públicos

Os programas associativos podem ser interpretados como espaços de negociação em campos estratégicos de políticas nos quais a ação de burocratas pode ser observada (cf. Molton; Sandfort, 2017). Neste capítulo, como dito, importa compreender como se dá essa atuação da burocracia nos campos de políticas como o Cataforte e o MCMV-E, principalmente do que se convencionou chamar de burocrata ativista.

Burocratas são atores políticos que definem problemas e lhes associam soluções por meio de propostas dotadas de sentido específico (Hajer, 1993; Fischer, 2003; Zittoun, 2014). O papel proativo de agentes situados em burocracias públicas no desenho e na entrega de políticas tem ganhado espaço na literatura especializada internacional recentemente (Abers, 2019; Abers; Tatagiba, 2015; Brandão, 2017, 2018; Brandao; Vilaça, 2017; Cayres, 2013; Gutierrez,

2010; Hysing; Olsson, 2018; Penna, 2017; Rich, 2013; Verhoeven; Duyvendak, 2017; Viana, 2017). Abers e Tatagiba (2015), por exemplo, analisam como os vínculos de agentes feministas com organizações de movimentos sociais afetam seu ativismo no interior de burocracias estatais, produzindo tensões e colaboração.

Abers (no prelo), mais recentemente, define ativismo institucional como um tipo de ação proativa pela qual burocratas perseguem oportunidades para defender causas contenciosas. A autora analisa como burocratas ativistas agem em busca de oportunidades para defender a causa socioambientalista na implementação de um programa no interior do Ministério do Meio Ambiente (MMA). A autora parece estar mais preocupada com o tipo de ação levada a cabo por atores situados em diferentes contextos que com os vínculos organizacionais comuns entre agentes atuantes dentro e fora do Estado. Burocratas ativistas, assim, ocupam posições no Estado, inclusive por meio de concursos públicos, mas nem sempre militam em organizações da sociedade civil, seja em partidos, ONGs ou organizações de movimentos populares.

Ao longo do tempo, pessoas adquirem múltiplas filiações e se situam em campos de políticas públicas como aqueles relacionados à gestão de resíduos sólidos e à produção habitacional autogestionária. Enquanto indivíduos sociais, esses atores podem atuar como ativistas posicionados em redes específicas em alguns momentos, mas também podem atuar como meros seguidores de regras em outras situações. Formalmente, burocratas ativistas podem ter vínculos variados com a administração pública direta ou indireta, com partidos e até mesmo militarem em organizações da sociedade civil. Dependendo do contexto em que se situam no interior dessas organizações, tais burocratas podem se comportar mais ou menos proativamente, criando e aprendendo a perseguir oportunidades para defender causas contenciosas. Compreender como tais atores atuam na implementação de programas associativos possibilita situar melhor suas ações nesses contextos.

Lowndes e Roberts (2013) argumentam que uma terceira geração de estudos institucionalistas emergiu nos anos 2000 da convergência de questões relacionadas a agência, poder, tempo e espaço, e se consolidou em torno de conceitos centrais como regras, práticas, narrativas e mudança. Essa terceira geração de estudos valoriza a agência individual situada em contextos institucionais e leva a sério como atores mobilizam ideias, práticas e narrativas na reconfiguração de políticas, considerando a agência não somente na mudança, mas também na manutenção de instituições (Abers; Keck, 2017; Ansell, 2013; Berk; Galvan, 2009; Olsson, 2016; Schmidt, 2008). Baseados na ideia de que é impossível falar de instituições como algo estático, externo às pessoas, tais estudos priorizam a análise das políticas como um tipo de construção humana constituída por processos de negociação que se dão em contextos específicos ao longo do tempo. Esse tipo de abordagem valoriza a ação de indivíduos sem descolá-la da dimensão coletiva em que se situam, diferentemente de abordagens economicistas que privilegiam o papel de empreendedores heroicos sem explicar as dinâmicas de ação coletiva em que se envolvem para realizar suas ações.

Segundo Berk, Galvan e Hattam (2013), abordagens como a de Mahoney e Thelen (2010), por exemplo, embora valorizem a agência, interpretam a mudança institucional desde uma concepção dualista. Esse tipo de perspectiva só conseguiria enxergar a mudança de políticas como reflexo de lacunas e ambiguidades das estruturas institucionais, o que seria improdutivo para analisar a criatividade política implícita na agência dos atores que provocam a reconfiguração de políticas (Berk; Galvan; Hattam, 2013, p.5). Os autores elaboram sua posição teórica propondo a superação da divisão artificial entre estrutura, agência e mudança institucional, pois existiria uma mútua constituição entre ação e contexto, o que habilitaria as pessoas a aplicarem regras desde o que eles chamam de criatividade política. Assim, o conceito de *criatividade política* questiona as análises neoinstitucionais excessivamente estruturais que tratam a agência, a estabilidade e a mudança desde uma perspectiva dualista. Essa abordagem enfatiza como ordem e mudança estão entrelaçadas (*intertwined*), tratando a agência como *relacionalidade*, a ordem como *assemblagem* e a mudança como *política no tempo*. A criatividade política, nesse sentido, envolve a ação coletiva nas dinâmicas de produção de políticas, o que iria além da análise da discricionariedade de indivíduos na interpretação de regras e na aplicação delas.

Tratar a agência como *relacionalidade* implica reconhecer que a criatividade política ocorre em processos relacionais, por meio dos quais é possível decifrar a interação entre pessoas e instituições. Para os autores, a criatividade política continuamente perturba e temporariamente estabiliza as características salientes das pessoas e das coisas (Berk; Galvan; Hattam, 2013, p.5-7). Interpretar a estabilidade como *assemblagem* implica reconhecer que ordens são parciais e múltiplas porque nenhuma instituição consegue conter a astúcia da ação humana. Segundo esta noção, as instituições contêm elementos sobrepostos, imbricados, o que permite a existência de mais de um modelo ou padrão de mudança para dadas situações. Isto ocorre porque trabalho criativo é necessário para fazer, manter e suavizar a confusão existente em ordens estabelecidas por *assemblagem*, por exemplo (ibid., p.8-9). Entender a mudança institucional como *política no tempo* significa entender que a natureza das formações sociais confunde as noções ordenadas de mudança. As mudanças de uma configuração para outra são assim produtos de atos contínuos de insatisfação e apropriação parcial. Ambientes institucionais reconfigurados tendem a ser parciais e incompletos (ibid., p.9-11).

Em trabalho anterior, em que desenvolvem sua teoria do *sincretismo criativo*, Berk e Galvan (2009) argumentam que diversidade e mudança são características constantes das instituições, as quais, por essa razão, devem ser tratadas sempre como internamente diversas, pois são compostas por um número indefinido de características. Enquanto os estruturalistas catalogam mecanismos pelos quais as pessoas quebram ou alteram as regras e identificam variáveis exógenas para sua explicação, Berk e Galvan (2013, p.31) interpretam a mudança como um artefato utilizado de maneira criativa pelas pessoas constantemente, para viver nas e por meio das regras. A ação criativa, segundo eles, tem três características:

i) se situa dentro de contextos que fornecem suas próprias matérias--primas, pois hábitos são constantemente aprendidos criativamente; ii) transforma as matérias-primas existentes e os contextos por meio de recombinações deliberativas, motivo pelo qual hábitos antigos são transformados e novos hábitos são criados; iii) é um processo social com qualidade narrativa, pois toda ação individual é também social (Berk; Galvan, 2013, p.33).

Em sintonia com a abordagem do sincretismo criativo, Abers e Keck (2013, p.12) argumentam que explicar como atores contribuem para a mudança institucional demanda um exame das diferentes maneiras pelas quais eles buscam intencionalmente influenciar as instituições, mesmo nos casos em que não obtêm êxito. As ideias sobre políticas públicas surgem, para as autoras, da combinação de ao menos três tipos de ambientes de interação entre atores: i) *debates entre especialistas e não especialistas* nos quais ideias são defendidas; ii) *disputas políticas* nas quais ideias que não são específicas para os especialistas entram na discussão; iii) *experimentos práticos* em lugares particulares. As autoras estão preocupadas em analisar como as instituições são construídas por meio de esforços dos atores para usar criativamente recursos e relações disponíveis para superar dinâmicas assimétricas no processo de construção institucional da Política Nacional de Recursos Hídricos. Construir instituições; nessa perspectiva, envolve trabalhar com novas ideias sobre como pessoas deveriam fazer as coisas, mas o componente ideacional do processo de construção institucional não acaba quando as pessoas tentam implementar ideias ou leis. Segundo as autoras, a construção de instituições não se restringe ao âmbito legislativo, mas requer a ação em vários níveis e em múltiplas arenas: em diversos órgãos do governo, nos níveis estadual e municipal, e também em organizações da sociedade cuja cooperação pode ser necessária.

Dois conceitos centrais no trabalho de Abers e Keck (2013) são úteis para a análise dos processos de reconfiguração do Cataforte e do Minha Casa Minha Vida – Entidades: *autoridade prática* e *entrelaçamento (entanglement)*. *Autoridade prática* é definida pelas autoras como um tipo de poder no qual as capacidades para resolver problemas e o reconhecimento delas por outras pessoas permite a um ator tomar decisões que outros atores políticos seguem. A partir desta definição, as autoras argumentam que instituições nem sempre têm capacidade de influenciar o comportamento das pessoas por meio da mera existência das regras formais que emanam do poder estatal. Elas frequentemente adquirem essa capacidade por outros meios, como consequência do respeito social, de novas habilidades técnicas adquiridas e do aproveitamento de recursos não estatais. Isso significa que as instituições podem desenvolver sua autoridade menos por suas atribuições formais e mais por meio de mecanismos relacionais que transformam normas, regras e ideias em práticas concretas, tanto em organizações estatais quanto não estatais.

A noção de *entrelaçamento* se refere a complexos ambientes institucionais em que o poder é distribuído de acordo com diferentes lógicas entre múltiplas e heterogêneas organizações, com jurisdições compartilhadas de maneira ambígua. O entrelaçamento de instituições aumenta por duas razões: por um lado, produz uma força inercial que interpõe fortes barreiras para a ação, mas, por outro, sua justaposição pode permitir distintos caminhos para iniciativas criativas. Instituições entrelaçadas constituem um Estado entrelaçado, o que é típico de países federativos como Brasil e Estados Unidos, por exemplo. Essa noção sugere que a sobreposição de camadas de jurisdições administrativas sobre divisões funcionais de trabalho ambíguas pode produzir competição, confusão e lacunas de autoridade. Embora as incertezas geradas por este tipo de entrelaçamento institucional possam gerar mais obstáculos que oportunidades, frequentemente uma organização ou um indivíduo situado em uma rede utiliza esta confusão como rota alternativa para implementar algo. Neste sentido, um ambiente cujas instituições são entrelaçadas pode gerar mais oportunidades para a inovação institucional do que ambientes mais uniformes, com uma configuração institucional mais claramente hierarquizada.

Esse enfoque na agência não está somente preocupado com questões sobre como pensar de modo criativo ou apenas com processos de disseminação de ideias, mas sua ênfase é, mais especificamente, como atores experimentam ideias e negociam seus resultados na prática. Muitas vezes esse processo ocorre por meio da construção de consensos, mas sobretudo por meio da mobilização e da criação de recursos para apoiar interpretações particulares acerca da maneira como as coisas são ou deveriam ser. Dessa maneira, em ambientes em que predominam instituições entrelaçadas como o Estado brasileiro, as pessoas modificam ideias, recursos e relações como meio de constituir autoridades práticas. Isto se dá basicamente por dois tipos de práticas de construção institucional: a *articulação* com outros atores, que conecta pessoas em redes capazes de intercambiar ideias e movimentar recursos; e a *experimentação* com solução de problemas concretos, que envolve combinação e uso de ideias, recursos e relacionamentos de novas maneiras. Quando estes dois tipos de práticas são exitosos, eles contribuem com o desenvolvimento de capacidades e com a geração de reconhecimento pelos outros, o que ajuda a consolidar a autoridade prática.

A maneira como Abers e Keck (2013) e Berk, Galvan e Hattam (2013) enquadram teoricamente a questão da mudança institucional, com ênfase na agência dos indivíduos em ação coletiva como motor criativo do processo de construção institucional, é nosso ponto de partida para a análise da construção institucional dos programas Cataforte e Minha Casa Minha Vida – Entidades.

A ação de burocratas na emergência dos programas MCMV-E e Cataforte

Nesta seção, mostramos como burocratas atuaram na emergência dos programas Minha Casa Minha Vida – Entidades e Cataforte. Ambos surgiram no governo federal durante o segundo mandato do ex-presidente Lula, como resultado da articulação entre burocratas da administração direta e da administração indireta, em resposta a demandas de organizações de movimentos sociais. Esse contexto político-institucional coincide com a implantação do Programa de Aceleração do Crescimento (PAC) e com o fortalecimento dos órgãos de controle interno e externo no nível federal. As principais burocracias envolvidas inicialmente no MCMV-E foram o Ministério das Cidades e a Caixa Econômica Federal (CEF), enquanto no Cataforte foram o Ministério do Trabalho e Emprego e o Banco do Brasil. Ambos programas se transformaram e, desde então, passaram a contar com a participação de outras burocracias federais em seu desenho.

As criações do MCMV-E e do Cataforte resultaram de processos diferentes de interação entre atores estatais e não estatais, ligados a organizações nacionais nas áreas de moradia e de reciclagem inclusiva. Enquanto os atores ligados ao campo da moradia demandavam que uma parte do MCMV geral fosse destinada à construção de habitações de interesse social, os atores ligados ao campo da reciclagem inclusiva demandavam recursos federais para um programa de fortalecimento da organização dos catadores no interior da cadeia produtiva da reciclagem no país. Além disso, atores de ambos campos demandavam o protagonismo de entidades sem fins lucrativos na gestão dos programas.

As organizações do movimento de moradia mobilizaram dois tipos de ação em seu repertório para negociar a existência do programa, quais sejam: a ocupação de prédio público para abrir um canal de diálogo direto com atores do centro do governo (Secretaria-Geral da Presidência e Casa Civil); e a articulação com atores da burocracia federal para "modelar" uma modalidade de cunho autogestionário dentro do pacote habitacional recém lançado. Já as organizações de catadores e suas entidades apoiadoras mobilizaram recursos de burocracias federais para desenvolver um estudo sobre o custo da geração de postos de trabalho em galpões de triagem, com o intuito de convencer o governo a investir em um programa nacional de fomento ao setor. Ainda que, nesse caso, tais atores tenham empregado essas ações, isso não significa que seu repertório se restrinja a elas. Em resposta a tais demandas, burocratas em diferentes organizações se articularam para desenhar os programas de modo a superar problemas de experimentos anteriores.

Embora o perfil dos servidores públicos federais espalhados nas diferentes organizações envolvidas com a gestão do MCMV-E seja preponderantemente sem trajetória anterior em organizações do movimento de moradia, há um entendimento comum dentro do Ministério das Cidades e da unidade matriz da CEF de que o projeto político-organizativo do MCMV-E advém de experiências municipais no final da década de 1980 e início da década de 1990, a partir das quais se compreende que projetos autogestionários habitacionais poderiam efetivamente transformar-se em política pública. De maneira diferente, não havia, no caso do Cataforte, um entendimento comum sobre o projeto político-organizativo nas burocracias que o criaram. Tanto burocratas que acessaram seus cargos por concurso público quanto aqueles que os acessaram por relações partidárias atuaram no desenho do programa ao longo do tempo. Poucos, entretanto, haviam tido contato direto com políticas voltadas aos catadores antes de assumirem suas posições na Secretaria Nacional de Economia Solidária (Senaes), do Ministério do Trabalho e Emprego (MTE), e na Fundação Banco do Brasil (FBB), onde o programa foi criado.

Os criadores do Cataforte passaram a se envolver com o tema da reciclagem inclusiva já no interior do governo federal, no qual passaram a interagir com pessoas já comprometidas com a causa da inclusão de catadores. Embora a literatura mostre que prefeituras lideradas pelo PT tenham incorporado de forma variada o trabalho associado de catadores a seus sistemas de gestão integrada de resíduos desde o final dos anos 1980 e início dos 1990, os articuladores do Cataforte atribuem o desenho do programa às interações ocorridas em reuniões públicas e em experimentações com projetos de fomento implementados no contexto do programa Fome Zero, já durante o governo Lula. Depreende-se daí que os experimentos municipais dos anos 1990 não foram os únicos laboratórios que influenciaram o desenho do Cataforte, destacando-se as negociações entre atores em espaços como o Comitê Interministerial para Inclusão Social e Econômica dos Catadores de Materiais Reutilizáveis e Recicláveis (CIISC), os Festivais Lixo e Cidadania e os diversos seminários de avaliação de projetos de fomento.

Da mesma maneira, há uma percepção de que o projeto autogestionário subjacente ao MCMV-E emergiu da experimentação no nível municipal como alternativa para resolver um problema público de déficit habitacional para a população de baixa renda. Além disso, vários burocratas federais entendem que o modelo financeiro-operacional do Entidades, na sua origem, em 2009, foi resultado do aprendizado com outras experiências já realizadas no âmbito federal, notadamente o Programa Crédito Solidário (PCS), em 2004, e o Programa Social de Moradia (PSM), em 2008. Esses programas inovavam ao promover protagonismo das entidades organizadoras no processo de produção habitacional, mas tiveram diversas dificuldades de operacionalização no que se refere ao repasse financeiro-orçamentário.

Um dos papéis desempenhado por parte das burocracias do MCidades e da Caixa – juntamente com militantes cujas trajetórias se associam à política habitacional – foi o de desenhar um programa de habitação de interesse social "menos travado, mais rodável", que partisse do que não dera certo nas experiências anteriores. Essa tarefa exigiu grande poder de negociação, especialmente nos grupos técnicos do Conselho Curador do Fundo de Desenvolvimento Social (CCFDS), a fim de traduzir as demandas das principais organizações de moradia em normas com viabilidade dentro da administração pública federal. Cinco meses depois de ter sido reivindicada nas semanas que antecederam ao lançamento do MCMV, essa modalidade autogestionária foi criada, com a publicação da Resolução do CCFDS, n.141, de 10 de junho de 2009.

As experiências anteriores de burocratas federais com projetos de fomento ao associativismo e ao cooperativismo entre organizações de catadores também geraram aprendizado que contribuiu para a emergência do Cataforte. Segundo burocratas articuladores do projeto, os investimentos dispersos provenientes de projetos realizados desde 2003 – por diferentes burocracias federais – geraram a percepção de que seria necessário combinar esforços para evitar a sobreposição de iniciativas, bem como promover sua desconcentração para as distintas regiões do país. A experiência de investimento em uma usina de transformação de materiais recicláveis em insumo para a indústria da reciclagem, comandada por catadores, em Minas Gerais, também revelou aos burocratas articuladores do programa a necessidade de concentrar-se em um "passo anterior", destinado a capacitar catadores para a atuação em empreendimentos solidários baseados na autogestão.

A articulação de recursos e de expertises entre burocratas da Fundação Banco do Brasil e do Ministério do Trabalho e Emprego foi construída a partir da assinatura de um convênio entre ambos no final de 2007. Segundo burocratas e catadores envolvidos, a participação do Banco do Brasil no projeto foi demandada devido às experiências anteriores dos movimentos sociais com a CEF, especialmente na área de moradia. Assim, o Cataforte foi elaborado em estreita negociação com lideranças do MNCR e de organizações da sociedade civil apoiadoras, pela qual se decidiu, por exemplo, o quantitativo de catadores beneficiários do programa, por estado do país.

O repasse de recursos do orçamento federal para entidades da sociedade civil executoras foi um problema enfrentado pelos burocratas articuladores do Cataforte. O contexto de lançamento do programa era de mudança nas regras sobre o gasto público e recrudescimento do controle sobre o repasse de recursos da União para organizações da sociedade civil, o que atrasou o início de sua implementação. Apesar de o convênio entre FBB e Senaes ter ocorrido em 2007, sua execução passou a ocorrer apenas em 2009, com o lançamento dos termos de referência do projeto. O papel de burocratas comprometidos com a causa da inclusão dos catadores nesse momento foi importante para absorver, ao longo de 2008, o custo de aprendizado necessário para operacionalizar o programa dentro de novas regras, superando resistências internas ao Estado e criando alternativas para traduzir as demandas das organizações de catadores na operacionalização do projeto. Assim, burocratas envolvidos no desenho do Cataforte garantiram a adequação jurídica do projeto ao novo entendimento do controle, atuando junto à consultoria jurídica de seus órgãos para viabilizar a justificação dos repasses de recursos tanto entre organizações da administração direta e indireta quanto entre estas e organizações da sociedade civil.

Além desse papel de traduzir as demandas dos catadores para a linguagem e os critérios técnico-administrativos, os burocratas do Cataforte articularam internamente ao governo federal, por meio de interações com catadores e burocratas ligados à Presidência, a alteração da Lei de Diretrizes Orçamentárias de 2010 junto ao Ministério do Planejamento, abrindo uma exceção que permitiu o repasse de recursos para organizações de catadores no país, viabilizando a implementação da segunda etapa do programa. A atuação de burocratas na reconfiguração do programa ficará mais explícita na seção seguinte.

A ação de burocratas na reconfiguração de programas associativos

Inúmeros desafios surgem da operacionalização do desenho de programas associativos como o MCMV-E e o Cataforte. O vultoso montante investido e o número de unidades habitacionais projetadas por uma política pública habitacional como o MCMV geral tiveram grande impacto no espaço urbano e no mercado imobiliário, dificultando o acesso à terra urbanizada. A elevação do valor da terra para a construção de empreendimento habitacional nos centros urbanos gerou sérios obstáculos – especialmente no que se refere ao maior tempo da obra – para que as entidades organizadoras pudessem "tocar os seus projetos". Ao diagnosticarem o agravamento desse problema, burocratas situados no MCidades, na CEF e na Secretaria do Patrimônio da União (SPU) decidem articular, por dentro de suas agências, soluções para minimizar o problema do acesso à terra urbanizada. Provocados por conselheiros das organizações nacionais do movimento de moradia atuantes no Conselho

Nacional das Cidades, tais burocratas constroem soluções de duas maneiras: i) alterando a regulamentação do programa para prever a possibilidade de antecipação de recursos para a compra de terrenos; ii) articulando a destinação de terras e imóveis da União para projetos de habitação de interesse social.

A antecipação de recursos era defendida veementemente pelos coletivos sociais, mas tinha bastante resistência dentro das agências estatais – especialmente no MCidades e na CEF –, uma vez que invertia a ordem vigente de contratação no setor público, segundo a qual primeiro se constrói a obra/ produto e depois se descentraliza o recurso financeiro. Nesse sentido, contar com a participação de burocratas dispostos e capazes de traduzir a demanda dos atores societais para uma forma minimamente aderente ao campo da administração pública federal foi fundamental para que essa mudança fosse implementada. Para se construir a solução houve forte interação tanto entre aqueles que defendiam a proposta – em geral, técnicos com experiência em programas de habitação de interesse social –, quanto com aqueles que mostravam resistência à solução apresentada. Uma intensa negociação entre tais atores estabelece então, por meio da portaria n.143, uma nova modalidade no programa, popularmente conhecida como "Compra antecipada de terrenos", com a previsão de antecipação de recursos para as entidades organizadoras, com vistas à elaboração de projetos, à compra de terrenos e a despesas com legalização. Essa é uma das mudanças mais importantes no MCMV-E.

Diante do problema de acesso das entidades à terra urbanizada para construção de habitação de interesse social, burocratas situados na SPU e participantes do Conselho Nacional de Cidades (Concidades) decidiram criar um grupo de trabalho nacional com a finalidade de mapear os imóveis e as terras da União aptos a tal destinação, a fim de disseminar a gestão democrática do patrimônio. A criação desse grupo teve forte apoio da Secretaria Nacional do Patrimônio da União e veio de uma proposta construída no âmbito do Concidades, resultante da interação entre atores do campo da moradia, ONGs com atuação na reforma urbana e de servidores da SPU nacional, da CEF e do MCidades.

O Grupo de Trabalho Nacional (GTN) foi composto desde então por esses segmentos, adicionando-se representantes de estados, municípios e empresários, a fim de que se garantisse a diversidade de representações, conforme observado na composição do Concidades. A constituição desse GTN tinha como objetivo dinamizar o processo de identificação de imóveis e de terrenos da União para HIS, dada a ausência de um banco de terras do governo federal e da fragilidade do corpo burocrático em operacionalizar essa política. Era o reconhecimento de que os órgãos estatais não eram capazes de realizar essa atividade sozinhos, necessitando da expertise de atores da sociedade civil, especialmente das organizações do movimento de moradia, que tinham essa bandeira. A criação do GTN – e dos respectivos grupos de trabalhos estaduais (GTE's) – aumentou a destinação de imóveis e terras da União para habitação de interesse social, mostrando que a atuação de agentes burocráticos por dentro da arena estatal, a partir de uma concepção ampliada sobre a função social da moradia e contando com o apoio de atores extraestatais, foi importante para que essa política fosse implementada.

O Cataforte começou como um projeto de fomento, a partir de um convênio assinado entre Senaes e FBB, em 2007. Desde então, o projeto teve três etapas que se sucederam de acordo com a dinâmica da implementação de cada uma delas, envolvendo negociações entre burocratas de diferentes organizações estatais, catadores e organizações da sociedade civil executoras do programa. A primeira etapa do projeto focou formação, capacitação e a mobilização de catadores por meio da contratação de assistência técnica, com o intuito de formalizar organizações para se habilitarem tanto para receberem recursos do governo federal quanto para serem contratadas para prestação de serviços de triagem ou coleta pelas prefeituras. A lei federal n.11.445/2007, da Política Nacional de Saneamento Básico, havia autorizado a contratação de organizações de catadores com dispensa de licitação, o que gerou a necessidade de formalização de inúmeras associações e cooperativas pelo país.

Nos seminários de avaliação de sua implementação, foi ficando claro, pela interação entre burocratas, assessores técnicos e catadores, que a melhor estratégia para que eles pudessem permanecer de maneira sustentável no mercado da reciclagem seria se organizar em redes de cooperação, compartilhando equipamentos e dividindo o trabalho de coleta, triagem e comercialização de materiais recicláveis. Os catadores argumentavam, a partir de suas experiências com a primeira etapa do programa, que capacitação e formação em economia solidária não eram suficientes para o fortalecimento de suas organizações. Era fundamental que o programa também passasse a fornecer galpões, máquinas e veículos para que suas organizações pudessem aumentar sua escala no armazenamento, no transporte e na comercialização de materiais. As organizações de catadores poderiam se estruturar dessa maneira para superar a dependência econômica dos atravessadores já estabelecidos no mercado da reciclagem nas cidades.

A demanda dos catadores organizados provocou o esforço de articulação de burocratas em outras organizações estatais para trazer mais recursos para o programa. Nesse sentido, burocratas da Senaes e da FBB se articularam com burocratas do BNDES e da Petrobrás para operacionalizar a segunda etapa do Cataforte, viabilizando assim o financiamento para a construção de galpões e a entrega de caminhões às organizações de catadores. A assistência técnica destinada à elaboração de planos de logística para atuação em redes bem como para o treinamento e a realização de seguros para os caminhões passaram a ser o foco da segunda etapa do projeto.

Esforços diversos de cooperação foram feitos para articular a intersetorialidade do projeto, superando barreiras burocráticas sem desrespeitar a legislação, com vistas a evitar a exclusão de organizações que eventualmente ainda operavam na informalidade. Os desafios encontrados no desenho e na implementação do programa revelam também tanto o comprometimento de seus agentes com a causa da inclusão dos catadores quanto a mobilização de suas capacidades técnicas para traduzirem demandas reais em artefatos administrativos.

O fornecimento de caminhões às organizações de catadores atendia a uma demanda dos catadores por autonomia sobre a gestão dos recursos do projeto. A implementação da primeira etapa do projeto em alguns lugares do país gerou a impressão de que os beneficiários do programa seriam os técnicos das entidades da sociedade civil que ofereciam capacitações em economia solidária, mas não propriamente os catadores. Por essa razão, burocratas articuladores da segunda etapa do programa buscaram atender a demanda dos catadores selecionando diretamente suas organizações como beneficiárias, sem que o fluxo de recursos passasse necessariamente por organizações da sociedade civil ligadas a universidades ou a instituições religiosas.

O desafio em operacionalizar essa demanda por repasse direto de recursos estaria em atender inúmeras organizações informais de catadores no país, o que foi negociado por burocratas federais com o MNCR e entidades apoiadoras. A solução encontrada para esse problema foi estabelecer a figura das entidades "cabeças de rede", que eram centrais de cooperativas ou organizações formalizadas que se habilitassem a receber os recursos e a operacionalizá-los como redes solidárias na execução do projeto, promovendo assim a inclusão das organizações informais impedidas de acessar os recursos diretamente.

A promoção de redes de empreendimentos de catadores passou a ser a solução negociada entre burocratas e catadores tanto para atender suas demandas quanto para superar desafios burocráticos impostos pela intersetorialidade e pela operacionalização do direito administrativo. Paralelamente à implementação do Cataforte 2, burocratas e catadores passaram a convidar integrantes da SPU para participar das reuniões no CIISC, a fim de facilitarem a destinação de terrenos da união para a construção de galpões para empreendimentos de catadores. Essa interação viabilizou a destinação de terrenos para usufruto da Central de Cooperativas de Catadores do Distrito Federal, por exemplo.

Inúmeros problemas marcaram a implementação das etapas 1 e 2 do Cataforte. Durante sua implementação, foram aprovadas a lei federal da Política Nacional de Resíduos Sólidos (PNRS) e o Decreto Pró-Catador (n.7405/2010). Esses dois novos marcos normativos influenciaram a elaboração da terceira etapa do programa, que começou a ser desenhada em 2012, já no contexto do plano Brasil Sem Miséria, no governo de Dilma Rousseff. Como a

PNRS estabelecia o prazo de 2012 para que União e suas unidades subnacionais elaborassem planos de gestão integrada de resíduos, e o prazo de 2014 para a eliminação de lixões, ambos exigindo a inclusão de catadores, o CIISC passou a funcionar na SG/PR, com intuito de aperfeiçoar a coordenação da ação de diferentes burocracias envolvidas na implementação da PNRS.

A terceira etapa do Cataforte foi assim elaborada com grande esforço da equipe que compunha a Secretaria Executiva do CIISC na SG/PR, em conjunto com catadores do MNCR e burocratas das organizações executoras e financiadoras do programa, como a Senaes, a FBB, o BNDES, a Petrobrás e a Funasa. O Cataforte 3 foi lançado em 2013, com um desenho mais complexo, contando com novas organizações estatais. O programa funcionaria da seguinte maneira: uma entidade da sociedade civil seria contratada para atuar como Escritório Nacional de Projetos, e outras entidades da sociedade civil para atuar como "bases de serviços" na elaboração de planos de negócios para as redes de organizações de catadores selecionadas pelo programa. Após a elaboração dos planos de negócios, as redes poderiam receber investimentos públicos e privados para executá-los.

O programa crescia de escala nesse momento e mudava o foco da formalização e construção de planos de logística para a elaboração de planos de negócio focados na "verticalização" dos empreendimentos de catadores no país. O programa se tornava "mais pesado" e "difícil de rodar", pois envolvia mais organizações em sua implementação, assim como um aumento substancial de recursos necessários para que "saísse do papel". Promover a verticalização da atividade das organizações de catadores implica patrocinar o avanço de sua atuação na cadeia produtiva da reciclagem. O objetivo do programa passaria a ser capacitar as organizações de catadores para transformarem os materiais triados em matéria-prima a ser vendida por preços mais vantajosos para os catadores à indústria de embalagens. Assim, as organizações de catadores poderiam dar um passo adiante rumo a sua autonomia e ao domínio da cadeia produtiva da reciclagem.

A interação entre burocratas de diferentes órgãos federais com catadores do MNCR e com membros de entidades da sociedade civil apoiadoras gerou alterações nas ideias iniciais sobre como o programa se desenvolveria na prática. Inicialmente, se pensava em capacitar catadores para atuarem como gerentes das redes, dentro de uma organização hierarquizada do trabalho. No entanto, nas discussões entre burocratas da Senaes e da FBB com catadores do MNCR sobre a concepção do programa, essa ideia foi substituída pela figura das "bases de serviço", mais coerente com os princípios do cooperativismo e da economia solidária. Assim, o desenho estimularia a formação de equipes mais horizontais formadas por assessores técnicos e catadores mobilizadores, encarregadas de combinar conhecimentos técnicos e saberes práticos na elaboração dos planos de negócios das redes.

O programa forneceria tanto a assistência técnica às organizações quanto promoveria o aprendizado de catadores por meio das bases de serviço, produzindo a elaboração de planos de negócios para a atuação em redes sustentáveis de comercialização. A atuação em rede consiste no compartilhamento de equipamentos, na divisão de trabalho entre diferentes organizações de catadores, e na comercialização conjunta de seus materiais para a indústria da reciclagem. Uma inovação dessa etapa do programa foi a criação do comitê estratégico do Cataforte, no qual burocratas da Senaes, da FBB, do BNDES, da Petrobrás e da Funasa se reuniam, para acompanhar a implementação do programa e facilitar a superação de dificuldades decorrentes da implementação. A implementação do programa passou a promover também reuniões de monitoramento com a participação de burocratas da Senaes, da FBB e bases de serviço, promovidas pela entidade responsável pela gestão do Escritório Nacional de Projetos do Cataforte 3. Tais mudanças facilitaram a coordenação dos atores responsáveis por diferentes dimensões da implementação na prática.

A ação de burocratas na criação de soluções para problemas e desafios decorrentes da própria implementação dos programas associativos foi determinante para suas mudanças ao longo do tempo. Além do esforço de traduzir as demandas de organizações de movimentos sociais para os parâmetros do entendimento de diferentes burocracias sobre o direito administrativo, burocratas também se engajaram criativamente com atores e causas de movimentos sociais na superação de desafios surgidos no processo prático de implementação dos programas.

Considerações finais

Este capítulo teve como objetivo compreender o processo de reconfiguração dos programas Cataforte e MCMV-E, a partir da interação entre atores da burocracia federal e de atores de organizações de movimentos sociais. Dessa maneira, o trabalho buscou comparar os processos de emergência de dois programas associativos cuja população-alvo se constitui de pessoas desprivilegiadas no ambiente urbano.

O argumento central foi o de que a interação entre burocratas em espaços de negociação – formais e informais – possibilitou a reconfiguração criativa dos programas, a partir da experimentação com a resolução de problemas emergentes da implementação. Além disso, foi possível perceber que tais espaços propiciaram a ação de burocratas ativistas compromissados com causas contenciosas – como a inclusão de catadores em sistemas municipais de gestão de resíduos e a produção de moradia popular. Esse argumento pode ser decomposto em dois pontos principais: 1) as dinâmicas de conflito e de cooperação entre agentes de diferentes burocracias, e entre eles e atores de movimentos sociais, propiciaram a formação de compromissos que não são dados apenas por laços anteriores de pertencimento a organizações da sociedade civil, ou seja, o compromisso com causas contenciosas pode surgir e se intensificar depois de ingressarem em organizações estatais; e 2) o fluxo de interações entre os atores, para dentro e para fora do Estado, durante a implementação do programa provoca alterações no próprio desenho dos programas ao longo do tempo.

Em relação ao primeiro ponto, o capítulo mostrou que alguns burocratas federais em atuação no MCMV-E despertaram para a visão de que o patrimônio da União deve cumprir sua função social apenas quando entraram para a SPU e interagiram com atores dos movimentos sociais; da mesma maneira, burocratas situados na FBB, no MTE e no Ministério do Desenvolvimento Social (MDS) começaram a se comprometer com a inclusão de catadores na gestão de resíduos sólidos no Brasil ao interagirem com eles na criação do Cataforte. Esses casos mostraram que, após essa nova compreensão sobre o problema público em tela, os burocratas passaram a orientar suas ações de uma outra forma, o que teve impacto em mudanças ocorridos ao longo do tempo nos programas.

Em relação ao segundo ponto, o capítulo mostrou que o fluxo interacional foi constante ao longo de toda a trajetória dos programas, assumindo uma natureza multiescalar. Essa interação se dava tanto entre setores da burocracia federal quanto entre esses e atores das organizações dos movimentos sociais. Tais mediações foram capazes de trazer diversas inovações institucionais aos programas, como, no caso do MCMV-E, quando foram criados GT's de destinação de imóveis da União para habitação de interesse social, ou, no caso do Cataforte, quando a constituição de grupos de trabalho no CIISC e de um comitê estratégico do projeto em sua terceira etapa foram importantes para destravar problemas relativos à implementação do programa. Além disso, foi possível perceber o importante papel que burocratas desempenharam nas negociações que envolveram o desenho e a implementação dos programas, principalmente no sentido de traduzir as demandas dos movimentos sociais para a linguagem do direito administrativo.

Por fim, nossos achados contribuem para avançar a recente convergência entre a literatura sobre políticas públicas, participação e movimentos sociais no Brasil, por meio da seguinte conclusão: o compromisso de burocratas com causas nem sempre surge de sua militância anterior em organizações de movimentos sociais atuantes no setor de políticas em que trabalham após entrarem para o Estado. As dinâmicas que envolvem a formação de tais compromissos é uma agenda ainda a ser desenvolvida em trabalhos posteriores. Portanto, entendemos que, ao chamar a atenção para a ação dos burocratas no processo de desenho e de implementação dos programas associativos aqui analisados, contribuímos na compreensão deste objeto de pesquisa que se situa nas interseções entre ruas e gabinetes.

10
Entre enquadramentos e agências: gestão do Programa de Aquisição de Alimentos pela ótica do ativismo institucional

Lucas Alves Amaral

O problema de como os burocratas mobilizam as ideias e as ações necessárias para uma política pública ser formulada e implementada nos preocupa centralmente neste capítulo. A questão dialoga com os estudos recentes sobre ativismo institucional na formulação e na implementação de políticas públicas brasileiras (Abers; Tatagiba, 2015; Abers, cap.2 deste volume; Brandão; Vilaça, 2017; Brandão e Viana, cap.9 deste volume), que visam descrever e analisar o que burocratas[1] fazem e como fazem para fazer avançar agendas e ideias advindas de movimentos sociais (Abers; Tatagiba, 2015).

Sabe-se que o fenômeno não é novo, mas a reflexão sobre tais práticas esteve ausente até recentemente nos estudos sobre políticas públicas, burocracia e movimentos sociais no Brasil. No entanto, ao longo das gestões do Partido dos Trabalhadores (PT) no plano federal, a ocupação de cargos por pessoas oriundas de movimentos sociais, sindicatos e de organizações da sociedade civil (ONGs) ga-

1 A burocracia é entendida aqui como o "corpo permanente não eleito do Estado, [...] um dos pilares institucionais para o eficiente funcionamento do sistema democrático e para a aplicação do Estado de Direito. Seu funcionamento efetivo garante sustento e relevância em todas as etapas do ciclo de gestão governamental" (Cavalcante e Lotta, 2015, p.13).

nhou intensidade, lançando novas luzes sobre o fenômeno.[2] É sobre esse processo que o capítulo se debruça, apoiando-se no debate teórico sobre agência e criatividade (ver Abers, cap.2 deste volume), associando-o às ferramentas conceituais advindas do debate teórico sobre enquadramento interpretativo. O referente empírico é o processo de criação do Programa de Aquisição de Alimentos (PAA).

As discussões apresentadas neste capítulo são fruto de pesquisa e análise de normativas e manuais do PAA, análise de literatura secundária sobre a formulação e implementação do Programa e a análise de 21 entrevistas semiestruturadas realizadas entre 2015 e 2017 com burocratas que atuam ou atuaram nos órgãos que compõem o Grupo Gestor do PAA (GGPAA),[3] bem como com representantes de organizações da sociedade civil que atuaram no Conselho Nacional de Segurança Alimentar e Nutricional (Consea) nos debates acerca da política antes e depois de sua origem.

Os enquadramentos que estruturam o referencial de política pública do PAA

Toda política pública envolve uma representação da realidade sobre a qual se busca intervir. Essa representação, por sua vez, resulta da combinação entre referencial global e setorial:

> [...] desta relação entre referencial global e setorial constrói-se uma representação da realidade sobre a qual se intervém, e é através desta

2 D'Araújo (2007) estima que, no primeiro governo Lula (2003-2007), mais de 40% dos ocupantes de cargos comissionados na burocracia federal tinham trajetórias prévias em movimentos sociais, sindicatos e ONGs.

3 Os entrevistados são burocratas dos seguintes órgãos do GGPAA: Ministério do Desenvolvimento Social (MDS), da Companhia Nacional de Abastecimento (Conab), órgão vinculado ao Ministério da Agricultura, Pecuária e Abastecimento (Mapa), do antigo Ministério de Desenvolvimento Agrário (MDA), que após 2016 tornou-se Secretaria Especial de Agricultura Familiar e Desenvolvimento Agrário, vinculada desde então à Casa Civil da Presidência da República.

> imagem, denominada "referencial de uma política pública", que os atores interpretam o problema, confrontam possíveis soluções e definem suas ações. (Grisa; Schneider, 2015, p.127)

No âmbito do PAA, os referenciais setoriais da política estão intimamente ligados à história dos movimentos sociais do campo e dos movimentos e organizações orientados ao combate à fome, bem como a experiências municipais de políticas públicas ancoradas nestes referenciais implementadas entre 1980 e 1990. Na análise destes referenciais setoriais, ao longo de nossas análises, percebemos que o referencial de política pública do PAA é fruto do acoplamento de dois enquadramentos, que chamamos aqui de "fortalecimento da agricultura familiar" (FAF) e "fortalecimento da segurança alimentar e nutricional" (FSAN).

O conceito de enquadramentos (*frames* ou quadros), em geral, tem sido utilizada como uma "ferramenta teórica apta a captar a dimensão simbólico-interpretativa das relações sociais" (Mendonça e Simões, 2012, p.187), tendo sido amplamente mobilizado no estudo dos movimentos sociais a partir das pesquisas de Snow e Benford (2000). Enquadramentos se conformam a partir de uma estrutura de sentido construída pelo encontro de sujeitos em situações específicas que se produzem e reproduzem, tornando determinados conjunto de ideias uma matriz para a ação. Além disso, estão sempre em transformação, devido às interações coletivas que os produzem; nunca pela ação de sujeitos isolados.

O conceito é amplo, mas nos ajuda a entender ações sociais em defesa de pautas de movimentos sociais e de políticas públicas. Segundo Nunes (2013), parte relevante da atuação de um movimento social envolve enquadrar problemas sociais visando formar a opinião pública. Os próprios movimentos sociais constituem-se como o "final de um processo caracterizado por mudanças de valores graduais e convincentes" (Nunes, 2013, p.260), ou seja, são produtores e produtos de seus próprios enquadramentos. Já para Surel (2000, p.496), os enquadramentos são sistemas cognitivos e normativos coerentes que definem pontos de vista, mecanismos de formação de identidade, princípios de ação, prescrições metodológicas e práticas para os atores aderirem a eles e agirem não só na defesa de movimentos sociais, mas na formulação e implementação de políticas públicas. Por fim, os enquadramentos servem como "andaimes conceituais" para a construção dos movimentos sociais, suas ideologias e seus projetos de transformação de mundo. E através das práticas ativistas de seus membros podem vir a se tornar referenciais de políticas públicas (Surel, 2000), mobilizando ações ativistas de burocratas. É possível que um enquadramento discursivo se acople a outro, formando um novo tipo de enquadramento, que não elimina os anteriores mas promove novas conformações discursivas, numa espécie de "laminação de significados". Chamamos esse processo de "acoplamento de enquadramentos", ou seja, um mecanismo de junção de ideias e guias de ação, processo que também é fortemente influenciado pela interação social em contextos específicos. Partindo dessa ideia de acoplamento de enquadramento, sugerimos nesse capítulo que o PAA surge do acoplamento dos enquadramentos do FAF e FSAN em nível federal, abrindo uma terceira geração de políticas sociais voltada à agricultura familiar no Brasil, bem como tornando-se ponte para futuras transformações de outra política relevante, o Programa Nacional de Alimentação Escolar (Pnae). Esse processo dinâmico de laminação de significados e abertura de novos enquadramentos é uma das principais inovações do PAA.

No que tange ao FSAN, este enquadramento foi construído na década de 1990, através de uma série de interações mediadas por situações específicas, tais como contribuições acadêmicas, estudos sobre a fome no Brasil e, principalmente, a interação entre organizações da sociedade civil através da Campanha da Ação da Cidadania contra a Fome. Grisa (2012) aponta que a segurança alimentar e nutricional se tornou um referencial setorial de política pública no Brasil na década de 1980, no governo Sarney, através do documento *Segurança Alimentar: proposta de uma política contra a fome*, elaborado por uma equipe de técnicos a convite da Superintendência de Planejamento do Ministério da Agricultura. À época foi realizada

I Conferência Nacional de Alimentação e Nutrição, com participação ativa da sociedade civil e instituições governamentais. Segunda a autora, a concepção de segurança alimentar e nutricional cunhada neste documento e evento dava ênfase na autossuficiência alimentar nacional e no acesso universal aos alimentos, além de direcionar as diretrizes de uma política nacional de segurança alimentar e a constituição de um Conselho Nacional de Segurança Alimentar. Tal concepção contribuiu para o diagnóstico, consolidado na Conferência, de que

> [...] a fome e a insegurança alimentar [no Brasil] derivavam da incapacidade de acesso aos alimentos, diferentemente da compreensão [...] de que a segurança alimentar dependia estritamente da capacidade de produção agrícola e do abastecimento alimentar de um país. (Grisa, 2012, p.189)

Tendo este diagnóstico e tal concepção assimiladas, o PT movimentou-se no sentido de agendar este referencial setorial de política pública. Essa iniciativa culminou na articulação com o movimento apartidário Campanha Ação da Cidadania contra a Fome, a Miséria e pela Vida, liderada pelo sociólogo Herbert de Souza (Betinho), que teve grande repercussão em todo o país. Em 1993, uma rede de pessoas e organizações, sob a liderança de Betinho, lançou esta campanha para dar visibilidade à questão da fome no país. A campanha estimulou a participação popular e a articulação de diferentes setores da sociedade civil através da criação de comitês locais que atuavam arrecadando e doando alimentos, bem como mobilizando a conscientização do problema. Simultaneamente, após a derrota de Lula nas eleições de 1989, estruturou-se um movimento chamado Governo Paralelo, tendo funcionado entre 1990 e 1992 com o objetivo de propor políticas públicas inovadoras. O Governo Paralelo lançou à época o documento *Política Nacional de Segurança Alimentar*, organizado por Lula e José Gomes da Silva. "Esse documento já previa a necessidade de ações de fomento à produção agroalimentar e de comercialização da produção, descentralização varejista e combate à fome com ações emergenciais" (Mueller, 2007, p.80).

Segundo Mueller (2007), ainda na década de 1990, no governo Itamar Franco, quando da operação do primeiro Conselho de Segurança Alimentar e Nutricional (Consea), há indícios dos primeiros debates sobre compras públicas de alimentos da agricultura familiar como política agrícola que poderia contribuir com entidades socioassistenciais, fortalecendo o combate à fome no país. No entanto, com o advento do governo FHC, em 1994, o Consea foi extinto. Após um período de desmobilização, em 1998 foi criado o Fórum Brasileiro de Segurança Alimentar e Nutricional, com a participação de representantes de organizações da sociedade civil e acadêmicos de todo o país, muitos deles atuantes na Ação da Cidadania no passado recente. O Fórum mobilizou encontros nacionais defendendo as ideias de fortalecimento da SAN no país, bem como atuou no sentido de divulgar as ideias da recriação do Consea.[4] O conjunto de iniciativas citadas, os documentos e diagnósticos sobre a fome no Brasil nas décadas de 1980 e 1990 contribuíram com as ideias básicas que sustentaram o enquadramento e referencial de política pública de FSAN, quais sejam: a construção de uma política pública de combate emergencial à fome no país, a participação ativa da sociedade civil organizada nesse processo e a ideia de compras públicas para a destinação de alimentos a entidades socioassistenciais.

---

4 "Ele [o Fórum] teve, no início, uma rede de pessoas. Em setembro de 1998 houve um encontro em São Paulo, onde foi feita a instituição mais formal, e a partir daí ele teve uma Secretaria, que fazia esse papel de animação, uma coordenação mais executiva e uma coordenação mais ampliada, e também passou a fazer seus encontros nacionais. (...) e teve uma importância decisiva na retomada do Consea e ele que engendrou esses processos, manteve a militância, inclusive na época do governo FHC, quando houve a destituição do Consea, o Consea praticamente parou com seus trabalhos e foi um período de resistência no qual o Fórum Brasileiro (...) nessa perspectiva bem ampla de compreensão da segurança alimentar" (Entrevista 21, Consea, 2016).

Por outro lado, no que tange ao FAF, desde os anos 1980, reivindicações de movimentos sociais eram frequentes e incisivas em torno da bandeira da reforma agrária. Demandavam-se políticas diferenciadas de crédito e assistência técnica e uma legislação trabalhista a favor dos pequenos produtores (Grisa, 2012; Grisa; Schneider, 2015; Porto, 2015).

Na década de 1990, ganhou vulto a produção acadêmica de José Graziano da Silva em rede com várias outros acadêmicos e universidades, principalmente no Sul do país. Tal debate agendou na pauta dos movimentos e das políticas públicas o conceito de agricultura familiar, segundo o qual a família é quem gere e compartilha a propriedade. Além disso, o agricultor familiar, além de ser proprietário e produzir em sua terra, tem tal propriedade como fonte de moradia. Uma série de pesquisas acadêmicas sobre a agricultura familiar no Brasil passaram a ser nomeadas sob o rótulo de Sociologia do Novo Rural, deslocando os referenciais setoriais anteriores que confundiam agricultura com grande produção e monocultura. Neste contexto acadêmico, *a priori*, a categoria "agricultura familiar" foi legitimada conceitualmente para se referir ao pequeno agricultor ou à pequena propriedade de terra (Silva, 2001).

Além da ênfase na agricultura familiar, o projeto envolvendo a Sociologia do Novo Rural propunha o programa de governo popular e abordava o tema das compras públicas da agricultura familiar por parte do Estado.[5] Ao mesmo tempo, alguns municípios brasileiros, tais como Santos, Porto Alegre e Belo Horizonte,[6] experi-

5 "Existia uma rede de ONGs e o Brasil era muito forte no terceiro setor nos anos 1980, 1990, e o Graziano se inspirava num projeto de programa de governo popular influenciando essa rede" (Entrevista 6, MDA, 2015).

6 "Na década de 1990 apareciam então nas ONGs, com muita força, no tema da agricultura familiar, no tema de hábitos saudáveis de consumo, tema das compras públicas, que algumas ONGs experimentavam com dinheiro da cooperação internacional, vinculando com a agricultura familiar e alguns sistemas de compras públicas que o PT já administrava em algumas prefeituras (governo Olívio Dutra tentou lá atrás, antes de 2003), mas muitas prefeituras já tentavam essas conexões e diferenciar um pouco o processo de compras públicas" (Entrevista 7, MDA, 2015).

mentaram projetos locais de fortalecimento da agricultura familiar, introduzindo na trama das políticas públicas brasileiras a implementação de compras públicas de produtos oriundos da agricultura familiar por parte do Estado. Outras experiências de compras públicas municipais da agricultura familiar foram executadas pela sociedade civil através do Ação da Cidadania Contra a Fome, unindo à época o FSAN e FAF. As compras públicas se tornariam um importante elemento do FAF, pois envolvem a ideia de garantia de mercado dado pelo Estado aos pequenos produtores, em um mercado concorrencial desigual.

Ainda na década de 1990, foi criado pioneiramente o Programa Nacional de Fortalecimento da Agricultura Familiar (Pronaf), quando, pela primeira vez, o quadro do FAF adentra a institucionalidade do Estado brasileiro, tornando-se um referencial de política pública em si (Schneider, 2003). Tratou-se de um salto inclusivo do pequeno produtor em relação ao modelo de desenvolvimento ancorado no agronegócio ensejado até então no país. No entanto, ainda estava aquém da vontade política dos movimentos sociais agrários, por privilegiar sobremaneira os grandes agricultores em detrimento dos pequenos. Por fim, ainda na década de 1990, o Grito da Terra, marcha de luta dos movimentos da terra, em âmbito estadual e federal, transformou-se em um evento anual de mobilizações de todos os movimentos sociais agrários do país, que passaram a exigir políticas específicas para a agricultura familiar.

Defendemos que este conjunto de ideias acadêmicas, o surgimento do Pronaf, as iniciativas de movimentos sociais e organizações da sociedade civil, bem como as iniciativas de compras públicas da agricultura familiar na década de 1990 contribuíram para construir as ideias básicas que sustentam o enquadramento do FAF. A ideia-chave deste quadro é que a construção de possibilidades de autonomia dos agricultores familiares envolve a possibilidade de compras públicas dos alimentos oriundos da agricultura familiar, enxergando-as como uma garantia de mercado que os capitaliza e contribui com o associativismo e organização dos agricultores familiares através de cooperativas e associações.

Agências orientadas pelos enquadramentos

Enquadramentos e seus acoplamentos são fruto da interação entre diferentes sujeitos em contextos específicos. Desta forma, para entendermos o processo de junção do FAF e do FSAN que resulta no referencial de política pública do PAA, precisamos entender o contexto interativo que possibilitou esse fenômeno, recorrendo também ao conceito de agência, conforme desenvolvido por Abers no capítulo 2 deste volume.

Para Bevir e Rhodes (2006), o conteúdo das agências não advém unicamente dos contextos estruturais, mas também da forma como tais conteúdos são replicados, usados e como os agentes respondem aos contextos em que estão inseridos de acordo com suas intenções. Dessa forma, as mudanças ou os esforços para reprodução de permanências estruturais ou institucionais emergem da respostas dos agentes a novas ideias ou problemas a partir das institucionalidades em que estão situados, o que torna, portanto, a agência uma "agência situada". Tal ideia é resultado da habilidade das pessoas de adotar crenças e performar ações através de razões inseridas nas tradições, crenças e dilemas de que fazem parte, o que se encaixa com a possibilidade de que tais ações estejam vinculados a enquadramentos. Tradições e crenças são um conjunto de interpretações internalizadas durante processos de socialização. Dilemas são, em geral, problemas que demandam soluções opostos e que demandam decisões pragmáticas. Para Bevir e Rhodes (2006), as tradições e as crenças nunca são fixas, pois são sempre fruto de agências situadas. Ou seja, quando os agentes confrontam suas tradições e crenças ou avaliam dilemas, acabam por confrontar aquilo que não lhes é familiar. Dessa forma tais agentes estendem ou mudam a sua herança para englobar o conteúdo desse confronto e desenvolver uma nova herança.

Em terceiro lugar, a noção de agência é interpretada aqui como intimamente ligada à noção de criatividade. Para Joas (1996), a criatividade é uma característica de toda a ação humana, e nem sempre é transformativa das estruturas e instituições em que seus agentes estão situados. A ação criativa se dá em contextos mediados por hábitos que são a base para qualquer ação, considerando as capacidades de indivíduos e grupos em transformar tais hábitos por meio de recombinações deliberativas, criando novos hábitos (Brandão, 2016, p.305).

De fora para dentro do Estado: agências e ideias precedentes à criação do PAA

As sucessivas tentativas de eleição à Presidência por parte de Lula contribuíram para a construção de recursos do candidato e sua rede do PT, principalmente conexões com pessoas e ideias. Nesse tempo, Lula e alguns de seus apoiadores, tal como José Graziano da Silva, desenvolveram o que Fligstein (2007, p.62) chama de "habilidade social" para motivar um grupo de pessoas "a tomar parte em uma ação coletiva", com o objetivo de construir um programa de governo nas áreas social e agrária baseado em agendas advindas da sociedade civil. Esse processo é marcado pela parceria entre Lula e Graziano da Silva e sua rede de colaboradores, aliança que ganhou fôlego no âmbito da quarta eleição que Lula concorreu a presidente da República.

Graziano fazia parte de redes de acadêmicos que pensavam o novo rural e o combate à fome no Brasil. O ex-ministro sugeria a construção de um programa de governo popular e abordava o tema das compras públicas da agricultura familiar em seus escritos e discursos desde a década de 1990. Graziano contribuiu com a construção do Projeto Fome Zero (PFZ)[7] em 2001, participou ativamente

7 "As discussões e experiências acumuladas a respeito da questão da fome e da vinculação entre segurança alimentar e agricultura familiar foram sistematizadas e serviram de base para a construção, em 2000 e 2001, de um importante documento 'Projeto Fome Zero: uma proposta de política de segurança alimentar para o Brasil'. [...] A elaboração desse documento contou com a participação de movimentos sociais, organizações não governamentais, institutos de pesquisa, sindicatos e especialistas em questões de segurança alimentar e

da gestação do programa de governo de Lula em 2002,[8] fez parte da equipe de transição do novo governo eleito e, após a posse do novo governante, foi o coordenador do programa de agricultura e da área social e nomeado ministro do Ministério Extraordinário de Segurança Alimentar (Mesa).

> O Lula perdeu três eleições e ganhou a quarta. Mas tinha uma pessoa que coordenava o programa de governo de agricultura e da área social, que era o Graziano da Silva. Ele tinha uma rede de relações que se mantinha ao redor da área de estudo dele na Unicamp e que nos conectava com frequência por diversos temas de estudos da academia dele, que era o Novo Rural, e nos conectou mais intensamente ainda no ano anterior dessas eleições para elaborar o plano de governo do candidato Lula. [...] O Graziano, quando chega, cria o Mesa, o Ministério Extraordinário de Segurança Alimentar. Era uma coisa extraordinária, ou seja, a área social não tinha dentro do Estado um organograma específico de como enfrentar, então por isso que essa carga do Lula ganhar a eleição com um prato de comida – o símbolo da eleição era este –, esse símbolo político, como se tratou dentro da administração pública de se criar um Ministério, é um símbolo muito forte para a administração pública porque a área social estava diluída nos ministérios da Justiça, Saúde, Educação, então não era foco da administração pública a área social. (Entrevista 7, MDA, 2015)

Além do protagonismo de Graziano e do Mesa no início do primeiro governo federal de Lula, temos a criação de um novo arranjo político-institucional para viabilizar projetos diversos, entre eles o Programa Fome Zero (PFZ). Na composição do corpo burocrático

foi organizado por José Graziano da Silva" (Mueller, 2007, p.82). Ver Projeto Fome Zero: uma proposta de política de segurança alimentar para o Brasil (Instituto Cidadania, 2001)

8 Boa parte da gestação desses processos se deu no âmbito do Instituto Cidadania (IC), uma organização criada por atores técnicos e acadêmicos afiliados ao PT e com participação de representantes de movimentos sociais e ONGs.

deste arranjo-burocrático, foram chamados a ocupar cargos de confiança alguns atores que haviam participado dos contexto de criação do PFZ, estruturação do plano de governo para a área social e agrária e que haviam participado da equipe de transição junto a Lula e Graziano. Muitos outros atores da burocracia federal também passaram a participar deste arranjo e, consequentemente, da criação do PAA, que ocorre neste contexto.

Encontramos três tipos diferentes de perfis de atores atuando diretamente no processo de criação e implementação inicial do PAA na estrutura burocrática do MDA, da Conab e do Mesa no primeiro ano do governo Lula.[9] De um modo geral, em termos de trajetórias prévias, identificamos que alguns desses atores que ocuparam a burocracia federal haviam atuado no âmbito do Departamento de Estudos Socioeconômicos Rurais (Deser), organização não governamental situada no Sul que assessora organizações da agricultura familiar na elaboração de propostas de políticas públicas, na avaliação e no impacto de políticas públicas.[10] Outros haviam participado da campanha Ação da Cidadania Contra a Fome[11] na década de 1990 e, posteriormente, foram atuantes no Fórum Brasileiro de Segurança Alimentar e Nutricional.

9 E após a extinção do Mesa, no âmbito do Ministério de Desenvolvimento Social e Combate à Fome (MDS).

10 "E ela [a ONG Deser, Departamento de Estudos Socioeconômicos Rurais] por conta das pessoas que coordenavam tinha relação política com o Lula, com o PT e participamos da elaboração do plano de governo de 2002. Em 1998, eu e algumas pessoas dessa ONG participamos também desde sempre na elaboração destas pautas. Então, a gente ajudou a construir o programa chamado Vida Digna no Campo, que já previa todo um fortalecimento da agricultura familiar, já previa um conjunto de ações fortes para a segurança alimentar, já se falava em Fome Zero, por exemplo" (Entrevista 5, MDS, 2015).

11 Este movimento contou com a participação ativa da sociedade civil na década de 1990 através de fóruns locais estruturados pelo movimento. Vários participantes do movimento se aproximaram e contribuíram com a produção de propostas do Governo Paralelo, movimento capitaneado por Lula após a derrota nas urnas em 1989 e que envolveu acadêmicos, artistas e representantes de movimentos sociais, organizações, federações e confederações da sociedade civil.

a) No Perfil A, estão burocratas de alto escalão, portadores de cargos comissionados, monitorando e coordenando equipes técnico-burocráticas de pessoas concursadas, sendo que muitos desses atuaram na equipe de construção do Fome Zero e Vida Digna do Campo. A maioria dos burocratas do perfil A "já tinham encarado este desafio da burocracia" (Entrevista 4, MDS, 2015), apresentando afinidades de perspectivas sobre modelos de desenvolvimento agrário com os movimentos sociais do campo, em especial, o Movimento dos Trabalhadores Sem Terra (MST) e a Confederação Nacional dos Trabalhadores na Agricultura (Contag), em âmbito locais.
b) No Perfil B, estão pessoas exercendo consultorias técnicas contratadas por acordos de cooperação internacional e outros meios, em geral com trajetórias anteriores em organizações da sociedade civil ou movimentos sociais, e alinhados aos quadros que sustentam os projetos políticos dessas organizações e movimentos. Algumas seleções para consultorias nos órgãos citados envolviam o conhecimento ou vínculo às pautas e intenções dos enquadramentos do FAF e do FSAN.
c) Perfil C, são servidores públicos concursados antes e depois da eleição de Lula, que, ao ocupar cargos na burocracia estatal, passam a atuar através de afinidades com a nova estrutura institucional construída e assumindo posições relevantes na estrutura burocrática que estava sendo montada.

Por fim, segundo alguns entrevistados, a nova composição burocrática e o novo arranjo político-institucional trouxeram para a burocracia federal no campo da agricultura e do combate à fome no Brasil um "novo modelo de atuação burocrática" (Entrevista 5, MDS, 2015).

> Não era a galera que estava aqui. A galera que estava aqui resistente, no modelo anterior, modelo antigo. A gente teve que ir rompendo com isso. Quem trouxe isso foi a equipe de governo do

> Lula com seu time, suas forças políticas que vieram para dentro do Estado. (Entrevista 5, MDS, 2015)

No âmbito do PAA, é possível afirmar que o trânsito de ativistas de fora para dento do Estado (Abers e Von Bülow, 2011) foi central (Mueller, 2007; Grisa, 2012).

Ativismo institucional na criação do PAA

No início do primeiro governo Lula, além da criação do Mesa, houve uma maior centralidade dada ao Ministério do Desenvolvimento Agrário (MDA).[12] Além disso, a Companhia Nacional de Abastecimento (Conab), vinculada ao Ministério de Agricultura, Agropecuária e Abastecimento (Mapa), teve a ampliação de vagas e orientação estratégica em prol do PAA.[13] Por fim, o Conselho de Segurança Alimentar (Consea), fórum consultivo com participação da sociedade civil e atores estatais, inoperante desde 1993, foi reativado.

> Como a carga no discurso foi essa [...] É uma vergonha você ter fome em um país exportador! Então deve haver um organograma que responde em enfrentamento a esse problema. Então o Graziano liderou e ajudou a criar esse ministério [Mesa]. Claro, cria-se

12 O MDA havia sido criado em 2000. Segundo Baccarin et al. (2013), o impacto do Pronaf e a crescente importância da categoria "agricultura familiar" contribuíram fortemente para sua criação. No entanto, será após 2003 que o MDA ganhará maior vulto e expressão na política agrícola nacional.

13 "Foram quatro concursos nos últimos doze anos para ampliar a capacidade de trabalho e arejar a Conab (que havia ficado vinte anos sem concurso público, no período anterior ao governo Lula). Os últimos atos do governo Fernando Henrique levavam a uma extinção da Conab. Quem salvou a Conab da extinção, hoje diretor-geral da FAO, foi Graziano da Silva, que puxou o decreto que extinguiria a Conab quando estava ocorrendo a transição de governo, o que dava mostras de que a Conab iria exercer um papel estratégico nesse governo recente" (Entrevista 2, Conab, 2015).

> o ministério, o Graziano alucinado para instalar esse ministério e, ao mesmo tempo, já fazendo várias medidas, decretos infralegais, por assim dizer, mas tentando já agredir o marco-legal. (Entrevista 7, MDA, 2015)

Segundo os entrevistados, na instituição do Mesa, Graziano da Silva recebeu ampla autonomia para criar a estrutura organizacional do novo ministério, bem como para montar a sua própria equipe. Junto a isso, ancorado numa visão participativa da construção de uma nova estrutura político-institucional, o ministro contribuiu, juntamente com a articulação de uma série de atores dos movimentos sociais vinculados ao FAF e FSAN, com a reativação do Consea. Este conselho contou com a presença de representantes da sociedade civil e acadêmicos, indicados pelo Fórum Brasileiro de Segurança Alimentar e Nutricional, e membros da burocracia estatal, tornando-se, assim, um espaço de intensa defesa do FSAN e diálogos com as ideias presentes no enquadramento do FAF.

Os atores que passam a fazer parte da burocracia estatal a partir das interações prévias com Lula e Graziano na construção do PFZ se beneficiavam do contato direto e acionamento de informações junto aos movimentos sociais, organizações da sociedade civil e meio acadêmico. Alguns entrevistados contam que sentiam uma cobrança, advinda dos movimentos a que pertenciam, de que um governo de centro-esquerda, dirigido por Lula, pudesse fazer caminhar suas pautas. Este grupo de pessoas passa a atuar "como governo", ou seja, com possibilidades legais de mandatos e impedimentos claros sobre a sua ação. De acordo com as entrevistas, é possível afirmar que a agência deste grupo de pessoas é fortemente influenciada por valores, ou vínculos às causas, advindos principalmente dos quadros do FAF e do FSAN adquiridos ao longo de suas trajetórias prévias "fora do Estado". E como a noção de ativismo institucional pode nos ajudar a entender esse processo?

O conceito de ativismo institucional foi cunhado para analisar como certos burocratas atuam e percebem seu papel e responsabilidades para influenciar a formulação e implementação de políticas públicas. Em várias versões, o conceito voltou a discutir a relação desses burocratas ativistas com redes e agendas de movimentos sociais; discussão que não faz sentido para o caso do PAA, no qual identificamos uma atuação burocrática vinculada a compromissos com causas específicas, independentemente de vínculos com pautas prévias oriundas de movimentos sociais.

Na fala de um entrevistado, "a área social não tinha dentro do Estado um organograma específico de como enfrentar a questão social e agrária do país" (Entrevista 7, MDA, 2015). Na ausência deste cronograma específico, fez-se necessário o uso da criatividade na agência burocrática. Uma das estratégias implicou construir equipes alinhadas com suas pautas e intenções, tendo como principal meta construir novos marcos legais.

O principal marco legal criado no caso aqui analisado foi a própria instituição do PAA, mas houve antecedentes. A criação do Mesa, a reinstituição do Consea, a maior centralidade dada ao MDA e à Conab foram marcos, resultados de agências de diferentes burocratas ativistas, principalmente daqueles vinculados a Graziano da Silva. Uma das primeiras ações deste pesquisador como ministro do Mesa foi solicitar o estudo de estratégias para a reversão do recurso do Programa Comunidade Solidária, criado no governo FHC, para um projeto de compras da agricultura familiar que estava em construção. No entanto, diante do desafio de produzir um novo projeto dentro do guarda-chuva de políticas que era o Fome Zero, necessitava-se reestruturar o Comunidade Solidária, orientando os seus recursos para os projetos do plano de governo de Lula. Esse processo foi simultaneamente acompanhado de agências de representantes da sociedade civil atuantes no Consea. Na primeira reunião após a reativação do conselho em 2003, foi apresentado o documento *Diretrizes de segurança alimentar ao Plano Safra 2003/2004*. Objetivamente o texto previa recursos no Plano Safra daquele biênio para compras públicas da agricultura familiar que destinassem os produtos comprados ao combate à fome. Muitos entrevistados desta pesquisa remontaram a origem do PAA a este documento.

Após a primeira reunião de reabertura do Consea, em 2003, foi mobilizado e criado um Grupo de Trabalho (GT) interministerial formado, principalmente, por MDA, Mesa, Conab, Instituto de Pesquisa Econômica Aplicada (Ipea) e Consea. A iniciativa e produção deste GT demonstra a importância da reunião de equipes interministeriais alinhadas com as pautas e intenções do referencial de política pública do PAA e a preocupação com a celeridade de construção de uma oportunidade a partir das propostas do *Diretrizes de segurança alimentar ao Plano Safra 2003/2004*. Segundo os interlocutores, havia uma leitura política do governo de que havia uma janela de oportunidade a ser aproveitada naquele contexto: um governo com plano de governo alinhado com os quadros do FAF e FSAN, pessoas ocupantes de cargos de alto escalão na burocracia estatal do arranjo político-institucional recém-criado, mobilização e aproximação de organizações da sociedade civil e de movimentos sociais através do Consea, e a possibilidade de inclusão deste referencial no orçamento federal do Plano Safra já em 2003. O relato de um interlocutor de Grisa (2012), que participou deste processo, explicita o que foi colocado.

> E aí nós tivemos que correr porque o Plano Safra tem um calendário, então em um mês este Grupo de Trabalho que foi constituído – Ipea, Conab, MDA e Mesa – nós fizemos uma proposta – as *Diretrizes ao Plano Safra* – que já entrou na segunda reunião do Consea em fevereiro. Ao entrar no Consea, foi um pouco surpresa, não estava esperando que viesse uma coisa articulada, com a legitimidade, que já vinha apoiada pelas áreas técnicas destes três ministérios. Aí eles pediram mais um mês. Na reunião seguinte em março, ele foi aprovado como diretrizes ao Presidente da República. (Grisa, 2012, p.218)

Segundo os entrevistados desta pesquisa, o GT reuniu aqueles representantes de organizações da sociedade civil e atores burocráticos provenientes da rede de pessoas mobilizadas ao redor da construção do projeto Fome Zero em 2001 e do plano de governo de Lula em 2002. A partir da aprovação da proposta citada no Consea, o mesmo GT foi convocado pelo Mesa para viabilizar "como" a nova política poderia ser criada.

Como dito, Graziano teve papel central na criação do PAA. Tal centralidade se vê na mobilização deste GT. Segundo Fligstein (2007, p.62), a habilidade social depende do desempenho habilidoso dos atores em organizações dominantes, sobretudo em situações de crise ou de formação, nos quais sistemas completamente novos de significados são agenciados. Graziano atuou como um empreendedor social utilizando essa habilidade num contexto de formação, como podemos ver no relato de uma interlocutora de Grisa (2012, p.219).

> Então, apesar das diretrizes serem consideradas o documento inaugural, houve uma autonomia grande do ministro no sentido de propor o PAA, completamente dentro das diretrizes, mas com uma abrangência e uma autonomia maior em relação à política agrícola, até porque os recursos na época eram integralmente recursos manejados pelo Mesa.

É interessante observar que o ativismo praticado pelos envolvidos com o GT é um ativismo criador de um marco legal novo da "estaca zero". Podemos chamar a agência deste GT de ativismo disruptivo de tipo estruturante: "um esforço de engenharia baseado em objetivos estruturantes para promover grandes mudanças no desenho de políticas públicas" (Brandão; Vilaça, 2017, p.12). A agência deste GT é estruturante, pois os objetivos dos atores é promover uma mudança significativa na legislação brasileira, introduzindo uma alternativa à Lei de Licitações. Além disso, a agência deste GT é disruptiva, pois o esforço empregado pelos burocratas atuantes neste GT envolve criar um novo arranjo para um referencial de política pública inovador no campo das políticas públicas tanto agrárias, quanto de segurança alimentar no Brasil.

Entre os vários relatos para descrever as agências dos burocratas participantes do GT, nossos entrevistados utilizaram os seguintes verbos: "cavar", "articular", "conversar", "propor", "bater de porta em porta" e "convencer". O verbo "cavar" é central. Ele se refere ao trabalho de estruturação de alternativas legais de um programa de compras públicas da agricultura familiar e doação para entidades da rede assistência social brasileiras. A ideia de "cavar" uma brecha numa lei suscita esforço e intensidade. O verbo sugere que há entraves para a possibilidade de uma lei que viabilizasse o programa, pois para o PAA vir a existir foi necessário criar um mecanismo legal de compras públicas alternativo aos processos rígidos previstos na Lei de Licitações. Dessa forma, o principal entrave à ação ativista do GT envolvia os limites do escopo de ação do Executivo. Seria necessário recorrer ao Legislativo para a criação de um novo marco. No entanto, a leitura política do momento era a de que o Congresso Nacional não aprovaria uma lei que criasse uma exceção à Lei de Licitações para compras públicas de uma categoria social como a agricultura familiar. A bancada ruralista, bastante influente no Congresso, visualizaria neste expediente um conflito de interesses para os grandes produtores agropecuários brasileiros. Acreditava-se também que as empresas que dominavam as licitações para venda de alimentos que eram doados para entidades de assistência social iriam fazer intensa pressão contrária a essa exceção.

Além do que foi dito, havia a variável "tempo" como um desafio à criação do PAA, pois existia uma ordem central do núcleo político do governo para que tais ações fossem rápidas, já que o presidente havia sido eleito com a imagem de um prato de mesa e com o lema "quem tem fome, tem pressa". Outro entrave citado por nossos entrevistados são os vários discursos de oposição e presentes nos meios midiáticos em 2003 que sugeriam a inabilidade do governo de Lula para a execução eficaz de políticas públicas. Por fim, "cavar" uma brecha para uma lei de criação do PAA envolvia não apenas o estudo de alternativas à Lei de Licitações, mas a instituição de um referencial de política pública inovador e que sofria os revezes do discurso oposicionista.

Os relatos daqueles que atuaram no GT de criação do PAA coincidem que os primeiros seis meses de 2003 intensificou-se bastante seu volume de tarefas, indicando que, além da "corrida contra o tempo", havia uma intensidade do trabalho na atuação burocrática do GT. A "pressa" foi uma expressão da agência desses burocratas que compuseram o GT de criação do PAA: "pressa" no estudo das alternativas legais de tramitação de uma lei do PAA, "pressa" no diálogo com legisladores que potencialmente poderiam protocolar a lei no Legislativo. Outra característica da agência dos burocratas é o "estudo de estratégias" de viabilização do projeto. O "estudo" envolvia não só considerar possibilidades para os trâmites legais, mas também envolvia o "estudo" do comportamento da oposição no Legislativo, da viabilidade dos recursos a serem empregados com a implementação do PAA, do comportamento de outros atores contrários a um projeto orientado pelo FAF e FSAN.

A "pressa" e o "estudo" nas agências desses atores participantes do GT de criação do PAA indicam uma ação enquadrada fora dos padrões normativos do funcionalismo público, que mais se aproxima de tipo ideal de empreendedor privado de grandes empresas, que trabalha além das horas convencionais com vistas a um fim instrumental. Interessante notar que a prática de trabalhar intensamente parece ser um discurso mais amplo no ativismo institucional, quando participando de implementação de políticas públicas inovadoras em parceria ou dentro de governos.

Neste ambiente de ativismo burocrático, o GT de criação do PAA começou a analisar cenários para aprovação de uma lei própria do PAA.

> Naquele momento a gente achava que tirar isso, tirar das empresas que dominam as licitações e criar uma brecha para comprar da agricultura familiar direcionando a compra era o melhor a se fazer [...] Era uma agressão muito grande para quem estava aqui. Não dá, não dá, não dá. Esbarra onde? Esbarra na lei. Então vamos ter que mudar a lei. Como a gente mudou a lei? A gente começou a cons-

truir um novo marco legal. O que era o princípio básico: este negócio de "sempre foi assim" é o primeiro argumento que você não pode usar. "Ah, por que que é assim?" "Por que sempre foi assim?" "Por que não posso comprar do agricultor familiar?" "Porque as normas..." "Qual norma?" "Qual artigo que eu vou modificar?" Vamos propor. Então essa ousadia de enfrentar todos os obstáculos, de todas as naturezas, vamos estruturar. Aí se chegou à conclusão... no máximo tirar decreto, não tem como, tem que ir para a lei. Aí como que foi na lei. Bom, numa madrugada destas noitadas no Congresso Nacional, a renegociação de dívidas que tinha um monte de providências de uma medida provisória encaixou uma emenda, um artigo, que é o artigo 19 da lei da PPA, que se você for ver o que tem antes do 19 e depois não tem nada a ver com o PAA, vocês já viram isso? Então ali entrou o PAA. (Entrevista 5, MDS, 2015)

A fala do entrevistado acima mostra o questionamento dos marcos legais prévios. A ideia de que "se esbarra na lei, vamos mudar a lei" foi central na atuação do GT de criação do PAA. Esta mudança, no entanto, envolve uma "peregrinação" coletiva, como vemos na fala de um entrevistado indicada logo abaixo.

> Autonomia para lançar uma ideia eu tenho toda. Agora, para aprovar tem toda uma peregrinação. Eu, por exemplo, participei da criação de vários programas que eu acho que são muito legais e inovadores e não consigo dizer que nenhum foi criação minha. Eu tive um papel importante, mas todos envolveram esforço coletivo. (Entrevista 5, MDS, 2015)

Desta forma, a constatação de que era necessário "cavar" a brecha numa outra lei levou os atores vinculados ao GT de criação do PAA a outras estratégias de agência para alcançar seu fim. Tais estratégias resumem-se nos verbos "articular", "conversar", "propor", "bater de porta em porta" e "convencer" atores no âmbito do Congresso Nacional através dos contatos com a rede parlamentar do governo à época. Segundo os interlocutores da pesquisa, naquele momento houve um intenso diálogo com a assessoria parlamentar do PT na Câmara e no Senado.

> E o PAA é assim, é renegociação de dívida dos assentados e tem um artigo "cria-se o PAA". Foi uma coisa bem pequena. Aquilo ali foi a rachadura do negócio. Ali a gente colocou a cunha e não deixou mais de abrir este espaço no Estado. Essa lei de 2003 é um "contrabando" dentro de uma lei de dívida agrícola. (Entrevista 7, MDA, 2015)

A lei n.10.696/2003 organiza o Programa Especial de Crédito para a Reforma Agrária (Procera) e, em seu artigo 19, estabelece a criação do PAA. "Entre outras providências", criam-se precedentes não conhecidos até então na gestão de políticas públicas brasileira no que tange à exceção à Lei de Licitações (lei n.8666/1993). Como se vê na lei, o parágrafo 2º do artigo 19 define que o PAA

> [...] será destinado à aquisição de produtos agropecuários produzidos por agricultores familiares que se enquadrem no Programa Nacional de Fortalecimento da Agricultura Familiar – Pronaf, *ficando dispensada a licitação para essa aquisição desde que os preços não sejam superiores aos praticados nos mercados regionais.* (Brasil, lei n.10.696/2003 § 2º, grifos do autor)

A junção dos quadros do FAF e do FSAN, unidos, ganham viabilidade legal em um arranjo político institucional através de uma política pública criada por meio da atuação ativista dos burocratas do GT de criação do PAA.

Considerações finais

Os estudos no campo interdisciplinar das políticas públicas, principalmente os neoinstitucionalismos, indicam a necessidade de escutarmos mais o que os burocratas têm a dizer sobre as políticas públicas em que contribuem na formulação e implementação (Lotta, 2015). Neste capítulo buscamos realizar essa tarefa com o objetivo de analisar o ativismo institucional na criação do PAA. Dentre os vários fenômenos analisados, vimos que os enquadramentos do FAF e FSAN, oriundos de interações ligadas a movimentos sociais, ideias acadêmicas e experiências de outras políticas públicas implementadas em nível local no passado, orientaram a ação dos burocratas envolvidos na criação do PAA, constituindo inclusive o referencial cognitivo da política. Esse fenômeno empírico nos mostra uma quebra na divisão teórica rígida de separação entre Estado e sociedade civil em grande parte da literatura da ciência política. Além disso, demonstra-nos a força da interação entre ideias, agências e a criação de novos marcos institucionais, apontando para a fluidez das fronteiras no debate sobre a relação entre agência e estrutura.

Vimos que a participação dos burocratas ativistas na criação do PAA se deu através da estruturação de um Grupo de Trabalho interministerial, criado depois de debates no Consea e a partir do fomento de Graziano da Silva, através do Mesa. Por meio do "GT de criação do PAA", uma série de ações criativas com vistas à construção de um marco legal novo da "estaca zero" foi empreendida. "Cavar", "articular", "conversar", "propor", "bater de porta em porta" e "convencer" – todas essas ações mediadas pela "pressa" e o "estudo" – foram agências criativas centrais no contexto. A essas agências burocráticas chamamos de "ativismo disruptivo de tipo estruturante", pois tais agências contribuíram por criar um novo arranjo para um referencial de política pública inovador no campo das políticas públicas tanto agrárias, quanto de segurança alimentar no Brasil.

Por fim, esperamos com esta análise contribuir para futuras pesquisas que possam realizar estudos de caso semelhantes e produzir comparações, gerando novos marcos teóricos sobre a atuação burocrática na formulação e implementação de políticas públicas.

11

As organizações de movimentos sociais e o campo estatal: análise da trajetória do sindicalismo rural cutista/Fetraf

Irio Luiz Conti

Marcelo Kunrath Silva

Este capítulo[1] aborda a trajetória do sindicalismo rural cutista que se articula na Federação dos Trabalhadores na Agricultura Familiar da Região Sul (Fetraf-Sul),[2] a partir de 2001 e, a partir de 2004, na Federação Nacional dos Trabalhadores e Trabalhadoras

---

1 A análise desenvolvida se baseia nos resultados da tese de doutorado intitulada *Organizações sociais e políticas públicas: inserção da Fetraf-Sul nas políticas públicas de segurança alimentar e nutricional*, defendida no Programa de Pós-Graduação em Desenvolvimento Rural (PGDR/UFRGS) no ano de 2016 (Conti, 2016).

2 O campo do sindicalismo rural cutista se estruturou, a partir da década de 1980, com a criação do Departamento dos Trabalhadores Rurais da CUT (DNTR/CUT). Este foi extinto na década de 1990, em função da filiação da Contag à CUT. Em 1997, setores do campo sindical cutista insatisfeitos com tal filiação criam a Frente Sul da Agricultura Familiar, que se ampliou e desembocou na criação da Fetraf-Sul em 2001. Poucos anos depois havia federações criadas em diversos estados e, em 2004, ocorreu o primeiro Encontro Nacional da Agricultura Familiar, no qual foi criada a Federação Nacional dos Trabalhadores e Trabalhadoras na Agricultura Familiar do Brasil (Fetraf-Brasil). O quarto Congresso Nacional da Federação, realizado em 2016, alterou o nome para Confederação Nacional dos Trabalhadores e Trabalhadoras na Agricultura Familiar do Brasil (Contraf-Brasil). Utiliza-se no capítulo, no entanto, a denominação Fetraf para referir-se indistintamente à Fetraf-Sul, Fetraf-Brasil e Contraf-Brasil.

na Agricultura Familiar do Brasil (Fetraf-Brasil). Mais especificamente, é abordada a relação desta rede de sindicatos com as políticas públicas para a agricultura familiar, tendo como objetivo identificar e analisar as mudanças ocorridas nas organizações de movimentos sociais em virtude de sua participação na formulação e implantação de políticas. Argumenta-se que a inserção e atuação de organizações de movimento social no campo estatal, necessária para a participação em processos de formulação e implantação de políticas públicas, tende a demandar ou produzir mudanças mais ou menos significativas em tais organizações, envolvendo aspectos como a estrutura organizativa, os repertórios de ação e a agenda política (objetivos e estratégias) que orienta a atuação das organizações.

Assim, a presente análise se funda em dois argumentos teóricos. Em primeiro lugar, defende-se uma perspectiva que aborde as complexas e mutáveis relações entre movimentos sociais e Estado para além do confronto extrainstitucional (mas sem desconsiderar este aspecto). Ou seja, defende-se uma perspectiva que analise relações conformadas por cooperação, infiltração, trânsitos, sobreposições, permeabilidades, encaixes, interação, fluxos e interdependências. Além disso, discute-se como movimentos sociais e Estado se constituem e se transformam mutuamente com mudanças em suas formas de relacionamento. Em segundo lugar, salienta-se a importância de evitar que a perspectiva relacional defendida leve a uma dissolução ou ocultamento das especificidades de diferentes campos, como o campo estatal. Ao contrário, argumenta-se que cada campo demanda condições particulares para os agentes acessá-lo e nele atuar; ao mesmo tempo, estabelece oportunidades e constrangimentos específicos para os agentes nele atuantes. Neste sentido, o acesso das organizações de movimentos sociais ao campo estatal e às oportunidades que ele proporciona demandaria mudanças mais ou menos significativas em resposta às condicionalidades e aos constrangimentos que a atuação naquele campo estabelece.

A pesquisa que fundamenta a presente análise se estrutura em dois eixos: de um lado, um eixo longitudinal, analisando a trajetória do sindicalismo rural cutista/Fetraf ao longo do tempo e as transformações organizativas que derivam de sua crescente inserção na implementação de políticas públicas; de outro, um eixo multiescalar, analisando a atuação simultânea destes agentes em diferentes níveis espaciais (local, regional e nacional) e diferentes políticas públicas, com destaque para as políticas de crédito e habitação rural (que apareceram na pesquisa empírica como as políticas priorizadas pela Fetraf). A partir de um estudo empírico[3] realizado junto às lideranças da Fetraf e gestores públicos em âmbito nacional, na região Sul e no município gaúcho de Constantina, serão identificadas oportunidades que se abriram para a atuação da Fetraf na formulação e implementação de políticas públicas e as mudanças ocorridas em função desta atuação, especialmente a partir de 2003.

A análise mostra que a multiposicionalidade da Fetraf, através da atuação simultânea em vários campos de ação estatais conformados por diversas políticas públicas e escalas, possibilitou, de um lado, identificar e aproveitar as oportunidades propiciadas por tais campos de ação. De outro lado, no entanto, esta atuação simultânea demandou diversas mudanças organizativas no sentido de adaptar a Fetraf e suas organizações filiadas às condições particulares de acesso e atuação em diferentes campos de ação estatais.

Na sequência desta introdução, este capítulo contempla uma seção sobre o sindicalismo rural cutista/Fetraf e o processo de construção de políticas públicas para a agricultura familiar, que se amplia e fica mais complexo a partir da década de 1990. A seguir se evidencia como as políticas de crédito e habitação rural se constituíram em elementos centrais e estratégicos na estrutura organizativa e na agenda política do sindicalismo rural cutista/Fetraf. E ainda se demonstra que o investimento destas organizações de movimentos

3 A pesquisa empírica foi realizada no segundo semestre de 2014 e envolveu 63 entrevistadas/os com inserções diversas: Fetraf-Brasil, Fetraf-Sul, Sindicato dos Agricultores e Agricultoras Familiares de Constantina, Conselho Nacional de Segurança Alimentar e Nutricional (Consea), gestores/as públicos e parlamentares das três esferas de governo.

sociais na formulação e implementação das políticas de crédito e de habitação rural implicou direcionar seus recursos humanos e financeiros para a construção de novas estruturas organizativas e em investir na qualificação técnica e política de seus quadros para operarem essas políticas públicas, produzindo alterações significativas naquelas organizações.

O sindicalismo rural cutista/Fetraf e a construção das políticas públicas para a agricultura familiar

A constituição de políticas públicas para a agricultura familiar em âmbito federal é um processo relativamente recente, no qual as organizações de movimento social tiveram centralidade através do desenvolvimento de repertórios de confronto, da formulação e experimentação de propostas de políticas públicas e de negociações com agentes do Executivo e do Legislativo. Apesar de importantes processos de organização e mobilização ao longo da década de 1980, foi apenas a partir da década de 1990 que a agricultura familiar logrou reconhecimento como categoria política, econômica e social em diferentes instâncias da sociedade e, sobretudo, na sua relação com o Estado brasileiro (Picolotto, 2011).

Um marco central neste reconhecimento se expressa na conquista do Programa Nacional de Fortalecimento da Agricultura Familiar (Pronaf), no ano de 1996 (Schneider; Cazella; Mattei, 2009). Foi a primeira vez que o Estado brasileiro reconheceu a especificidade e a legitimidade das demandas dos agricultores familiares enquanto uma categoria específica.

O Pronaf foi resultado de intensas mobilizações sociais, como as Jornadas Nacionais dos Trabalhadores Rurais e os Gritos da Terra Brasil,[4] deflagradas por organizações como a Central Única dos

4 O primeiro Grito da Terra Brasil, realizado em 1994, foi convocado por um conjunto de movimentos e organizações sociais do campo e da floresta, tendo como atores centrais a Contag e o DNTR/CUT. Entre suas principais

Trabalhadores (CUT) e a Confederação Nacional dos Trabalhadores na Agricultura (Contag), dentre outras, desde o início da década de 1990. Grisa e Schneider (2015) acentuam que o Pronaf exerceu um papel importante para a emergência de outras políticas públicas direcionadas à agricultura familiar, como o seguro agrícola, a garantia de preços e a assistência técnica e extensão rural. Ou seja, a partir do Pronaf foram se constituindo outras políticas que acabam por conformar um campo de políticas públicas para a agricultura familiar. Pode-se dizer que o programa constituiu uma espécie de "porta de entrada" das organizações de movimento social da agricultura familiar, entre as quais o sindicalismo rural cutista, no campo das políticas públicas. É através desta experiência inicial no campo instituído com o Pronaf que irão se constituir relações, recursos e propostas que irão sustentar o processo de construção e implementação de um leque de políticas públicas subsequentes para a agricultura familiar.

Outra vertente importante da inserção do sindicalismo rural cutista (e, a partir de 2001, da Fetraf) nas políticas públicas advém de sua proximidade político-ideológica e, em muitos casos, da intersecção com o Partido dos Trabalhadores.[5] Foi esta proximidade/intersecção que possibilitou, por exemplo, a realização pela Fetraf-

---

demandas/propostas e também resultados destacam-se: a criação do Pronaf e o aumento anual do volume de crédito disponibilizado; a desapropriação de cerca de mil áreas de terra para mais de 80 mil famílias; a concessão de cerca de 500 mil benefícios previdenciários rurais represados no INSS; e a melhoria das condições de trabalho dos assalariados rurais (Contag, 2015). Com a desfiliação da Contag da CUT, em 2009, e sua filiação à Central dos Trabalhadores e Trabalhadoras do Brasil (CTB), criada em 2007 por sindicalistas dissidentes da CUT e outros independentes, o Grito da Terra Brasil, que em 2015 alcançou sua 21ª edição, continuou sendo promovido pela Contag e a CTB.

5 O sindicalismo rural cutista, do qual se originou a Fetraf, também é uma das vertentes das quais são oriundos muitos militantes e dirigentes que atuaram na constituição do Partido dos Trabalhadores. Seguindo o argumento de Doimo (1995), pode-se dizer que sindicalismo rural cutista integrava o "campo ético-político" constituído pelo Partido dos Trabalhadores e diversos movimentos sociais populares a partir da década de 1980.

-Sul da Caravana da Agricultura Familiar com Lula,[6] em 2001 (ou seja, no mesmo ano de sua fundação). A Caravana, que contou com ampla participação de famílias e organizações da agricultura familiar, se constituiu em um processo de publicização e de demonstração prática de propostas construídas a partir das realidades e experiências dos agricultores/as familiares. Ao conseguir envolver o futuro presidente do país neste processo, a Caravana operou como um instrumento de construção do reconhecimento público e político da Fetraf enquanto representante de uma parcela da agricultura familiar na sua relação com o Estado (Fetraf-Sul, 2001a). Com a vitória de Lula e o início do seu governo, em 2003, abriram-se oportunidades inéditas de participação da Fetraf na proposição, formulação e implementação de políticas para a agricultura familiar.

Em termos de constituição de agendas de políticas públicas para a agricultura familiar, cabe realçar que o sindicalismo rural cutista, no qual a Fetraf se insere, introduziu uma mudança significativa na forma de relação com o Estado a partir da década de 1990. Neste período, observa-se uma substituição das ações centradas no protesto e no confronto por negociações baseadas em pautas propositivas e apoiadas por intensas mobilizações sociais. Desenvolve-se uma metodologia de trabalho em torno da construção dessas pautas: reuniões de base para identificar as demandas centrais dos agricultores; sistematização das demandas nos estados; e, a partir destas sistematizações, elaboração de uma pauta nacional a ser demandada aos governos. A relação com os governos, por sua vez, tende a envolver repertórios de ação variados, com a conjugação

6 A Caravana nasceu como decorrência do Congresso de fundação da Fetraf-Sul, em março de 2001, e foi realizada entre julho e agosto do mesmo ano, por iniciativa e responsabilidade organizacional desta federação. Percorreu mais de 5 mil quilômetros, abrangendo municípios de microrregiões nas quais o sindicalismo cutista possuía expressiva presença, nos três estados da região Sul. Com o lema "Agricultura familiar e a construção de um novo projeto de desenvolvimento sustentável e solidário para o Brasil", a Caravana teve o intuito de identificar e dar visibilidade aos problemas e potencialidades da agricultura familiar.

de mobilizações sociais de confronto e mesas de negociação entre representantes das organizações mobilizadas e dos órgãos públicos afetos às suas demandas.

O resultado desta mudança na forma de atuação do sindicalismo rural cutista se expressa nas campanhas Grito da Terra Brasil, que teve sua primeira edição em 1994. Realizada a cada ano, esta campanha apresenta uma trajetória que iniciou basicamente com um repertório de confronto e gradualmente transmutou-se em relações com o Estado, que Giugni e Passy (1998, p.84-85) denominam de cooperação conflituosa: nestas relações, as organizações de movimentos sociais combinam cooperação, atuando conjuntamente com o Estado na realização de determinadas ações, e conflito, pressionando interna e/ou externamente o Estado para incorporação de novas demandas e propostas às políticas públicas. Com a decisão de desfiliação da Contag da CUT em 2009, a Fetraf passou a realizar a Jornada Nacional de Luta da Agricultura Familiar, concebida como um processo de participação social em um repertório que envolve construção de propostas, mobilização, negociação e execução de políticas de interesse da categoria.

A conjugação entre a capacidade de mobilização e de formulação de propostas articuladas no Grito da Terra e a abertura de oportunidades políticas a partir do início do governo Lula resultou na instituição do Plano Safra da Agricultura Familiar pelo governo federal em 2003, o qual passou a ter edições anuais a partir de então. Esse plano se constituiu em um mecanismo inovador para o governo acolher e responder articuladamente às demandas das organizações que representavam os interesses dos agricultores familiares. Ao mesmo tempo, tornou-se um polo de convergência e culminância dos processos de negociações das pautas de reivindicações das organizações da agricultura familiar.

Essas pautas de reivindicações, inicialmente mais marcadas por um viés econômico e de política agrícola, adquiriram maior amplitude ao longo do tempo, ao incorporar uma diversidade de temas e de demandas de atores sociais específicos que foram construídas como objetos de políticas públicas no período mais recente. Os temas mais consolidados, como crédito, seguro agrícola, preços diferenciados e previdência social, continuam presentes. Mas observa-se o surgimento de um conjunto de temas que Grisa e Schneider (2015) chamam de políticas de terceira geração. Dentre eles destacam-se: agroecologia, questão ambiental e sustentabilidade, agroindústrias familiares, inspeção sanitária, comercialização, habitação rural, educação e qualificação profissional, assistência técnica, segurança alimentar e nutricional, desenvolvimento territorial e compras institucionais.

Em meio a essa heterogeneidade de temas que ampliam continuamente o escopo de suas pautas, à exceção de demandas conjunturais e emergenciais, a Fetraf-Sul opera com a lógica de construir demandas e propostas que respondam a aspectos estruturais do campo da agricultura familiar, buscando construir efetivas políticas de Estado e não meramente respostas governamentais conjunturais. Neste sentido, destaca-se a atuação da Fetraf, juntamente com outras organizações da agricultura familiar, na construção de diversas políticas e legislações instituídas pelo governo federal em anos recentes: a Lei da Agricultura Familiar;[7] o Programa de Garantia de Preços para a Agricultura Familiar;[8] o Seguro Agrícola;[9] a Política e o Programa Nacional de Assistência Técnica e Extensão Rural para a Agricultura Familiar e Reforma Agrária;[10] a Política Nacional de Habitação Rural;[11] a Política Nacional de Agroecologia e Produ-

7 Lei n.11.326/2006, que estabelece as diretrizes para a formulação da Política Nacional da Agricultura Familiar e Empreendimentos Familiares Rurais.

8 Criado pelo decreto n.5.996/2006, conforme a lei n.11.326/2006, para as operações contratadas pelo Pronaf.

9 Conforme a lei n.2.168/1954, que institui o seguro agrário; lei n.8.171/1991, que dispõe sobre a política agrícola; seguida da lei complementar n.126/2007.

10 Instituída pela lei n.12.188, de 11 de janeiro de 2010.

11 A lei n.11.124/2005 dispõe sobre o Sistema Nacional de Habitação de Interesse Social e cria o Fundo Nacional de Habitação de Interesse Social e o Comitê Gestor; a lei n.11.977/2009 cria o Programa Nacional de Habitação Rural no âmbito do Programa Minha Casa Minha Vida.

ção Orgânica;[12] e o Plano Nacional de Convivência com o Semiárido brasileiro.[13] Destacam-se ainda diversas proposições que ainda se encontram (ou se encontravam até o momento do *Impeachment* da presidenta Dilma Rousseff em 2016) em negociações, tais como: instituição de um Conselho Nacional de Habitação Rural; criação de um Pronaf sistêmico que promova o desenvolvimento da agricultura familiar; e elaboração de uma legislação sanitária mais acessível e adequada à realidade dos agricultores familiares.

Essa sucinta apresentação da trajetória de relação do sindicalismo rural cutista/Fetraf com as políticas públicas mostra um processo de envolvimento intenso e significativa capacidade de produzir resultados em termos de programas e legislações voltados aos interesses dos agricultores/as familiares. As seções seguintes buscam responder ao objetivo apresentado na introdução (examinar as mudanças ocorridas nas organizações de movimentos sociais em virtude de sua participação na formulação e implantação de políticas), a partir de uma análise concentrada na relação da Fetraf-Sul com duas políticas que assumiram, ao longo do tempo, maior centralidade na sua atuação: a política de crédito e a política habitacional para a agricultura familiar.

A centralidade da política de crédito na atuação do sindicalismo rural cutista/Fetraf

Apesar de o Sistema Nacional de Crédito Rural (SNCR)[14] existir desde 1965, até a década de 1990 ele era seletivo, focado em agricultores consolidados, em alguns produtos, na agricultura pa-

12 Instituída pelo decreto n.7.794/2012, seguida do Plano Nacional de Agroecologia e Produção Orgânica 2013/2015.

13 A lei n.12.873/2013, que institui o Programa Nacional de Apoio à Captação do Água de Chuva e Outras Tecnologias Sociais de Acesso à Água – Programa Cisternas, pode ser um primeiro passo para um plano também reivindicado pela Articulação no Semiárido Brasileiro (ASA).

14 Instituído pela lei n.4.829/1965, complementado e alterado por meio de resoluções do Banco Central.

tronal e operacionalizado por meio de um único agente financeiro, o Banco do Brasil.[15] Como destaca um entrevistado:

> A gente viveu isso um longo período, até depois que nós já estávamos no sindicato, que os bancos escolhiam os agricultores que tinham condições e os pequenos não tinham vez. Essa era uma das faltas e era preciso chamar a organização e mobilização dos agricultores. (Entrevistado 14)

Ou seja, havia insuficiência de recursos e de linhas de crédito, mas, sobretudo, carência de agentes financeiros preparados para operacionalizá-lo de acordo com a realidade e as demandas da agricultura familiar. Assim, a partir da demanda por crédito, desenvolveram-se fortes mobilizações dos agricultores/as familiares, conforme expressa o relato abaixo:

> Outra luta foi a questão do crédito. Lembro de uma mobilização que a gente teve em 1987, no trevo da rodovia em Sarandi. Naquela mobilização nós tínhamos mais ou menos umas 5 mil pessoas e foi largado um caminhão desgovernado sobre o povo e morreram três agricultores [Lari, Vitalvino e Roseli], bem no trevo. Aquele foi um momento forte da luta pelo crédito. (Entrevistado 23)

Paralelamente à utilização de repertórios de confronto, organizações do campo sindical rural cutista do sul do país desenvolviam experiências locais de alternativas de crédito para a agricultura familiar. Uma delas, denominada de Fundo de Crédito Rotativo, foi implementada em 1989 na região Sudoeste do Paraná, por meio de convênio entre a agência de cooperação internacional Misereor e a ONG Assessoar. Este Fundo era gerido por um conselho de entidades populares e utilizado para financiar pequenos investimentos de diversos grupos informais de agricultores familiares da região (Cresol

15 Nesse período propagou-se o ditado popular que o Banco do Brasil era "cemitério de colonos", o que expressa a imagem que os agricultores familiares tinham em relação à principal instituição de crédito à época.

Baser, 2015). Outra experiência ocorreu no Oeste catarinense, em 1993, quando agricultores familiares que buscavam melhores condições de crédito fundaram Cooperativas de Crédito Rural em Seara, Quilombo e Curitibanos (Cresol Central, 2015).

Com a conquista de políticas de crédito direcionadas especificamente aos agricultores/as familiares – o Programa de Valorização da Pequena Propriedade Rural (Provap) em 1994 e, principalmente, o Pronaf em 1996 – e tendo por base experiências prévias como as relatadas acima, fundou-se em 1995 o Sistema de Cooperativas de Crédito Rural com Interação Solidária (Cresol Baser), com sede em Francisco Beltrão.[16] A Cresol Baser nasceu com o objetivo de estruturar um sistema alternativo de crédito com a participação direta das organizações da agricultura familiar:

> Dois processos foram decisivos para a criação do Sistema Cresol. O primeiro é que as cooperativas de crédito criavam a possibilidade de reter e aplicar a renda agrícola no meio rural, fazendo que os agricultores controlassem os recursos para a agricultura, orientando políticas públicas a favor de seus interesses, e ainda participar de programas oficiais de crédito, como o Provap, cujos recursos podiam ser repassados através de cooperativas de crédito, aplicando as sobras, que correspondiam aos lucros dos bancos, em programas de investimentos na forma de Fundos Rotativos e assim operar com custos menores e de forma menos burocrática. O segundo processo estava relacionado à Constituição Federal de 1988, que previa a participação do cooperativismo de crédito no Sistema Financeiro Nacional. Mas era preciso ainda muita luta para que entrasse em vigor uma nova regulamentação que tornasse efetiva a orientação constitucional em favor do cooperativismo. (Cresol Baser, 2015, p.1)

Em 1998, por sua vez, surgiram as primeiras cooperativas de crédito em Santa Catarina e Rio Grande do Sul. Em 2004, seguindo

16 A Cresol Baser (2015) possui como filiadas as cooperativas do Paraná, parte das cooperativas de Santa Catarina, com expansão para os estados de Minas Gerais, Espírito Santo, Mato Grosso e São Paulo.

os princípios da descentralização e do crescimento horizontal, elas constituíram a segunda cooperativa central denominada Cresol Central,[17] com sede em Chapecó e filiadas no Rio Grande do Sul, Santa Catarina e em alguns estados do Nordeste. Em 2014, em decorrência de disputas políticas na Cresol Central, foi fundada a Central Cresol Sicoper,[18] com sede em Passo Fundo, no Rio Grande do Sul. As três centrais se constituem nas áreas de atuação da Fetraf, fazem parte do mesmo Sistema Cresol e integram a Confederação das Cooperativas Centrais de Crédito Rural com Interação Solidária (Confesol), mas com administrações autônomas. As duas últimas disputam bases de representação nos estados onde a Fetraf possui atuação. Para operacionalizar as políticas de crédito, do ponto de vista organizativo e das correspondentes estruturas físicas e de pessoal, as três centrais do Sistema Cresol e suas filiadas tiveram que construir estruturas mais robustas que as da própria Fetraf e seus sindicatos nos municípios. Segundo Giugni e Passy (1998, p.91), "organizações com estruturas formalizadas e profissionalizadas têm maior acesso ao Estado, na medida em que governos e administrações públicas preferem lidar com grupos que têm procedimentos operacionais que reproduzem suas próprias rotinas". Assim, a inserção e a atuação na implementação da política de crédito demandaram a constituição de estruturas organizativas e administrativas semelhantes àquelas dos agentes financeiros públicos ou privados, apresentando um elevado grau de formalização e profissionalização, definidas como condições para assegurar estabilidade nas transações efetuadas. O sindicalismo rural cutista/Fetraf teve a capacidade de construir organizações com tais características e, assim, acessar oportunidades e recursos vinculados à atuação na implementação da política de crédito à agricultura familiar. Para

17 A Cresol Central SC/RS (2015) tem atuação em cerca de 500 municípios do Rio Grande do Sul e Santa Catarina, com 61 cooperativas singulares filiadas, 121 postos de atendimento e 8 bases regionais de serviços.

18 A Central Cresol Sicoper é constituída por 3 bases regionais de serviços, 27 cooperativas singulares e 57 postos de atendimento, com aproximadamente 75 mil associados no Rio Grande do Sul, Santa Catarina e Pernambuco (Cresol Sicoper, 2015).

fazer isto, no entanto, teve que se adequar às regras e lógicas de organização e atuação do campo da política de crédito, construindo uma expressiva estrutura organizativa própria (sistema Cresol) para operar tal política.

Habitação rural para a agricultura familiar

A demanda por habitação adequada no meio rural faz parte da história da agricultura familiar. No entanto, tradicionalmente, as políticas habitacionais eram voltadas aos setores urbanos. Apenas a partir do final da década de 1990 passaram a se constituir em demanda das organizações e movimentos da agricultura familiar como parte das políticas sociais que propiciam qualidade de vida e favorecem a reprodução das famílias na agricultura familiar. Esta seção traz elementos que ajudam a compreender como a habitação rural começou a integrar as pautas do sindicalismo rural cutista/Fetraf e, em particular, tornar-se o segundo campo prioritário de sua atuação política.

A experiência do sindicalismo rural cutista com a política pública de habitação rural começou com iniciativas localizadas, que se expandiram rapidamente pelas oportunidades abertas nesse campo de políticas até então represadas. Em 1999,[19] visando atender reivindicações de assentados da reforma agrária e agricultores familiares, o governo do Estado do Rio Grande do Sul instituiu o Programa Estadual de Habitação Rural (PHRRS), cuja execução

19 Olívio Dutra (PT) foi eleito governador do Rio Grande do Sul em 1998, com amplo apoio de organizações e movimentos sociais rurais e urbanos e uma proposta de governo não só identificada, como também construída com a participação de uma pluralidade desses movimentos e organizações. Ao iniciar seu governo, em 1999, criou o Gabinete da Reforma Agrária para ocupar-se com a questão agrária e, junto com ela, também a habitação, especialmente nos assentamentos. Disso originou-se um grupo de trabalho, com envolvimento das secretarias de Reforma Agrária e Habitação, movimentos e organizações sociais e UFRGS, gerando a proposta que veio a constituir o Programa Estadual de Habitação Rural (Sehab, 2001).

estendeu-se até 2003. Segundo Bolter (2013), a operacionalização do PHRRS inovou a forma de conceber e implantar políticas públicas no meio rural, ao estimular o surgimento de organizações específicas da agricultura familiar para participarem da construção das regras, do desenvolvimento e da implementação de programas habitacionais em parceria com os governos.[20]

Entre as organizações que deram origem ao PHRRS encontram-se os sindicatos dos municípios gaúchos de Sarandi e Constantina, dos quais surgiu um pequeno grupo de associados que fundou, em 2001, a Cooperativa de Habitação Rural da Agricultura Familiar (Cooperhaf),[21] vinculada ao Sindicato dos Trabalhadores Rurais de Sarandi, que já integrava a Fetraf-Sul. Segundo um sindicalista empenhado em sua fundação:

> A criação da Cooperhaf, em 2001, foi uma importante ferramenta para se chegar ao governo do Estado com uma proposta de política de habitação, que hoje é nacional. A Cooperhaf foi fundada no porão do sindicato de Sarandi e hoje é nacional. Somos sócios-fundadores dessa cooperativa e hoje ela realiza o sonho de milhares de famílias no sentido de reforma de casa e construção de casa nova. (Entrevistado 22)

A partir de 2003, o governo federal passou a priorizar a política habitacional para a população de baixa renda no meio rural. Entre os fatores que contribuíram para que tais políticas adentrassem na agen-

20 Além do caso da Fetraf, abordado neste capítulo, outras organizações da agricultura familiar no estado do Rio Grande do Sul criaram suas organizações específicas para se ocupar com a habitação rural. O Movimento dos Pequenos Agricultores (MPA), com o Sistema de Cooperativa de Crédito Rural (Crehnor), que já havia se estruturado desde 1996 para trabalhar com a operacionalização do crédito rural, iniciou a operacionalização de programas de habitação rural e, atualmente, também presta serviços na construção e reforma de habitações. Em 2002, por sua vez, a Federação dos Trabalhadores na Agricultura (Fetag) criou a Cooperativa de Habitação da Agricultura Familiar (Cohaf) para atender os associados dos Sindicatos dos Trabalhadores Rurais de sua base social.

21 Em 2015 funcionava como Cooperhaf-RS, filial da Cooperhaf.

da do governo, três foram determinantes, segundo os pesquisados: primeiro, o presidente Lula, por ocasião da Caravana da Agricultura Familiar, viu e ouviu dos próprios agricultores familiares a premente necessidade de o governo implantar um programa nacional de habitação rural (Fetraf-Sul, 2001b); o segundo reside na experiência acumulada pelos movimentos e organizações sociais da agricultura familiar na construção e cogestão do programa de habitação rural no Rio Grande do Sul nos anos anteriores; e o terceiro fator foi a criação do Ministério das Cidades e a nomeação de ministros[22] comprometidos com a proposta de implementar políticas habitacionais articuladas com o desenvolvimento rural em âmbito nacional (Cooperhaf, 2008a; 2008b). Tais fatores contribuíram para proporcionar a criação de relações de cooperação entre o Estado e a Fetraf em torno da formulação e implementação da política de habitação rural.[23]

Ainda em 2003, o governo federal adotou o Programa de Habitação Rural[24] para promover o acesso à habitação das famílias rurais que até então eram alijadas deste direito. A iniciativa, inicialmente

22 Olívio Dutra, governador do Rio Grande do Sul de 1999-2002, assumiu o recém-criado Ministério das Cidades em 2003. Miguel Rosseto, Vice-Governador do mesmo estado no mesmo período, assumiu o MDA. Isto facilitou as negociações, porque as organizações da agricultura familiar já possuíam canais abertos de diálogo com ambos os ministros desde a experiência adotada no Rio Grande do Sul. Ao chegarem aos ministérios, os ministros e alguns representantes das organizações que haviam participado da experiência do programa-piloto no Rio Grande do Sul passaram a integrar o grupo de trabalho que elaborou a proposta de Programa Nacional de Habitação Rural adotada pelo governo federal.

23 Apesar de não ter sido referido pelos entrevistados, é bastante provável que a política federal de habitação rural tenha relações significativas com a política federal de habitação popular construída no mesmo período e com diversas características similares.

24 Citado pelo então coordenador-geral da Fetraf-Sul como exemplo de construção de "[...] um espaço de unidade que nós não temos em nenhuma outra rede. Impressionante isso. Senta a Contag, a Fetraf e a Via Campesina com as suas representações e geram o programa, que é resultado dessa construção, de uma mesa informal e se criou a condição de se criar um Programa Nacional de Habitação para a Agricultura Familiar, até com uma superintendência específica na Caixa para cuidar disso" (Entrevistado 34).

vinculada ao Programa Nacional de Habitação, foi aperfeiçoada com a participação das entidades da agricultura familiar e transformada em Programa Nacional de Habitação Rural[25] (PNHR), em 2009. Vinculada ao Programa Minha Casa, Minha Vida, visava subsidiar a construção de unidades habitacionais aos agricultores/as familiares e trabalhadores/as rurais de todo o país com recursos do Orçamento Geral da União (OGU) e em parceria com organizações sociais.

Em seu segundo Congresso, realizado em 2007, a Fetraf passou a defender que a moradia é um direito humano que deve ser reconhecido, protegido e efetivado pelo Estado por meio de políticas públicas, cujo descumprimento incorre na violação dos direitos humanos (Fetraf-Sul, 2007). A organização interpretou que com o Programa de Habitação Rural se abriam oportunidades não apenas para a resposta às demandas habitacionais dos agricultores/as familiares, mas também para a expansão de sua atuação. Assim, impulsionada pela experiência exitosa de execução de ações de habitação rural no Rio Grande do Sul, a Cooperhaf ampliou sua área de abrangência para operar programas habitacionais em todas as regiões de atuação da Fetraf-Sul, com filiais nos três estados do Sul e sede central em Chapecó.[26] E, seguindo a lógica de expansão nacional adotada pela Fetraf, a partir de 2006 a Cooperativa expandiu sua atuação para além da região Sul, constituindo filiais em outros dez estados.[27] Estas filiais, a partir de 2010, passaram a se tornar cooperativas autônomas vinculadas à Fetraf-Brasil, dedicadas à formulação e execução de projetos habitacionais no rural brasileiro (Cooperhaf, 2015).

---

25 Criado pela lei n.11.977/2009, alterada pela lei n.12.424/2011.

26 A Cooperhaf possui programas habitacionais em execução em 53 municípios do Paraná, 92 municípios de Santa Catarina e 95 municípios do Rio Grande do Sul (Cooperhaf, 2015).

27 Além da Cooperhaf com suas filiais nos três estados do Sul, os estados de São Paulo, Mato Grosso do Sul, Bahia, Piauí, Minas Gerais, Alagoas e Ceará já possuem suas cooperativas habitacionais constituídas. Nos estados do Rio Grande do Norte e Maranhão há trabalhos com habitação rural por meio das próprias federações, sindicatos, associações ou em parceria com institutos. Todas seguem as diretrizes e orientações políticas da Fetraf-Brasil.

Analisando os dados da Tabela 1, abaixo, observa-se que a Fetraf começou, por meio da Cooperhaf, a trabalhar com projetos habitacionais localizados em poucos municípios do Rio Grande do Sul, no ano de 2001, com escassos recursos do programa estadual de habitação Pró-Comunidade. Logo, entre 2004 e 2009, ampliou a execução de projetos dessa natureza para a região Sul com recursos do Programa de Subsídio à Habitação de Interesse Social (PSH), do Fundo de Desenvolvimento Social (FDS) e do Fundo de Garantia do Tempo de Serviço (FGTS). A partir de 2009, com a instituição do Programa Nacional de Habitação Rural (PNHR), este passou a ser a fonte principal de recursos para financiar os projetos operacionalizados pela Cooperhaf. A tabela mostra, ainda, a evolução do número de contratos habitacionais assinados e executados no Sul desde sua implantação.

Tabela 1 – Contratos habitacionais rurais executados pela Cooperhaf na região Sul do Brasil (2001 a 2015)

Programas habitacionais	Ano	PR	RS	SC	Total
Pró-Comunidade	2001	0	378	0	378
PSH	2004/2005/2006	424	708	1668	2800
FGTS	2004/2005	50	1140	246	1436
FDS	2005/2006	331	328	204	863
FGTS	2006	1196	799	1814	3809
FGTS	2007	951	712	1166	2829
PSH	2007	393	413	844	1650
PSH	2008	861	1229	799	2889
FGTS	2008/2009	564	1505	1331	3400
PSH	2009	100	551	570	1221
PNHR	2010	257	194	207	658
PNHR	2011	552	679	967	2198
PNHR	2012	942	1169	872	2983
PNHR	2013	1887	957	1753	4597
PNHR	2014	690	505	599	1794
PNHR	2015 (até 31/07)	321	212	246	779
Total geral		**9.519**	**11.479**	**13.286**	**34.284**

Fonte: Cooperhaf (2015), organizado pelos autores.

A execução desse expressivo volume de contratos habitacionais pela Cooperhaf evidencia o que Giugni e Passy (1998) chamam de cooperação por delegação de atribuições do Estado para a Cooperhaf. O primeiro se desincumbe de parte de suas atribuições, que assim são assumidas por organizações do movimento social que também passam a acessar os recursos correspondentes à execução destas. A Cooperhaf assume tais atribuições e demonstra sua capacidade de agência no exercício da cogestão da política habitacional. Pode-se dizer que ela se transforma em um ator central no interior da própria Fetraf, na relação com as demais cooperativas que executam essa política e, acima de tudo, alcança reconhecimento político e técnico junto aos órgãos públicos encarregados pela operacionalização da política habitacional no Brasil.

A ação da Cooperhaf na construção e execução da política habitacional foi reconhecida internacionalmente em 2009, quando conquistou o prêmio World Habitat Awards[28] da organização britânica Building and Social Housing Foundation, ligada à Organização das Nações Unidas, que certifica as melhores práticas habitacionais no mundo. No mesmo ano, ela também foi condecorada com o Prêmio da Fundação Banco do Brasil de Tecnologia Social, com o projeto "Caprichando a Morada"[29] (Cooperhaf, 2014).

---

28 O extrato da notícia do prêmio mostra o senso de pertencimento da Cooperhaf ao Sistema Fetraf. "O projeto 'Caprichando a Morada', desenvolvido pela Cooperativa de Habitação da Agricultura Familiar (Cooperhaf), com matriz em Chapecó (SC), em parceria com a Federação dos Trabalhadores da Agricultura Familiar (Fetraf), com o Sistema de Crédito Rural com Interação Solidária (Cresol Central SC/RS) e sindicatos dos trabalhadores da agricultura familiar de todo o Brasil, conquistou o primeiro lugar no World Habitat Awards 2008 (Prêmio Mundial Habitat). O resultado foi divulgado ontem (1/9/2009) pela Building and Social Housing Foundation (Fundação Construção e Habitação Social), entidade promotora do concurso" (Cooperhaf, 2014, p.1). No Brasil, o prêmio foi entregue à Cooperhaf no dia 28/6/2009, na solenidade de abertura do segundo Congresso Nacional da Fetraf-Brasil, em Luziânia (GO), com a presença do presidente Lula, ministros e várias autoridades internacionais e nacionais.

29 O projeto baseia-se na concepção de fortalecer a sustentabilidade integral da família na propriedade, que passa por: moradia, paisagismo, horta, pomar, produção para autoconsumo e elevação da autoestima, entre outros.

O significado das 34.284 moradias novas e/ou reformadas nas regiões de atuação da Fetraf-Sul, entre 2001 e 2015, pode ser mais bem avaliado a partir da informação de que a organização teria 72.382 associados no período. Sabendo que a moradia envolve diversos indivíduos, pode-se concluir que uma parcela bastante significativa das bases da organização foi diretamente favorecida pela atuação da Cooperhaf na implementação da política de habitação rural. Com entusiasmo, uma liderança da Cooperhaf discorre sobre a posição e o significado que a política de habitação rural ocupa na agenda da Fetraf-Sul e sua contribuição para a viabilização da agricultura familiar:

> Hoje a habitação é a principal política da Fetraf-Sul. O que os sindicatos mais fazem hoje é no campo da habitação, pois é o lugar onde a família irá viver, está ligado com autoestima, saneamento, produção de alimentos. A conscientização da população quanto ao cuidado com a residência, com o saneamento básico de casa fomos nós que implantamos. Para a agricultura familiar, a casa deve ser um lugar bom, bonito, agradável de estar e confortável. No passado, buscava-se apenas implementação de política agrícola e, quanto à residência, deixava-se de lado. Essa mudança na maneira de pensar o modo de vida é um atrativo para o jovem querer continuar no campo. Hoje a preocupação nas reuniões e debates do sindicato, acho que 80% é a habitação. (Entrevistada 30)

Na direção e na estrutura da Fetraf, a preocupação com a habitação não é tão intensa porque a Cooperhaf possui tal incumbência específica, cabendo à primeira ocupar-se com a definição de diretrizes estratégicas para serem operacionalizadas pela Cooperhaf. Por sua vez, nesse período, nos sindicatos ampliaram-se os recursos humanos e técnicos envolvidos com as demandas de implantação dos projetos habitacionais à medida que estes passaram a ocupar maior espaço em suas agendas e nas agendas da Cooperhaf e da Fetraf-Sul.

Em Constantina, por exemplo, o tema ocupa amplo espaço na dinâmica organizativa, e há dirigentes e técnicos do sindicato e da Cresol especificamente envolvidos com o acompanhamento da implantação da política habitacional. Conforme uma agricultora familiar, "hoje neste nosso interior você não vê mais casas velhas. Praticamente todas as famílias têm casas novas ou reformadas e isso se deve ao programa de habitação do Sindicato" (Entrevistado 13). Outro dirigente menciona que "hoje, de cada três casas no interior do nosso município, duas possuem investimento público" (Entrevistado 01).

Observando-se os dados da Tabela 2, abaixo, percebe-se que o número de casas novas e reformadas em Constantina até 2015 era de 379 (e 94 famílias aguardavam na lista de espera para acessar o programa). Mesmo que a quantidade não alcance os dois terços salientados pelo entrevistado acima, atinge uma parcela significativa das 975 famílias residentes no meio rural do município de Constantina; ou seja, um resultado ainda assim muito expressivo.

Tabela 2 – Contratos habitacionais rurais executados em Constantina (2001 a 2015)

Programas Habitacionais	**Ano**	**Casa nova**	**Reforma**	**Total**
Pró-Comunidade	2001	33	15	48
PSH	2004/2005/2006	20		20
FGTS	2004/2005			0
FDS	2005/2006			0
FGTS	2006		52	52
FGTS	2007		8	8
PSH	2007			0
PSH	2008		15	15
FGTS	2008/2009		13	13
PSH	2009	26	17	43
PNHR	2010			0
PNHR	2011	14		14
PNHR	2012	8	39	47
PNHR	2013	17	24	41
PNHR	2014	20	22	42
PNHR	2015 (até 31/07)	15	21	36
Total geral		**153**	**226**	**379**

Fonte: Cooperhaf e Sintraf Constantina (2015), organizado pelos autores.

Por fim, sobre o investimento da Fetraf-Sul, via a Cooperhaf, na habitação rural como agenda estratégica, cabe ainda destacar que a partir de 2011 a Cooperativa, considerando sua experiência acumulada nos processos de execução da política habitacional, passou também a trabalhar com a habitação popular urbana. Tal mudança está relacionada, entre outros fatores, ao fato de muitos agricultores/as e/ou seus familiares residirem em áreas urbanas dos municípios abrangidos pela organização sindical na base da Cooperhaf.

Conclusões

A reconstrução da trajetória do sindicalismo rural cutista/Fetraf na produção e implementação das políticas de crédito e de habitação rural, realizada nas seções anteriores, traz diversos elementos para responder ao objetivo apresentado na introdução deste capítulo: analisar as mudanças ocorridas nas organizações de movimentos sociais em virtude de sua participação na formulação e implantação de políticas públicas.

O intenso envolvimento do sindicalismo rural cutista/Fetraf na construção e implementação das políticas de crédito e de habitação rural direcionou seus recursos prioritariamente para estes fins, demandou investimentos em qualificação técnica de seus quadros para operarem aquelas políticas e exigiu um processo de construção de novas estruturas organizativas (Cresol e Cooperhaf) com condições de atender às condicionalidades que habilitam à atuação na implementação das políticas, entre outros aspectos. Todas essas ações tiveram como contrapartida a restrição das possibilidades de inserir-se em outros campos de políticas com a mesma intensidade. Neste sentido, outras políticas também direcionadas à agricultura familiar, como as políticas de segurança alimentar e nutricional, tiveram um envolvimento muito menos significativo do sindicalismo rural cutista/Fetraf.

Além de restringir a atuação em outros campos de políticas públicas, a atuação prioritária na implementação das políticas de crédito e de habitação rural também limitou os recursos disponíveis para outras inserções e atuações da Fetraf externas ao campo das políticas para a agricultura familiar. Em particular, as demandas da atuação institucional nos campos de políticas públicas condicionaram as possibilidades de atuação extrainstitucional, seja nas comunidades locais seja no campo do movimento da agricultura familiar.

Mas essa inserção em múltiplos campos de política pública não pode ser interpretada apenas como fonte de limitações. A reconstrução da trajetória do sindicalismo rural cutista/Fetraf mostra também que a inserção múltipla pode ser geradora de recursos que alimentam a atuação simultânea nos diversos campos. Destaca-se, neste sentido, a relação entre a Cresol e a Cooperhaf na implementação dos projetos habitacionais: a estrutura e expertise do Sistema Cresol oportunizou melhores condições de captação e gestão dos recursos para projetos habitacionais, ao mesmo tempo que a estrutura e expertise da Cooperhaf possibilitou melhores condições de implementação de tais projetos. Como salienta um entrevistado:

> A habitação foi uma extensão da nossa política de sustentabilidade e o atendimento de uma demanda. Nós tínhamos crédito para qualquer coisa relacionada à produção, menos para a habitação. Nós entramos nos programas de habitação no governo de Olívio Dutra e naquele período criamos a Cooperhaf nos municípios de Constantina e Sarandi. Nós colocávamos a habitação como reforma de casas e devolvíamos 80% dos recursos captados. Em 2003, quando o Olívio assumiu o Ministério das Cidades, ocorreu o primeiro leilão público de casas e as cooperativas de crédito puderam se credenciar com o aval do Banco Central para disputar essas ofertas públicas de casas. Naquela época, a Cresol Baser e a Credinorte ganharam as primeiras casas. Foi assim que começamos o programa de habitação. Eu fiz parte de 2004 a 2008 de um grupo de discussão sobre o programa de habitação, representando o sistema Cresol. Mas como tínhamos criado a Cooperhaf, nós enquanto Cresol potencializamos o ramo do crédito e a Cooperhaf ficou responsável pelo programa de habitação. Nós ganhávamos as casas em nome da Cresol, mas quem executava e acompanhava o projeto era

> a Cooperhaf. E ainda hoje, 80% das habitações que a Cresol faz são em parceria com a Cooperhaf. (Entrevistado 1)

A análise realizada mostra, assim, que a atuação em diversos campos de políticas públicas demandou e/ou proporcionou mudanças organizativas profundas na Fetraf, que alteraram significativamente sua estrutura e sua atuação ao longo do tempo. Duas destas mudanças se destacam. A primeira é a construção de estruturas organizativas específicas para atuar na implementação de políticas públicas, que acabam adquirindo uma dimensão que por vezes ultrapassa a própria estrutura original da organização de movimento social – no caso, a Fetraf. Por um lado, isso permitiu que fossem aproveitados os recursos e as oportunidades das políticas públicas não apenas para produzir bens e serviços relacionados às políticas, mas também fortalecer para a própria organização. Por outro lado, no entanto, tais estruturas tendem a estabelecer uma relação de dependência em relação às políticas implementamentadas, o que pode gerar instabilidades se há mudanças nas políticas.

Uma segunda mudança importante ocorreu na escala de atuação. A implementação de uma política pública de âmbito federal criou condições para um processo de nacionalização da Fetraf. Com a implementação das políticas de crédito e de habitação rural, a Fetraf expandiu sua atuação para novos municípios e estados, fortalecendo uma rede de escala nacional que se articula na Fetraf-Brasil (depois Contraf-Brasil). Diante dos diversos e profundos obstáculos que as organizações de movimentos sociais enfrentam para operar em escala nacional em um país com dimensões continentais como o Brasil, as políticas públicas federais tiveram um papel fundamental na criação das condições para esta nacionalização.

Conclui-se, assim, que a inserção em diversos campos de políticas públicas não apenas proporcionou acesso da Fetraf-Sul a recursos, espaços e processos que conformam aqueles campos. Além disto, tal inserção produziu importantes mudanças qualitativas na Fetraf-Sul, alterando sua estrutura organizativa, seus repertórios de ação e suas estratégias.

Para finalizar, apesar de não ter sido objeto de análise neste capítulo, é importante destacar que a inserção da Fetraf-Sul no campo de políticas para a agricultura familiar também produziu mudanças neste próprio campo e nas políticas. Conforme indica a reconstrução da trajetória do sindicalismo rural cutista/Fetraf nas políticas de crédito e de habitação rural, a partir de recursos, relações, conhecimentos e propostas construídos em experiências prévias, em âmbito societário e/ou em níveis subnacionais de governo, os ativistas e organizações atuaram ativa e propositivamente no sentido de construir instrumentos de políticas que concretizassem seu objetivo de fortalecimento da agricultura familiar e um modelo de agricultura alternativo àquele defendido pelo agentes do agronegócio. Ou seja, os ativistas não apenas aproveitaram oportunidades institucionalmente dadas, mas disputaram também a própria configuração da institucionalidade do campo de políticas para a agricultura familiar. E, desta forma, produziram importantes mudanças qualitativas neste campo ao longo do período analisado.

Referências bibliográficas

ABEND, G. The meaning of "theory". *Sociological Theory*, v.26, n.2, p.173-99, 2008.

ABERS, R. Introdução: Ação criativa, ativismo e lutas no interior do Estado. In: ABERS, R. (Org.). *Ativismo Institucional*: Criatividade e luta na burocracia brasileira. Brasília: Editora da UnB, no prelo.

ABERS, R. *Inventing Local Democracy*: Neighborhood Organizing and Participatory Policy-Making in Porto Alegre, Brazil. Porto Alegre, 1997. Tese (Doutorado). University of California.

ABERS, R. *Bureaucratic Activism*: Pursuing Environmentalism Inside the Brazilian State. Latin American Politics and Society. Cambridge: Cambridge University Press, 2018.

ABERS, R. Ativismo na burocracia? O médio escalão do Programa Bolsa Verde. In: CAVALCANTE, P.; LOTTA, G. *Burocracia de médio escalão*: perfil, trajetória e atuação. Escola Nacional de Administração Pública, 2015.

ABERS, R.; TATAGIBA, L. Institutional activism: mobilizing for women's health from inside de bureaucracy. In: ROSSI, F.; VON BÜLOW, M. (eds.). *Social Movement Dynamics*: New Perspectives on Theory and Research from Latin America. Ashgate, 2015.

ABERS, R.; VON BÜLOW, M. Movimentos sociais na teoria e na prática: como estudar o ativismo através da fronteira entre Estado e sociedade? *Sociologias*, Porto Alegre, ano 13, n.28, p.52-84, set.-dez. 2011.

ABERS, R.; KECK, M. *Practical Authority*: Agency and Institutional Change in Brazilian Water Politics. 1.ed. Oxford e New York: Oxford University Press, 2013.

ABERS, R.; SERAFIM, L.; TATAGIBA, L. Repertórios de interação Estado-sociedade em um Estado heterogêneo: a experiência na era Lula. *Revista Dados*, v.57, n.2, p.325-57, abr.-jun. 2014.

ABERS, R.; SILVA, M. K.; TATAGIBA, L. Movimentos sociais e políticas públicas: repensando atores e oportunidades políticas. *Lua Nova*, n.105, p.15–46, 2018.

ABERS, R.; TATAGIBA, L. *Ativismo institucional na burocracia brasileira*: a mobilização em defesa da saúde da mulher. Trabalho apresentado no 38º Encontro Anual da Anpocs, Caxambu, 2014.

ABERS, R. Participatory Democracy in Brazil: socioeconomic and political origins. By Tranjan, J. Ricardo. *Bulletin of Latin American Research*, v.37, p.105-6 (no prelo).

ABRAMOVAY, R. O capital social dos territórios: repensando o desenvolvimento rural. *Revista Economia Aplicada*, n.2, v.IV, p.379-97, abr.-jun. 2000.

ALBUQUERQUE, M. do C. O movimento pelos direitos da criança e do adolescente e o controle social sobre a política socioeducativa. *Repertórios de interação socioestatal. Política & Sociedade*, v.14, n.29, p.31-66, jan.-abr. 2015.

AMARAL, L. A. *Entre ativismos, enquadramentos e controvérsias*: as ideias e as agências de burocratas no Programa de Aquisição de Alimentos (PAA). Tese de doutorado (Ciência Política), Universidade de Brasília, Brasília, 2018.

AMARAL, O. M. E. *As transformações na organização interna do Partido dos Trabalhadores entre 1995 e 2009*. Tese de Doutorado. Unicamp, Campinas, 2010.

AMARAL, O. E. do; POWER, T. The PT at 35: revisiting scholarly interpretations of the Brazilian Workers' Party. *Journal of Latin American Studies*, n.48, p.147-71, 2016.

AMARAL, S. et al. A sociedade civil e os conflitos na construção dos megaeventos esportivos no Brasil. *Sociedade e Estado*, Brasília, v.29, n.2, p.637-60, maio-ago. 2014.

AMENTA, E. State-centered and political institutional theory: retrospect and prospect. *The Handbook of Political Sociology*. Cambridge: Cambridge University Press, 2005. p.96-114.

AMENTA, E.; CAREN, N.; CHIARELLO, E.; SU, Y. The political consequences of social movements. *Annual Review of Sociology*, v.36, p.14.1-14.21, 2010.

AMENTA, E.; CAREN, N. Outcomes political. In: SNOW, D.; PORTA, D. Della; KLANDERMANS, B.; MCADAM, D. (eds.). *The Wiley-Blackwell Encyclopedia of Social and Political Movements*. 2016, p.1-6.

AMENTA, E.; CAREN, N.; FETNER, T.; YOUNG, M. Challengers and States: toward a political sociology of social movements. *Sociological Views on Political Participation*, v.10, p.47-83, 2002.

ANSELL, C. Ecological explanation. In: BERK, G.; GALVAN, D. C. & HATTAM, V. (eds.). *Political Creativity*: Reconfiguring Order and Change. Philadelphia: University of Philadelphia Press, 2013. p.55-77.

ANSELL, C. *Pragmatist Democracy*: Evolutionary Learning as Public Democracy. New York: Oxford University Press, 2011.

ANTUNES, R. A gênese do lulismo. *Jornal do Brasil*, Outras Opiniões, p.A15, 16 fev. 2006.

ARRETCHE, M.; MARQUES, E.; FARIA, C.A.P. *As políticas da política*. São Paulo: Editora Unesp, 2019.

ASSIS, T. *Sociedade civil, Estado e políticas públicas*: reflexões a partir do Programa Um Milhão de Cisternas Rurais (P1MC) no estado de Minas Gerais. Tese de Doutorado em Ciências. UFRJ: Seropédica, 2009.

AUYERO, J. A rede de solução de problemas do peronismo. *Revista Brasileira de Ciência Política*, Brasília, n.10, p.107-50, 2013.

AUYERO, J. *Poor People's Politics*. Durham: Duke University Press, 2001.

AVRITZER, L. *A participação em São Paulo*. São Paulo: Editora Unesp, 2004.

BACCARIN, J. G. et al. O papel do Programa de Aquisição de Alimentos (PPA) e do Programa Nacional de Alimentação Escolar (PNAE) no fortalecimento da agricultura familiar e promoção da Segurança alimentar. *Temas de Administração Pública*, v.8, n.2, 2013.

BAIOCCHI, G.; BRAATHEN, E.; TEIXEIRA, A. C. Transformation Institutionalized? Making sense of participatory democracy in the Lula Era. In: STOKKE, K.; TORNQUIST, O. (eds.). *Democratization in the Global South*: The Importance of Transformative Politics. United Kingdom: Palgrave Macmillan, 2013.

BANASZAK, L. A. Inside and outside the State: movement insider status, tactics, and public policy achievements. In: MEYER, D. S.; JENNESS, V.; INGRAM, H. (eds.). *Routing the Opposition*: Social Movements, Public Policy, and Democracy. Minneapolis: University of Minnesota Press, 2005. p.149-76.

BARBOSA, F.; CALEBRE, L. (orgs.). *Pontos de cultura*: olhares sobre o Programa Cultura Viva. Brasília: Ipea, 2011.

BARCELOS, M.; PEREIRA, M. M.; SILVA, M. K. Redes, campos, coalizões e comunidades: conectando movimentos sociais e políticas públicas. *Revista Brasileira de Informação Bibliográfica em Ciências Sociais – BIB*, v.82, p.13-40, 2017.

BAUMGARTNER, F.; JONES, B; LARSEN-PRICE, H.; TRUE, J.; WILKERSON, J. *Essays on Policy Dynamics.* Prepared for presentation at the ECPR Joint Sessions of Workshops. Nicosia, Cyprus, 2006. p.25-30.

BENFORD, R. D.; SNOW, D. A. Framing processes and social movements: An overview and assessment. *Annual Review of Sociology*, v.26, n.1, p.611-39, 2000.

BENFORD, R. D. You could be the hundredth monkey: collective action frames and vocabularies of motive within the nuclear disarmament movement. *The Sociological Quarterly*, v.34, n.2, p.195-216, 1993.

BERK, G.; GALVAN, D. C.; HATTAM, V. Beyond dualist social science: the mangle of order and change. In: BERK, G.; GALVAN, D. C.; HATTAM, V *Political Creativity*: Reconfiguring Institutional Order and Change. Philadelphia: University of Pennsylvania Press, 2013. p.1-28.

BERK, G.; GALVAN, D. How people experience and change institutions: a field guide to creative syncretism. *Theory and Society*, v.38, n.6, p.543-80, 2009.

BETHELL, L. Populism, neopopulism, and the Left in Brazil: from Getúlio to Lula. In: DE LA TORRE, C.; ARNSON, C. J. (eds.). *Latin American Populism in the Twenty-First Century*. Washington, D.C.: Woodrow Wilson Center Press; Baltimore: The Johns Hopkins University Press, 2013. p.179-202.

BEVIR, M. How narratives explain. In: YANOW, D. *Interpretation and Method*: Empirical Research Methods and the Interpretive Turn. Armonk, NY: M. E. Sharpe, 2006. p.281-90.

BEVIR, M.; RHODES, R. A. W. *The State as Cultural Practice*. Oxford University Press, 2010.

BLIKSTAD, K. *Parceiros do Estado na política*: movimentos sociais na implementação de programas associativos. Doutorado em Ciência Política. Unicamp, Campinas, 2015.

BLIKSTAD, K. Movimentos sociais de pessoas pobres: as urgências, o direito e a participação controlada. In: MACHADO, C.; MARQUES, D.; TAVARES, F. M. M.; TRINDADE, T. A. (orgs.). *Democracia e desigualdade*: registros críticos. Porto Alegre: Zouk, 2017b.

BLIKSTAD, K. *Movimentos sociais de pessoas pobres*: entre as urgências e o direito. Tese de Doutorado em Ciência Política – Instituto de Filosofia e Ciências Humanas, Universidade de Campinas, Campinas, 2017.

BLUMER, H. *Symbolic Interactionism*: Perspective and Method. 1st Paperback Edition, Berkeley, Los Angeles, London: University of California Press, 1986.

BOLTER, J. A. G. *Interfaces e cogestão nas políticas para agricultura familiar*: uma análise do Programa Nacional de Habitação Rural. Tese de Doutorado em Desenvolvimento Rural – Faculdade de Ciências Econômicas, Programa de Pós-Graduação em Desenvolvimento Rural, Universidade Federal do Rio Grande do Sul, Porto Alegre, 2013.

BONAT, J. *Organizações não governamentais na implementação de políticas públicas*: o caso do Programa Cultura Viva. Dissertação de Mestrado em Políticas Públicas – Universidade Federal do ABC, 2016.

BORTOLUCI, J. H. Razão prática, performatividade e criatividade situada: tensão e complementaridade entre três paradigmas da ação. *Revista de Ciências Sociais*, n.40, p.63-85, abr. 2014.

BORZEL, T. A. Organizing Babylon: on the different conceptions of policy networks. *Public Administration*, v.73, p.233-73, 1998.

BOSI, L.; GIUGNI, M.; UBA, K. *The Consequences of Social Movements*. Cambridge: Cambridge University Press, 2016.

BOURDIEU, P. *Outline of a theory of practice (Esquisse d'une théorie de la pratique)*. Transl. by Richard Nice. (Repr.). 16. Cambridge: Cambridge University Press, 1977.

BOURDIEU, P. O campo político. *Revista Brasileira de Ciência Política*, v.5, p.193-216, 2011.

BOURDIEU, P. *O poder simbólico*. Lisboa: Difel/Bertrand, 1989.

BRAGA, R. The Lula moment: constraints in the current peripheral development model. In: FAKIER, K.; EHMKE, E. *Socio-Economic Insecurity in Emerging Economies*: Building New Spaces. London, New York: Routledge. 2014.

BRANDÃO, I. R. Resenhas. *Rev. Bras. Ciência Política online*, n.19, p.303-10, 2016.

BRANDÃO, I. R. *Governar o desperdício*: a inclusão de catadores no regime brasileiro de políticas de resíduos. Tese de Doutorado em Ciência Política. Instituto de Ciência Política, UnB, Brasília, 2018.

BRANDÃO, I. R. O efeito ping-pong: habilidades de mediação, difusão de práticas e a produção da exclusão em programas associativos. In: 41° Encontro Anual da Anpocs, 2017, Caxambu. *Anais do 41° Encontro Anual da Anpocs*. Caxambu, 2017.

BRANDÃO, I. R.; VILAÇA, L. Ativismo burocrático na construção de Belo Monte e na inclusão socioprodutiva de catadores de materiais recicláveis. *Anais do III Encontro Internacional Participação, Democracia e Políticas Públicas*. Vitória, 2017, p.388-417.

BRASIL. Companhia Nacional de Abastecimento. *Programa de Aquisição de Alimentos – PAA*: Legislação básica. Brasília: Conab, 2013.

BRASIL. Conselho Nacional de Segurança Alimentar e Nutricional. *Diretrizes de segurança alimentar e do desenvolvimento agrário para o Plano Safra 2003-2004 (Subsídios técnicos do Consea)*. Brasília (DF): Consea, 2003.

BRASIL. Lei n.8666, de 21 de junho de 1993.

BRASIL. Lei n.10.696, de 2 de julho de 2003.

BRASIL. Ministério da Agricultura, do Abastecimento e da Reforma Agrária (Maara)/ Confederação Nacional dos Trabalhadores na Agricultura (Contag). *Propostas e recomendações de política agrícola diferenciada para o pequeno produtor rural*. Brasília: Maara/Contag, 1994.

BRASIL. Ministério do Desenvolvimento Agrário. *Plano Safra da Agricultura Familiar*: produzindo alimentos para um Brasil sem fome. Brasília (DF): MDA/SAF, 2003.

BRASIL. *Manual Operativo*: modalidade Compra com Doação Simultânea por meio de Termo de Adesão. MDS/Sesan/Decom: Brasília, 2014.

BRASIL. *Programa de Aquisição de Alimentos para Agricultura Familiar*. Brasília: ASCOM/MDS, 2012.

CACCIA BAVA, S. A luta nos bairros e a luta sindical. In: KOWARICK, L. (org.). *As lutas sociais e a cidade*: São Paulo, passado e presente. Rio de Janeiro: Paz e Terra, 1988.

CACCIA BAVA, S. *As ocupações de terra e a Igreja em São Paulo (1991-1985)*. Cedec, São Paulo, 1988.

CARDOSO, F. H. O papel da oposição. *Interesse Nacional*, n.13, abr./jun. 2011.

CARLOS, E. Cooperação e conflito na relação movimentos sociais e Estado. *Política & Sociedade*, Florianópolis, v.16, n.35, jan.-abr. 2017, p.321-50.

CARLOS, E. Movimentos sociais e sistema político nas teorias dos movimentos sociais. *Interseções*, v.17, n.1, p.15-53, jun. 2015.

CARLOS, E. Movimentos sociais e instituições participativas: efeitos do engajamento institucional nos padrões de ação coletiva. *Revista Brasileira de Ciências Sociais*, São Paulo, v.30, n.88, p.83-99, jun. 2015a.

CARLOS, E. *Movimentos sociais e instituições participativas*: efeitos do engajamento institucional no contexto pós-transição. Belo Horizonte: Fino Traço, 2015b.

CARLOS, E. *Movimentos sociais e instituições participativas*: efeitos organizacionais, relacionais e discursivos. Tese de Doutorado em Ciência Política – Instituto de Filosofia, Letras e Ciências Humanas, Universidade de São Paulo/USP, 2012.

CARLOS, E.; DOWBOR, M.; ALBUQUERQUE, M. do C. Movimentos sociais e seus efeitos nas políticas públicas: balanço do debate e proposições analíticas. *Civitas, Revista de Ciências Sociais*, Porto Alegre, v.17, n.2, p.360-78, maio-ago. 2017.

CARONE, R. A atuação do movimento feminista no Legislativo federal: caso da Lei Maria da Penha. *Lua Nova, Revista de Cultura e Política*, São Paulo, n.105, p.181-216, 2018.

CAVA, B. When Lulism gets out of control. *The South Atlantic Quarterly*, 113:4, p.846-55, Fall 2014.

CAYRES, D. C. *Ativismo institucional no coração da Secretaria-Geral da Presidência da República*: a Secretaria Nacional de Articulação Social no governo Dilma Rousseff (2011-2014). Tese de Doutorado em Sociologia Política. Florianópolis: Programa de Pós-Graduação em Sociologia Política, UFSC, 2015.

CLEGG, S. The state, power, and agency: missing in action in institutional theory. *Journal of Management Inquiry*, v.19, n.1, p.4-13, 2010.

CLEMENS, E. Organizational repertoires and institutional change: women's groups and the transformation of U.S politics, 1890-1920. *American Journal of Sociology*, v.98, n.4, p.755-98, 1993.

COELHO, E. *Uma esquerda para o capital*: crise do marxismo e mudança no projeto político dos grupos dirigentes do PT (1979-1998). Tese de doutorado. Universidade Federal Fluminense, Rio de Janeiro, 2005.

COLLIER, R. B.; COLLIER, D. *Shaping the Political Arena*: Critical Junctures, the Labor Movement, and Regime Dynamics in Latin America. 2.ed. Notre Dame, Ind: University of Notre Dame Press, 2002.

CONAB. *PAA – Resultado das ações da Conab em 2015*. Brasília, 2016.

CONTI, I. L. *Organizações sociais e políticas públicas*: inserção da Fetraf-Sul nas políticas públicas de segurança alimentar e nutricional. 2016. Tese de Doutorado em Desenvolvimento Rural – Faculdade de Ciências Econômicas, Programa de Pós-Graduação em Desenvolvimento Rural, Universidade Federal do Rio Grande do Sul, Porto Alegre, 2016.

COOPERATIVA de Habitação dos Agricultores Familiares – Cooperhaf. *Organização, cooperativismo e associativismo na agricultura familiar*. Caderno 2. 3.ed. Chapecó, 2008b.

COOPERATIVA de Habitação dos Agricultores Familiares – Cooperhaf. *Orientações para a construção habitacional*. Caderno 1. 3.ed. Chapecó, 2008a.

COOPERATIVA de Habitação dos Agricultores Familiares – Cooperhaf. *Cooperativa conquista o mais importante prêmio mundial na área de habitação social*. 2014. Disponível em: http://www.fetecpr.org.br/cooperativa-conquista-o-mais-importante-premio-mundial-na-area-de-habitacao-social. Acesso em: 29 out. 2014.

COOPERATIVA de Habitação dos Agricultores Familiares – Cooperhaf. *Institucional*. 2015. Disponível em: http://www.cooperhaf.org.br/institucio. Acesso em: 29 out. 2015.

CRESOL BASER. *Nossa história*. Disponível em: http://www.cresol.com.br/site/conteudo/. Acesso em: 16 jul. 2015.

CRESOL CENTRAL SICOPER. *Histórico*. Disponível em: https://cresolsicoper.com.br/historico. Acesso em: 14 jul. 2015.

CRESOL CENTRAL. *O Sistema Cresol*. Disponível em: http://www.cresolcentral.com.br/sistema-cresol-central. Acesso em: 14 jul. 2015.

D'ARAÚJO, M. C. *Governo Lula*: contornos sociais e políticos da elite no poder. Rio de Janeiro: CPDOC, 2007.

DA SILVA, G. *O que é a questão agrária*. São Paulo: Brasiliense, 1980. (Coleção Primeiros Passos).

DAGNINO, E. (org.). *A disputa pela construção democrática na América Latina*. São Paulo: Paz e Terra, 2006

DE ALMEIDA. Estudo de caso: foco temático e diversidade metodológica. In: DE MIRANDA, D. S.; ALONSO, A. *Métodos de pesquisa em Ciências Sociais*: bloco qualitativo. São Paulo: Sesc Cebrap, 2016.

DELGADO, G. *Pesquisa de Avaliação de Concepção e Implementação do Programa de Aquisição de Alimentos*: relatório de avaliação do PAA. Conab – Projeto BRA 3/034. Brasília, 2013.

DIANI, M. Introduction: social movements, contentious actions, and social networks: "from metaphor to substance"? In: DIANI, M.; MCADAM, D. (orgs.). *Social Movements and Networks*: Relational Approaches to Collective Action. Oxford: Oxford University Press, 2003. p.1-18.

DIANI, M. Network and social movements: a research programme. In: DIANI, M.; MCADAM, D. *Social Movements and Networks*: Relational Approaches to Collective Action. Oxford Univ. Press, 2003

DIANI, M. The concept of social movement. *The Sociological Review*, v.40, n.1, p.1-25, 1992.

DIAS, S. M. In: JACOBI, P. R. (org.). *Gestão compartilhada dos resíduos sólidos no Brasil*: inovação com inclusão social. São Paulo: Annablume, 2006. p.65-86.

DIMAGGIO, P. J.; POWELL, W. W. The iron cage revisited: Institutional isomorphism and collective rationality in organizational fields. *American Sociological Review*, 1983, p.147-160.

DOIMO, A. M. *A vez e a voz do popular*: movimentos sociais e a participação política no Brasil pós-70. Rio de Janeiro: Relume-Dumará, 1995.

DOWBOR, M. *A arte da institucionalização*: estratégias de mobilização dos sanitaristas (1974-2006). Tese apresentada ao Departamento de Ciência Política da Faculdade de Filosofia, Letras e Ciências Humanas da Universidade de São Paulo, 2012.

DOWBOR, M. Ocupando o Estado: uma análise da atuação do Movimento Sanitário nas décadas de 1970 e 1980. In: CARLOS, E.; OLIVEIRA, O. P.; ROMÃO, W. *Sociedade civil e políticas públicas. Atores e instituições no Brasil contemporâneo*. Chapecó: Argos, 2014.

DOWBOR, M.; CARLOS, E.; ALBUQUERQUE, M. do C. As origens movimentistas de políticas públicas: proposta analítica aplicada às áreas de criança e adolescente, direitos humanos e saúde. *Lua Nova, Revista de Cultura e Política*, São Paulo, n.105, p.47-80, 2018.

EARL, J. Methods, movements and outcomes: methodological difficulties in the study of extramovement outcomes. *Research in Social Movements, Conflicts and Change*, n.22, p.3-25, 2000.

EMIRBAYER, M.; MISCHE, A. *What Is Agency?* The American Journal of Sociology, v.103, n.4, p.962-1023, jan. 1998.

EMIRBAYER, M. Manifesto for a relational sociology. *The American Journal of Sociology*, v.103, n.2, set. 1997.

EVANS, R.; KAY, T. How environmentalists "greened" trade policy: strategic action and the architecture of field overlap. *American Sociological Review*, v.73, p.970-991, dez. 2008.

FALLETI, T. Infiltrando o Estado: a evolução da reforma de saúde no Brasil, 1964-1988. *Estudos de Sociologia*, v.15, n.29, p.345-68, 2010.

FARIA, C. A. P. de. Ideias, conhecimento e políticas públicas – um inventário sucinto das principais vertentes analíticas recentes. *Revista Brasileira de Ciências Sociais*, v.18, n.51, p.21-9, fev. 2003.

FAUSTO, S. A outra face do lulo-petismo. *Folha de S.Paulo*, 26 set. 2010.

FEDERAÇÃO DOS TRABALHADORES NA AGRICULTURA FAMILIAR DA REGIÃO SUL – Fefraf-Sul. *A ousadia na luta e na organização*: construindo um novo desenvolvimento. Tese do 2º Congresso da FETRAF-SUL/CUT, Francisco Beltrão, 28 a 30 de março de 2007.

FEDERAÇÃO DOS TRABALHADORES NA AGRICULTURA FAMILIAR DA REGIÃO SUL – Fefraf-Sul. *Caravana da Agricultura Familiar*: agricultura familiar e a construção de um novo projeto de desenvolvimento sustentável e solidário para o Brasil, Chapecó, 25 de julho a 3 de agosto de 2001b. (Mimeo)

FEDERAÇÃO DOS TRABALHADORES NA AGRICULTURA FAMILIAR DA REGIÃO SUL – Fefraf-Sul. *Resoluções do Congresso de Fundação da Federação dos Trabalhadores na Agricultura Familiar – Fetraf-Sul/CUT*, Chapecó, 28 e 29 de março de 2001a.

FILADELFO, C. *A luta está no sangue*: família, política e movimentos de moradia em São Paulo. Tese de Doutorado em Antropologia Social – Instituto de Antropologia da Faculdade de Filosofia, Letras e Ciências Humanas, Universidade de São Paulo, 2015.

FILLIEULE, O. Propositions pour une Analyse Processuelle de l'Engagement Individuel. *Revue Française de Science Politique*, v.51, n.1-2, p.199-217, 2001.

FILLIEULE, O. Some *Elements of an Interactionist Approach to Political Disengagement*. *Social Movement Studies*, v.9, n.1, p.1-15, 2010.

FISCHER, F. *Reframing Public Policy*. [s.l.]: Oxford University Press, 2003. Disponível em: http://www.oxfordscholarship.com/view/10.1093/019924264X.001.0001/acprof-9780199242641. Acesso em: 15 abr. 2017.

FLIGSTEIN, N. Habilidade social e a teoria dos campos. *Rev. Adm. Empr.*, v.47, n.2, p.61-80, abr.-jun. 2007.

FLIGSTEIN, N. Social skill and the theory of fields. *Sociological Theory*, v.19, n.2, p.105-25, 2001.

FLIGSTEIN, N.; MCADAM, D. Toward a general theory of strategic action fields. *Sociological Theory*, v.29, n.1, p.1-26, 2011.

FLIGSTEIN, N.; MCADAM, D. Toward a General Theory of Strategic Action Fields. *Sociological Theory*, v.29, n.1, p.1-26, 2011.

FORTUNADO, E. *A fala e a casa*: Os sem-terra da Leste II na luta por moradia. Dissertação de Mestrado. Universidade Estadual de São Paulo, São Paulo, 1995.

FRÓES, J. C.; SANTOS, F. J.; RECH, C. M. *Alimentando a cidadania*: a força da sociedade civil junto as políticas públicas; relato sobre a rede de cooperação e comercialização solidária. Pelotas: Centro de Apoio ao Pequeno Agricultor, 2008.

GADEA, C. Os movimentos sociais e o lulismo (entrevista). *Revista On Line Instituto Humanitas Unisinos*. 2011. Disponível em: http://www.ihu.unisinos.br/entrevistas/38748-os-movimentos-sociais-e-o-lulismo-entrevista-especial-com-carlos-a-gadea. Acesso em: 2 set. 2018.

GALINDO, E.; TEIXEIRA, M. A.; ARAÚJO, M. de; MOTTA, R.; PESSOA, M.; MENDES, L.; RENNÓ, L. Efeitos da pandemia na alimentação e na situação da segurança alimentar no Brasil. *Food for Justice Working Paper Series*, n.4. Berlin: Food for Justice: Power, Politics, and Food Inequalities in a Bioeconomy, 2021.

GAMSON, W. *The Strategy of Social Protest*. Belmont, California: Wadsworth, 1990.

GASTALDO, É. Goffman e as relações de poder na vida cotidiana. *Revista Brasileira de Ciências Sociais online*, v.23, n.68, p.149-53, 2008.

GEDDES, B. *Politician's Dilemma*: Building State Capacity in Latin America. 25. California: University of California Press, 1994.

GIDDENS, A. *Central Problems in Social Theory*: Action, Structure, and Contradiction in Social Analysis. California: University of California Press, 1979.

GIUGNI, M. Political, Biographical, and Cultural Consequences of Social Movements. *Sociology Compass*, 2.5, p.1582-1600, 2008.

GIUGNI, M. Was it worth the effort? The outcomes and consequences of social movements. *Annual Review of Sociology*, p.371-93, 1998.

GIUGNI, M.; PASSY, F. Contentious politics in complex societies: new social movements between conflict and cooperation. In: GIUGNI,

M.; MCADAM, D.; TILLY, C. (eds.). *From Contention to Democracy*. Rowman & Littlefield Publishers, 1998. p.81-10.

GIUGNI, M.; YAMASAKI, S. The policy impact of social movements: a replication through qualitative comparative analysis. *Mobilization*, v.14, n.4, p.467-84, 2009.

GOFFMAN, E. *Frame Analysis*. New York: Harper, 1974.

GOFFMAN, E. *Os quadros da experiência social*: uma perspectiva de análise. Petrópolis: Vozes, 2012.

GOLDSTONE, J. *States, Parties and Social Movements*. Cambridge: Cambridge University Press, 2003

GOLDSTONE, J. More social movements or fewer? Beyond political opportunity structures to relational fields. *Theory and Society*, 33, p.333-65, 2004.

GOLDSTONE, J. Bridging institucionalized and noninstitucionalized politics. In: GOLDSTONE, J. (Ed.). *States, Parties, and Social Movements*. Cambridge: Cambridge University Press, 2003.

GOLDSTONE, J.; USEEM, B. Putting values and institutions back into the theory of strategic action fields. *Sociological Theory*, v. 30, n.1, p.37-47, 2012.

GOODWIN, J.; JASPER, J. Caught in a winding, snarling vine: the structural bias of political process theory. In: GOODWIN, J.; JASPER, J. (eds.). *Rethinking Social Movements*: Structure, Meaning, and Emotion. Rowman & Littlefield Publishers, 2004. p.3-30.

GOULD, R. V.; FERNANDEZ, R. M. Structures of mediation: a formal approach to brokerage in transaction networks. *Sociological Methodology*, v.19, p.89-126, 1989.

GRISA, C. *Políticas públicas para a agricultura familiar no Brasil*: produção e institucionalização das ideias. Rio de Janeiro: Ed. UFRRJ, 2012.

GRISA, C.; SCHNEIDER, S. Três gerações de políticas públicas para a agricultura familiar e formas de interação entre sociedade e Estado no Brasil. In: GRISA, C.; SCHNEIDER, S. (orgs.). *Políticas públicas de desenvolvimento rural no Brasil*. Porto Alegre: Ed. da UFRGS, 2015. p.19-50.

GURZA LAVALLE, A.; CARLOS, E.; DOWBOR, M.; SZWAKO, J. *Movimentos sociais, institucionalização e domínios de agência*. São Paulo: Centro de Estudos da Metrópole (CEM), 2017. Série Textos para Discussão, n.19.

GURZA LAVALLE, A.; CARLOS, E.; DOWBOR, M.; SZWAKO, J. (orgs.) *Movimentos sociais e institucionalização*: políticas sociais, gênero e raça no Brasil pós-transição. Rio de Janeiro: EDUERJ, 2019.

GURZA LAVALLE, A.; HOUTZAGER, P.; CASTELLO, G. La construcción política de las sociedades civiles. In: LAVALLE, A. G. (org.). *El horizonte de la política. Brasil y la agenda contemporánea de investigación en el debate internacional.* México: Ciesas, 2011. p.207-67.

GUTIERRES, K. *Projetos políticos, trajetórias e estratégias*: a política de assistência social entre o partido e o Estado. Tese (Doutorado) – Instituto de Filosofia e Ciências Humanas. Unicamp, Campinas, 2015.

GUTIERRES, K. *Sistema Único de Assistência Social*: caminhos de uma construção. São Paulo: Cortez; Veras, 2019.

GUTIÉRREZ, R. A. When Experts Do Politics: Introducing Water Policy Reform in Brazil. *Governance*, v.23, n.1, p.59-88, jan. 2010.

HAAS, P. M. *Introduction*: Epistemic Communities and International Policy Coordination. International Organization, v.46, n.1, p.1-35, 1992.

HALL, P.; TAYLOR, R. Political Science and the Three new Institutionalisms. *Discussion Paper*, 96/6, 1996.

HILSENBECK FILHO, A. M. *O MST no fio da navalha*: dilemas, desafios e potencialidades da luta de classes. Tese de Doutorado. Instituto de Filosofia e Ciências Humanas, Campinas, 2013

HIRSCH, E. L. Sacrifice for the cause: group processes, recruitment, and commitment in a student social movement. *American Sociological Review*, p.243-54. 1990.

HORNHART, A. M. Quem mais participa mais conquista: Os desafios de ser movimento e atuar na execução de programas habitacionais. In: *Livro Movimentos sociais e implementação de políticas públicas*. (no prelo)

HUNTER, W.; POWER, T. Rewarding Lula: executive power, social policy, and the Brazilian elections of 2006. *Latin American Politics and Society*, v.49, n.1, p.1-30, Spring.

HYSING, E.; OLSSON, J. *Green Inside Activism for Sustainable Development*. Cham: Springer International Publishing, 2018.

IFFLY, C. *Transformar a metrópole*: Igreja Católica e transformações sociais em São Paulo (1970-2000). São Paulo: Editora Unesp, 2010.

INSTITUTO CIDADANIA. *Projeto Fome Zero*: uma proposta de política de segurança alimentar para o Brasil. Documento-síntese. São Paulo, 2001.

JARDIM, M. A. C. *Entre a solidariedade e o risco*: sindicatos e fundos de pensão em tempos de governo Lula. São Paulo: Annablume, 2009.

JESUS, P. M. de. *O programa Minha casa minha vida – entidades no município de São Paulo*. Tese de Doutorado em Geografia – Departamento de Geografia da Faculdade de Filosofia Letras e Ciências Humanas, Universidade de São Paulo, 2015.

JOAS, H. *The Creativity of Action*. Chicago: University of Chicago Press, 1996.

JOBERT, B.; MULLER, P. *L'Etat en Action. Politiques publiques et corporatismes*. Paris: PUF, 1987.

KAPISZEWSKI, D. Targeting state and society: strategic repertories of associations. In: COLLIER, R. B.; HANDLIN, S. *Reorganizing Popular Politics*: Participation and the New Interest Regime in Latin America. Pennsylvania: Pennsylvania State University Press, 2009.

KECK, M. *PT*: A lógica da diferença. O Partido dos Trabalhadores na construção da democracia brasileira. São Paulo: Ática, 1991.

KINGDON, J. W. *Agendas, Alternatives, and Public Policies*. New York: Harper Collins College Publishers, 1995.

KINGDON, J. *Agendas, Alternatives and Public Policies*. Boston: Pearson Education, 2014.

KINGSTONE, P. R.; PONCE, A. F. From Cardoso to Lula: the triumph of pragmatism in Brazil. In: K. WEYLAND (ed.). *Leftist Governments in Latin America*. Cambridge: Cambridge University Press, 2010.

KLANDERMANS, B. The Social Construction of Protest and Multiorganizational Fields. In: MORRIS, A. D.; MUELLER, C. McClurg. *Frontiers in Social Movement Theory*. Yale: Yale University Press, 1992.

KUHN, T. S. *A estrutura das revoluções científicas*. São Paulo: Perspectiva, 2000.

KUSCHNIR, K. *O cotidiano da política*. Rio de Janeiro: Relume-Dumará, 2000.

LATOUR, B. *Networks, Societies, Spheres*: Reflections of An Actor-Network Theorist. Keynote speech for the International Seminar on Network Theory: Network Multidimensionality in the Digital Age, Annenberg School for Communication and Journalism, Los Angeles, 19th February 2010.

LAW, J. *Notes on the Theory of the Actor Network*: Ordering, Strategy and Heterogeneity. Published by the Centre for Science Studies, Lancaster University, Lancaster LA1 4YN, 1992. Disponível em: http://www.comp.lancs.ac.uk/sociology/papers/Law-Notes-on-ANT.pdf. Acesso em: 16 out 2017.

LAWRENCE, T. B.; SUDDABY, R.; LECA, B. Introduction: Theorizing and Studying Institutional Work. In: LAWRENCE, T. B.; SUDDABY, R.; LECA, B. (eds.). *Institutional Work*: Actors and

Agency in Institutional Studies of Organizations. Cambridge: Cambridge University Press, 2009. p.1-27.

LEITÃO, L. R. S.; SILVA, M. K. Institucionalização e contestação: as lutas do Movimento Negro no Brasil (1970-1990). *Política e Sociedade*, v.16, n.37, 2017.

LEUBOLT, B.; ROMÃO, W. Socio-ecological innovation in Brazil: the collective survival strategy of the collectors of recyclable material. *Journal für Entwicklungspolitik*, v.33, p.36-57, 2017.

LIN, N. *Social Capital*: A Theory of Social Structure and Action. Cambridge: Cambridge University Press, 2002.

LOPEZ, F.; BARONE, L. *As entidades sem fins lucrativos e as políticas públicas federais*: tipologia e análise de convênios e organizações (2003-2011). Brasília: TD 1896, Ipea, 2013.

LOTTA, G. S. *Burocracia e implementação de políticas de saúde*: os agentes comunitários na estratégia Saúde da Família. Rio de Janeiro: Fiocruz, 2015.

LOSEKANN, C. *A presença das organizações ambientalistas da sociedade civil no governo Lula (2003-2007) e as tensões com os setores econômicos*. Tese de Doutorado. Universidade Federal do Rio Grande do Sul, Porto Alegre, 2009.

LOWNDES, V.; ROBERTS, M. *Why Institutions Matter*: The New Institutionalism in Political Science (Political Analysis). London: Red Globe Press, 2013.

LÖWY, M. *Marxismo e Teologia da Libertação*. São Paulo: Cortez, 1991.

MACHADO, A. *Os católicos oPTaram. Os setores católicos e o Partido dos Trabalhadores na grande São Paulo. (1978-1992)*. Dissertação de Mestrado. PUC, São Paulo, 2010.

MACHADO, M. *Políticas de segurança alimentar Belo Horizonte e Santos/SP*: uma visão sobre continuidade e mudança. Dissertação de mestrado em Administração Pública. Fundação João Pinheiro, Belo Horizonte, 2006.

MAHONEY, J.; THELEN, K. A. A theory of gradual institutional change. In: MAHONEY, J.; THELEN, K. A. (orgs.). *Explaining Institutional Change*: Ambiguity, Agency, and Power. Cambridge; New York: Cambridge University Press, 2010. p.1-37.

MALVEZZI, R. *Semiárido*: uma visão holística. Brasília: Confea, 2007.

MARQUES, E. C. *Estado e redes sociais*: permeabilidade e coesão nas políticas urbanas no Rio de Janeiro. São Paulo: Revan; Fapesp, 2000.

MARQUES, E. C. Redes sociais e instituições na construção do Estado e da sua permeabilidade. *Revista Brasileira de Ciências Sociais*, v.14, n.41, p.45-67, 1999.

MARQUES, E. Redes sociais e poder no Estado brasileiro: aprendizados a partir de políticas urbanas. *Revista Brasileira de Ciências Sociais*, v.21, n. 60, p.15-41, 2006.

MATTEI, L. *Estudos de impacto do Programa de Aquisição de Alimentos (PAA) em municípios selecionados do estado de Santa Catarina*. Relatório de pesquisa. Florianópolis: UFSC, 2006.

MCADAM, D.; PAULSEN, R. Specifying the relationship between social ties and activism. *The American Journal of Sociology*, v.99, n.3, p.640-667, nov. 1993.

MCADAM, D.; TARROW, S. Introduction: dynamics of contention ten years on. *Mobilization*, v.16, ed.1, p.99-102, fev. 2011.

MCADAM, D.; TARROW, S.; TILLY, C. *Dynamics of Contention*. Cambridge: Cambridge University Press, 2001.

MEDEIROS, A. K. *Políticas públicas e organizações culturais*: o caso do programa Cultura Viva. Dissertação (Mestrado) – Escola de Administração de Empresas de São Paulo. Fundação Getúlio Vargas, São Paulo, 2013.

MEDEIROS, A. K.; ALVES, M. A.; FARAH, M. F. S. Programa Cultura Viva e o campo organizacional da cultura: análise de apolíticas públicas pela perspectiva institucionalista. *Revista de Administração*, Rio de Janeiro, v.49, n.5, p.1215-35, set.-out. 2015.

MELO, A. C. A. *Projeto Minha Casa Minha Vida – Entidades e movimentos de moradia de São Paulo*. Relatório do Projeto de Iniciação Científica, 2016.

MELUCCI, A. *A invenção do presente*: movimentos sociais nas sociedades complexas. Rio de Janeiro: Vozes, 2001.

MELUCCI, A. *Challenging Codes*. Cambridge/New York: Cambridge University Press, 1996.

MENEGUELLO, R. *PT*: A formação de um partido (1979-1992). São Paulo: Paz e Terra, 1989.

MENEZES, T. M.; PALERMO, V. Gobierno de Lula y lulismo: examinando algunas hipótesis sobre las condiciones de posibilidad y la naturaleza del lulismo. *Temas y debates* 23, año 12, p.13-37, jan.-jul. 2012.

MINTROM, M.; NORMAN, P. Policy entrepreneurship and policy change. *Policy Studies Journal*, v.37, n.4, p.649-67, 2009.

MISCHE, A. *Partisan Publics*: Communication and Contention Across Brazilian Youth Activist Networks. Princeton: Princeton University Press, 2008.

MOULTON, S.; SANDFORT, J. R. The strategic action field framework for policy implementation research: the strategic action field framework. *Policy Studies Journal*, v.45, n.1, p.144-169, 2017. Disponível em: http://doi.wiley.com/10.1111/psj.12147. Acesso em: 29 abr. 2018.

MÜLLER, A. L. *A construção das políticas públicas para a agricultura familiar no Brasil*: o caso do Programa de Aquisição de Alimentos. Dissertação de Mestrado em Desenvolvimento Rural – Faculdade de Ciências Econômicas, Universidade Federal do Rio Grande do Sul, Porto Alegre, 2007.

MÜLLER, A. L.; SILVA, M. K.; SCHNEIDER, S. A construção das políticas públicas para a agricultura familiar no Brasil: o Programa de Aquisição de Alimentos. *Estudos Sociedade e Agricultura*, v.20, n.1, p.106-38, 2012.

NAUJORKS, C. J.; SILVA, M. K. Correspondência Identitária e Engajamento Militante. *Civitas: Revista de Ciências Sociais*, v.16, p.136-52, 2016.

NEPAC – Núcleo de Pesquisa em Participação Movimentos Sociais e Ação Coletiva da Unicamp. *Avaliação do Programa Minha Casa, Minha Vida – Entidades. O desafio da participação dos beneficiários*. Relatório de pesquisa ao Ministério das Cidades, 2015.

NERI, M. et al. Atlas do bolso dos brasileiros. In: COELHO, M. F. P.; TAPAJÓS, L.; RODRIGUES, M. (orgs.). *Políticas sociais para o desenvolvimento*: superar a pobreza e promover a inclusão. Brasília: Ministério do Desenvolvimento Social e Combate à Fome; Unesco, 2010.

NEVES, D. Assentamento rural: confluência de formas de inserção social. *Estudos Sociedade e Agricultura*, 13 out. 1999.

NEVES, D. Associativismo e personalismo dos mediadores formais: dilemas da organização política de assentados rurais pela intervenção estatal. *Revista do Núcleo de Pesquisa e Documentação Rural* (Nupedor) – Uniara, 2013.

NIEDERLE, P. A.; GRISA, C. Ideias e valores: a análise da ação pública a partir das interfaces entre a abordagem cognitiva e a economia das convenções. *Política & Sociedade*, v.12, n.23, p.97-136, jan.-abr. 2013.

NOGUEIRA, A. S. Lulism and the institutionalization of social movements in Brazil. *Tempo Social – Revista de Sociologia da USP*, v.29, n.3, p.229-60, 2017.

NORTH, D. C. *Institutions, Institutional Change, and Economic Performance*. Cambridge: Cambridge University Press, 1990.

NOVELLI, J. M. A questão da continuidade da política macroeconômica entre o governo Cardoso e Lula. *Revista de Sociologia e Política*, Curitiba, v.18, p.227-40, 1010.

NÚCLEO de Pesquisa em Participação, Movimentos Sociais e Ação Coletiva (Nepac). *Avaliação do Programa Minha Casa, Minha Vida – Entidades*: o desafio da participação dos beneficiários. Clacso, 2015.

NUNES, J. H. Interacionismo simbólico e movimentos sociais: enquadrando a intervenção. *Revista Sociedade e Estado*, v.28, n.2, maio-ago. 2013.

OLIVEIRA, F. de. *Hegemonia às avessas*: economia, política e cultura na era da servidão financeira. São Paulo: Boitempo, 2010.

OLIVEIRA, J. A. *Políticas públicas para agricultura familiar*: o caso do Programa de Aquisição de Alimentos (PAA).103f. Dissertação de Mestrado em Geociências – Universidade Estadual Paulista. Rio Claro, São Paulo, 2016.

OLSON, M. *Logique de l'action collective*. Paris: UF, 1987.

OLSON, M. *A lógica da ação coletiva*: os benefícios públicos e uma teoria dos grupos sociais. São Paulo: Edusp, 1999.

OLSSON, J. *Subversion in Institutional Change and Stability*. London: Palgrave Macmillan UK, 2016. Disponível em: http://link.springer.com/10.1057/978-1-349-94922-9. Acesso em: 15 abr. 2017.

OTTMANN, G. Cidadania mediada: processos de democratização da política municipal no Brasil. *Novos Estudos*, n.74, p.155-75, 2006.

PAOLI, M. C. Movimentos sociais no Brasil: em busca de um estatuto político. In: HELLMANN, M. (org.). *Movimentos sociais e democracia no Brasil*: "Sem a gente não tem jeito". São Paulo: Marco Zero, Ildes-FES, Labor, 1995

PASSY, F.; GIUGNI, M. Life-Spheres, Networks, and Sustained Participation in Social Movements: a phenomenological approach to political commitment. *Sociological Forum*, v.15, n.1. p.117-44, 2000.

PENNA, C. *Conexões e controvérsias no INCRA de Marabá*: o Estado como um ator heterogêneo. Tese (Doutorado em Sociologia) – Universidade de Brasília. Brasília, 2014.

PENNA, C. Activism inside and outside the State: agrarian reform activists and bureaucrats in the state of Pará, Brazil, *Revue internationale de études du développement*, n.230, 2017/2, p.103-125. Disponível em: https://www.cairn.info/revue-revue-internationale-des-etudes-du-developpement-2017-2-page-103.htm.

PERRUSO, M. A.; NARVAES, V. B. Les journées de(puis) juin 2013. *Brésil(s). Sciences humaines et sociales*, n.7, p.19-38, maio 2015.

PETTINICCHIO, D. Institutional activism: reconsidering the insider/outsider dichotomy. *Sociology Compass*, v.6, 2012, p.499-510.

PICCIO, D. R. The impact of social movements on political parties. In: BOSI, L.; GIUGNI, M.; UBA, K. *The Consequences of Social Movements*. Cambridge: Cambridge University Press, 2016.

PICOLOTTO, E. L. *As mãos que alimentam a nação*: agricultura familiar, sindicalismo e política. Tese de Doutorado em Ciências Sociais em Desenvolvimento, Agricultura e Sociedade. Rio de Janeiro: Programa de Pós-Graduação em Ciências Sociais em Desenvolvimento, Agricultura e Sociedade, UFRRJ, 2011.

PIERSON, P. Public policies as institutions. In: SHAPIRO, I.; SKOWRONEK, S.; GALVIN, D. (eds.). *Rethinking Political Institutions*: The Art of the State. New York: NYU Press, 2006. p.114-31.

PIRES, R.; GOMIDE, A. Capacidades estatais e democracia: a abordagem dos arranjos institucionais para análise de políticas públicas. In: PIRES, R.; GOMIDE, A. (orgs). *Capacidades estatais e democracia*: arranjos institucionais de políticas públicas. Texto para Discussão (IPEA, Brasília), 2014, p.15-28.

PIRES, R. R. C. *Efetividade das instituições participativas no Brasil*: Estratégias de avaliação. Brasília: IPEA, 2011.

PISMEL, A. C. *Atuando nas fronteiras*: as organizações da sociedade civil e a implementação do Programa de Aquisição de Alimentos na Região Metropolitana de Campinas. Dissertação (Mestrado em Ciência Política) – Unicamp, Campinas, 2018.

PIVEN, F.; CLOWARD, R. *Poor People's Movements*: Why They Succeed, How They Fail. New York: Vintage Books, 1979.

POCHMANN, M. Novo padrão de mudanças sociais no Brasil. *Nueva Sociedad especial em português*, p.109-33, dez. 2010.

PORTO, S. I. *Programa de Aquisição de Alimentos (PAA)*: política pública de fortalecimento da agricultura familiar e da agroecologia no Brasil. 138f. Dissertação (Mestrado em Agroecologia) – Universidad Internacional de Andalucía, 2014.

POWER, T. Democracy as a late bloomer: reevaluating the regime in the Cardoso-Lula era. *Latin America Research Review*, Special Issue, v.45, 2010.

RENNÓ, L.; CABELLO, A. As bases do lulismo: a volta do personalismo, realinhamento ideológico ou não alinhamento? *Revista Brasileira de Ciências Sociais*, v.25, n.74, p.39-60, 2010.

RHODES, R. A. W. *Understanding Governance*: Policy Networks, Governance, Reflexivity, and Accountability. Buckingham: Open University Press, 1997.

RIBEIRO, P. *Dos sindicatos ao governo. A organização nacional do PT de 1980 a 2005*. Tese de doutorado. São Carlos, UFSCAR, 2008

RICCI, R. *Lulismo*: da era dos movimentos sociais à ascensão da nova classe média brasileira. Rio de Janeiro: Contraponto, 2010.

RICH, J. A. J. Grassroots bureaucracy: intergovernmental relations and popular mobilization in Brazil's AIDS policy sector. *Latin American Politics and Society*, v.55, n.2, p.1-25, 2013.

RIOS, F. Antirracismo, movimentos sociais e Estado (1985-2016). In: GURZA LAVALLE, A.; CARLOS, E.; DOWBOR, M.; SZWAKO, J. (Orgs.) *Movimentos sociais e institucionalização*: políticas sociais, raça e gênero no Brasil pós-transição. Rio de Janeiro: EDUERJ, 2019.

RIZZOLO, A. *Análise histórica do processo de formulação da Política Nacional de Segurança Alimentar e Nutricional (2003 – 2006)*: atores, ideias, interesses e instituições na construção de consenso político. 234f. Tese (Doutorado em Política Social) – Universidade de Brasília, 2009.

RODRIGUES, E. *A Estratégia Fundiária dos movimentos populares na produção autogestionária da moradia*. Dissertação. (Mestrado em Arquitetura e Urbanismo) – Faculdade de Arquitetura e Urbanismo, Universidade de São Paulo, 2013.

RUBIM, A. A. C. Políticas culturais no governo Dilma: Patamar Rebaixado. In: RUBIM, A. A. C., BARBALHO, A.; CALEBRE, L. *Políticas culturais no governo Dilma*. Salvador: Ufba, 2015.

SABATIER, P. A. An advocacy coalition framework of policy change and the role of policy-oriented learning therein. *Policy sciences*, v.21, n.2, p.129-68, 1988.

SABATIER, P. A.; JENKINS-SMITH, H. C. *Policy Change and Learning*: An Advocacy Coalition Approach. Boulder: Westview Press, 1993.

SABATIER, P. A.; WEIBLE, C. M. *Theories of the Policy Process*. Boulder: Westview Press, 2007.

SADER, E. *Quando novos personagens entram em cena*: experiências e lutas dos trabalhadores na Grande São Paulo. Rio de Janeiro: Paz e Terra, 1989.

SANTANA, C. M. *Potencialidades e barreiras para a adoção do Programa de Aquisição de Alimentos por assentamentos de reforma agrária no norte fluminense.* 109 f. Dissertação (Mestrado em Políticas Sociais) – Universidade Estadual do Norte Fluminense Darcy Ribeiro, 2015.

SANTORO, W. A.; MCGUIRE, G. M. Social movement insiders: the impact of institutional activists on affirmative action and comparable worth policies. *Social Problems*, v.44, n.4, p.503-19, 1997.

SANTOS, B. S. *Democratizar a democracia. Os caminhos da democracia participativa*. Rio de Janeiro: Civilização Brasileira, 2002.

SAWARD, M. The representative claim. *Contemporary Political Theory*, n.5, p.297-318, 2006.

SAWICKI, F.; SIMÉANT, J. Inventário da sociologia do engajamento militante. Nota crítica sobre algumas tendências recentes dos trabalhos franceses. *Sociologias*, v.13, n.28, p.200-55, 2011.

SCHMITT, C. J. Aquisição de alimentos da agricultura familiar: construindo a integração entre a política agrícola e a política de segurança alimentar e nutricional. *Revista de Política Agrícola*, Brasília, ano 14, n.2. p.78-88, abr.-maio-jun. 2005.

SCHMIDT, V. A. Discursive institutionalism: the explanatory power of ideas and discourse. *The Annual Review of Political Science*, v.11, p.303-26, 2008.

SCHNEIDER, S.; CAZELLA; MATTEI, L. Histórico, caracterização e dinâmica recente do Pronaf – Programa Nacional de Fortalecimento da Agricultura Familiar. In: SCHNEIDER, S.; SILVA, M. K.; MORUZZI MARQUES, P. E. (orgs.). *Políticas públicas e participação social no Brasil rural*. 2.ed. Porto Alegre: UFRGS, 2004. p.21-49.

SECRETARIA ESPECIAL DA HABITAÇÃO – SEHAB. *A cidadania em construção*. Porto Alegre: Governo do Estado do Rio Grande do Sul, 2001.

SERAFIM, L. *Participação no governo Lula*: as pautas da reforma urbana no Ministério das Cidades. Tese de Doutorado – Instituto de Filosofia e Ciências Humanas, Unicamp, Campinas, 2010.

SEWELL JR., W. H. A theory of structure: Duality, agency, and transformation. *American Journal of sociology*, p.1-29, 1992.

SHEINGATE, A. D. Political entrepreneurship, institutional change, and American political development. *Studies in American Political Development*, v.17, n.2, p.185-203, 2003.

SILVA, J. G. da. Velhos e novos mitos do rural brasileiro. *Estudos avançados*, São Paulo, v.15, n.43, p.37-50, dez. 2001.

SILVA, M. K.; SCHMITT, C. J. Políticas em rede: uma análise comparativa das interdependências entre o Programa de Aquisição de Alimentos e as redes associativas na Bahia e no Rio Grande do Sul. *36º Encontro Anual da Anpocs*, Águas de Lindoia, 2012.

SILVA, M. K.; OLIVEIRA, G. de L. A face oculta(da) dos movimentos sociais: trânsito institucional e intersecção Estado-Movimento – uma análise do movimento de economia solidária no Rio Grande do Sul. *Sociologias*, v.13, n.28, p.86-124, 2011.

SILVA, M. K.; RUSKOWSKI, B. de O. Condições e mecanismos do engajamento militante: um modelo de análise. *Revista Brasileira de Ciência Política*, v.21, p.189-228, 2016.

SINGER, A. *Esquerda e direita no eleitorado brasileiro*: as identificações ideológicas nas disputas presidenciais de 1989 e 1994. São Paulo: Edusp, 2000.

SINGER, A. *O lulismo em crise*: um quebra-cabeça do período Dilma (2011-2016). São Paulo: Companhia das Letras. 2018

SINGER, A. *Os sentidos do lulismo*: reforma gradual e pacto conservador. São Paulo: Companhia das Letras, 2012.

SINGER, A. Raízes sociais e ideológicas do lulismo. *Novos Estudos*, n.85, p.83-102, 2009.

SKOCPOL, T. *Protecting Soldiers and Mothers*: The Political Origins of Social Policy in the United States. Cambridge: Belknap Press/Harvard University Press, 1992.

SKOCPOL, T. Why I am a historical institutionalist. *Polity*, v.28, n.1, p.103-6, 1995.

SNOW, D. A.; MCADAM, D. Identity work processes in the context of social movements: clarifying the identity/movement nexus. In: STRYKER, S.; OWENS, T. J.; WHITE, R. *Self, Identity, and Social Movements*. Minnesota: University of Minnesota Press, 2000.

SNOW, D. A.; ROCHFORD JR., E. B.; WORDEN, S. K.; BENFORD, R. D. Frame alignment processes, micromobilization, and movement participation. *American Sociological Review*, v.51, n.4, p.464-81, 1986.

SOUZA, A. de. The politics of personality in Brazil. *Journal of Democracy*, v.22, n.2, p.75-88, abr. 2011.

SOUZA, C. Políticas públicas: uma revisão da literatura. *Sociologias*, Porto Alegre, ano 8, n.16, p.20-45, jul.-dez. 2006.

SOUZA, C. A. *Partidos políticos e repertórios de mobilização (2007-2014)*: os novos personagens e o movimento estudantil da UFBA. Tese de Doutorado em Ciências Sociais, Universidade Federal da Bahia, 2016.

SUREL, Y. The role of cognitive and normative frames in policy-making. *Journal of European Public Policy*, v.7, n.4, p.495-512, 2000.

SZWAKO, J. E. L. *Del otro lado de la vereda*: luta feminista e construção democrática no Paraguai pós-ditatorial. Tese de Doutorado em Ciências Sociais. Universidade de Campinas, 2012.

TAKAGI, M. *A implantação da política de segurança alimentar e nutricional no Brasil*: seus limites e desafios. Tese (Doutorado em Economia Aplicada) – Unicamp, Campinas, 2006.

TARROW, S. G. *Power in movement*: Social movements, collective action and politics. Cambridge: Cambridge University Press, 1994.

TARROW, S. *El poder en movimiento. Los movimientos sociales, la acción colectiva y la política*. Madrid: Alianza Editorial, 1997.

TARROW, S. *O poder em movimento*: movimentos sociais e confronto político. Petrópolis: Vozes, 2009.

TATAGIBA, L. Desafios da relação entre movimentos sociais e instituições políticas. O caso do movimento de moradia da cidade de São Paulo – Primeiras reflexões. *Colombia Internacional*, v.71, p.63-83, 2010.

TATAGIBA, L. *Relação entre movimentos sociais e instituições políticas no cenário brasileiro recente*: Reflexões em torno de uma agenda preliminar de pesquisa. Mimeo. 2009.

TATAGIBA, L.; ABERS, R.; SILVA, M. Movimentos sociais e políticas públicas: ideias e experiências na construção de modelos alternativos. In: PIRES, R.; LOTTA, G.; OLIVEIRA, V. E. (orgs.). *Burocracia e políticas públicas no Brasil*: intersecções analíticas. Brasília: IPEA, ENAP, 2018.

TATAGIBA, L.; TEIXEIRA, A. C. Efeitos combinados dos movimentos de moradia sobre os programas habitacionais autogestionários. *Sociologia e Política*, v.24, n. 58, p.85-102, jun. 2016.

TATAGIBA, L.; TEIXEIRA, A. C. Os efeitos do movimento de moradia sobre as políticas públicas. *Anais do IX Encontro da ABCP*, 2014.

TATAGIBA, L.; TEIXEIRA, A. C., TRINDADE, T. Protestos à direita no Brasil (2007-2015). In: VELASCO E CRUZ, S.; KAYSEL, A.; CODAS, G. (orgs.). *Direita, volver! O retorno da direita e o ciclo político brasileiro*. São Paulo: Fundação Perseu Abramo, 2015.

TATAGIBA, L.; TEIXEIRA, A. C.; BLIKSTAD, K.; PATERNIANI, S. Z. *Inovações participativas nas políticas habitacionais para população de baixa renda*. Programa Regional de Becas. Clacso, Nepac, 2013.

TEIXEIRA, A.; TATAGIBA, L. *Movimentos sociais e sistema político*: os desafios da participação. São Paulo: Instituto Pólis; PUC-SP, 2005.

TEIXEIRA, A. *Os efeitos do movimento de moradia sobre as políticas públicas*. In: IX Encontro da ABCP, Brasília, 2014.

TEIXEIRA, A.; BLIKSTAD, K. Movimentos sociais na implementação de programas federais: reflexões a partir do caso do MCMV-E. *Anais do 39 Encontro Anual da Anpocs*, 2015.

TEIXEIRA, A.; BLIKSTAD, K. D.; PISMEL, A. C. Movimentos sociais e a implementação de políticas públicas: A controversa novidade dos programas associativos. In: *Anais. Encontro Anual Da Anpocs, Gt Controles Democráticos*, n.40, Caxambu, Minas Gerais. Campinas: Anpocs, 2016.

TILLY, C. *Democracy*. Cambridge: Cambridge University Press, 2007.

TILLY, C. *From Mobilization to Revolution*. Reading, Mass.: Addison-Wesley. 1978.

TILLY, C. *Regimes and Repertoires*. Chicago: University of Chicago Press, 2006.

TRINCHES, R. M.; GRISA, C. Entre mudanças e conservadorismos: uma análise dos programas de aquisição de alimentos (PAA e PNAE) a partir da retórica da intransigência. *Revista Nera*, ano18, n.26, 2015.

TSEBELIS, G. *Nested games*: Rational choice in comparative politics. Edição especial. California Series on Social Choice and Political Economy. v.18. Berkeley: Universtiy of California Press, 1990.

TURINO, C. *Ponto de cultura*: o Brasil de baixo para cima. São Paulo: Anita Garibaldi, 2010.

VELOSO, Z. M. F. Política nacional de resíduos sólidos e a logística reversa. *Boletim Regional, Urbano e Ambiental*, v.9, p.25-31, jun. 2014.

VERNHOVEN, I.; DUYVENDAK, J. W. Understanding governamental activism. *Social Movement Studies*, v.16, n.5, p.564-77, 2017.

VERRI, N. B. W. *Os sem-teto do centro de São Paulo*: um balanço dos anos 2001-2004. Tese (Doutorado em Sociologia) – Instituto de Filosofia e Ciências Humanas da Universidade Estadual de Campinas, 2008.

VIANA, R. R. *Programa Minha Casa Minha Vida – Entidades*: um olhar para a ação dos atores em torno das controvérsias. Dissertação (Mestrado em Ciência Política). Brasília: Universidade de Brasília. 2017.

WALKER, E. T. Social movements, organizations, and fields: a decade of theoretical integration. *Contemporary Sociology*, v.41, n.5, p.576-87, set. 2012.

WEIBLE, C. M.; JENKINS-SMITH, H. C. The advocacy coalition framework: an approach for the comparative analysis of contentious policy issues. In: PETERS, B. G.; ZITTOUN, P. (eds.). *Contemporary Approaches to Public Policies*. London: Palgrave-Macmillan, 2016.

WHITTIER, N. Aggregate level biographical outcomes for gay and lesbian movements. In: BOSI, L.; GIUGNI, M.; UBA, K. *The Consequences of Social Movements*. Cambridge: Cambridge University Press, 2016.

WOLFORD, W. Participatory democracy by default: land reform, social movements and the state in Brazil. *Journal of Peasant Studies*, v.37, n.1, p.91-109, 2010.

WOOTEN, M.; HOFFMAN, A. J. Organizational fields past, present and future. In: GREENWOOD, R.; OLIVER, C.; SAHLIN, K.; SUDDABY, R. (eds.). *The SAGE Handbook of Organizational Institucionalism*. 1.ed. Thousand Oaks: Sage Publications, 2008.

YIN, R. K. *Case Study Research*: Design and Methods. London: Sage, 1984.

ZIMMERMANN, S.; GRISA, C. Estado e sociedade civil na promoção da segurança alimentar e nutricional: a construção do Programa de Aquisição de Alimentos (PAA). In: *Anais IV Seminário Nacional de Sociologia e Política*: pluralidade e garantia dos direitos humanos no século XXI, 2012.

ZITTOUN, P. The Political Process of Policymaking a Pragmatic Approach to Public Policy. *Journal of Comparative Policy Analysis: Research and Practice*, v.18, n.1, p.110-11, 2014.

ZUCCO JR., C. The president's "new" Constituency: Lula and the pragmatic vote in Brazil's 2006 presidential elections. *Journal of Latin American Studies*, n.40, p.29-49, 2008.

ZUCCO JR., C. When payouts pay off: conditional cash transfers and voting behavior in Brazil, 2002-2010. *American Journal of Political Science*, v.57, n.4, p.810-22, 2013.

Sobre os autores

Adriana Cattai Pismel. Doutoranda em Ciência Política pela Unicamp, bolsista Capes. É mestre em Ciência Política pela Unicamp (2018), com graduação em Ciências Sociais pela mesma universidade (2013). É vinculada ao Núcleo de Pesquisa em Participação, Movimentos Sociais e Ação Coletiva (Nepac-Unicamp) e desenvolve pesquisa sobre participação, movimentos sociais e políticas públicas.

Amanda Menconi Hornhardt. Doutoranda pelo Programa de Pós-Graduação em Ciências Sociais da Unicamp, financiamento pelo Conselho Nacional de Desenvolvimento Científico e Tecnológico (CNPq). Mestre em Ciência Política pela Unicamp. Bacharel e licenciada em Ciências Sociais e Bacharel em Antropologia pela Unicamp (2011). Pesquisadora da área de movimentos sociais e políticas públicas, atuando principalmente nos seguintes temas: movimentos popular e movimento sindical.

Ana Claudia Teixeira. Professora convidada do Programa de Pós-Graduação em Ciência Política da Unicamp. Pós-doutoranda do Departamento de Ciência Política (IFCH-Unicamp), bolsista da Capes (2016-2019). Consultora independente em pesquisa, avaliação e elaboração de projetos. Cocoordenadora do Núcleo de

Pesquisa em Participação, Movimentos Sociais e Ação Coletiva (Nepac Unicamp).

Euzeneia Carlos. Pós-doutora pelo Centro Brasileiro de Análise e Planejamento (Cebrap). Doutora em Ciência Política pela Universidade de São Paulo (FFLCH/USP), mestre em Planejamento Urbano e Regional pela Universidade Federal do Rio de Janeiro (IPPUR/UFRJ) e graduada em Ciências Sociais. É professora associada do Programa de Pós-Graduação em Ciências Sociais e do Departamento de Ciências Sociais da Universidade Federal do Espírito Santo (UFES). Coordena o Núcleo Participação e Democracia (Nupad) da UFES e é pesquisadora do Núcleo Democracia e Ação Coletiva (NDAC) do Cebrap. Desenvolve pesquisas nos seguintes temas: movimentos sociais, protestos, participação institucional, relação sociedade civil-Estado, democracia participativa e políticas públicas.

Igor Brandão. Doutor pelo Instituto de Ciência Política da Universidade de Brasília. Bolsista de pós-doutorado Capes Brasil. INCT – Instituto da Democracia e da Democratização da Comunicação. Participa do Grupo de Pesquisa Resocie – Repensando as Relações entre Sociedade e Estado.

Irio Luiz Conti. Doutor em Desenvolvimento Rural, mestre em Sociologia e Especialista em Direitos Humanos. Graduado com Licenciatura Plena em Filosofia e bacharelado em Teologia. Pesquisador do Núcleo de Estudos e Pesquisa em Segurança Alimentar e Nutricional (NESAN/UFRGS) e da Teia de Articulação pelo Fortalecimento da Segurança Alimentar e Nutricional (TearSAN/UFSC) e membro do Conselho Consultivo da Rede Brasileira de Pesquisa em Soberania e Segurança Alimentar e Nutricional (Rede PENSSAN). Fundador e ex-presidente da FIAN Brasil, ex-presidente da FIAN Internacional e ex-conselheiro do Conselho Nacional de Segurança Alimentar e Nutricional (CONSEA). É consultor e assessor nos temas de sociologia, espiritualidade, direitos humanos, direito humano à alimentação adequada, soberania e segurança alimentar e nutricional, desenvolvimento rural, agricultura familiar, planos de segurança alimentar e nutricional, avaliação de projetos sociais, organizações e movimentos sociais, metodologia e análise da realidade.

Karin Deleuse Blikstad. Doutora em Ciência Política pela Unicamp, mestre em Ciência Política pela Unicamp, com graduação em Ciências Sociais pela mesma universidade. Atuou como pesquisadora junto ao Núcleo de Pesquisa em Participação, Movimentos Sociais e Ação Coletiva (Nepac-Unicamp) entre 2008 e 2017. Atualmente trabalha como tradutora de textos acadêmicos das ciências sociais.

Lucas Amaral. Possui graduação em Ciência Política e mestrado em Antropologia Social, ambos pela Universidade de Brasília (UnB). Atualmente é doutorando em Ciência Política pela UnB e pesquisador associado do grupo de pesquisa "Repensando as Relações entre Estado e Sociedade" (Resocie), do Instituto de Ciência Política da UnB, e professor do Centro Universitário de Brasília (UniCEUB). Desenvolve pesquisas sobre políticas públicas, movimentos sociais e direitos humanos.

Luciana Tatagiba. Professora livre-docente do Departamento de Ciência Política da Unicamp e cocoordenadora do Núcleo de Pesquisa em Participação, Movimentos Sociais e Ação Coletiva (Nepac-Unicamp). Desenvolve pesquisas em torno dos temas: democracia e participação, movimentos sociais e protestos no Brasil. Coordena a área de participação política da Associação Brasileira de Ciência Política.

Marcelo Kunrath Silva. Doutor em Sociologia pela Universidade Federal do Rio Grande do Sul (2001), é professor titular do Departamento de Sociologia da Universidade Federal do Rio Grande do Sul. Desenvolve pesquisas na área de Sociologia Política e, desde 2009, coordena o Grupo de Pesquisa Associativismo, Contestação e Engajamento – GPACE (http://www.ufrgs.br/gpace/pt/).

Maria do Carmo Albuquerque. Pesquisadora do NDAC – Núcleo Democracia e Ação Coletiva – Cebrap. Possui doutorado em Integração da América Latina pela Universidade de São Paulo (USP) em 2008 e mestrado em Ciência Política pela Unicamp (1997). Tem experiência na área de Ciência Política, com ênfase em estudos sobre a sociedade civil, atuando principalmente nos seguintes temas: políticas públicas, movimentos sociais, sociedade civil, participação popular, controle social sobre políticas públicas e construção democrática. Com ênfase no movimento pelos direitos da infância e nas políticas públicas de direitos do adolescente em conflito com a lei e de assistência social. Atua também na formação de lideranças sociais, conselheiros de políticas públicas e gestores públicos.

Monika Dowbor. Doutora em Ciência Política (2012), mestre em Sociologia (2006) e é graduada em Ciências Sociais pela USP (1999). Foi pós-doutoranda do Centro de Estudos da Metrópole (2014-2015). Atualmente é docente do Programa de Pós-Graduação em Ciências Sociais da Universidade do Vale do Rio dos Sinos e pesquisadora do Núcleo Democracia e Ação Coletiva (NDAC) do Cebrap. Tem experiência na área de Ciência Política e Sociologia Política, trabalhando principalmente com os seguintes temas: interações socioestatais, movimentos sociais, políticas públicas, saúde, sociedade civil, instituições participativas, inovação social e *social accountability*.

Rafael Viana. Doutorando em Ciência Política do Programa de Pós-graduação em Ciência Política da Universidade de Brasília (UnB). Tem mestrado (2017) e graduação (2008) em Ciência Política pela mesma universidade. Participa do grupo de Pesquisa Repensando as Relações entre Sociedade e Estado (Resocie) do Instituto de Ciência Política da Universidade de Brasília. Desenvolve pesquisas sobre políticas públicas, ação pública, transformação do Estado, burocracia e participação política.

Rebecca Neaera Abers. Tem graduação em Social Studies – Harvard University (1988), mestrado em Planejamento Urbano – University Of California Los Angeles (1992) e doutorado em Planejamento Urbano – University Of California Los Angeles (1997). É professora associada do Instituto de Ciência Política da UnB. Ensina e realiza pesquisa sobre as relações entre movimentos sociais e o estado, ativismo e criatividade política, transformação institucional, burocracia, a política da água e os comitês de bacia hidrográfica, e políticas públicas participativas. Coordenadora do grupo de Pesquisa Repensando as Relações entre Sociedade e Estado (Resocie), do Instituto de Ciência Política da UnB.

Wagner Romão. Professor do Departamento de Ciência Política da Unicamp. É graduado em Ciências Sociais, com mestrado e doutorado em Sociologia pela USP. Realizou pesquisa de pós-doutorado no Centro de Estudos da Metrópole/Centro Brasileiro de Análise e Planejamento (CEM/Cebrap). É membro pleno do Programa de Pós-Graduação em Ciência Política da Unicamp e cocoordenador do Núcleo de Pesquisas sobre Participação, Movimentos Sociais e Ação Coletiva (Nepac).

SOBRE O LIVRO

Formato: 14 x 21 cm
Mancha: 23,7 x 42,5 paicas
Tipologia: Horley Old Style 10,5/14
Papel: Off-white 80 g/m² (miolo)
Cartão Supremo 250 g/m² (capa)
1ª edição Editora Unesp: 2021

EQUIPE DE REALIZAÇÃO

Capa
Negrito Editorial

Imagem de capa
© Olena Butivshchenko/iStockphoto

Edição de texto
Jorge Pereira Filho (Copidesque)
Nair Hitomi Kayo (Revisão)

Editoração eletrônica
Eduardo Seiji Seki

Assistência editorial
Alberto Bononi
Gabriel Joppert